高等职业教育计算机类课程
新形态一体化教材

高职计算机类**职业教育**
国家在线精品课程配套教材

C语言
程序设计

● 主 编 施金妹 阚继承 周娇丽

中国教育出版传媒集团
高等教育出版社·北京

内容提要

本书为职业教育国家在线精品课程"C语言程序设计"的配套教材,同时为高等职业教育计算类课程新形态一体化教材。

本书采用项目化编写方式,内容由易到难,由简到繁,逐层深入,逐步递进,分为基础篇、进阶篇和高级篇3篇,共计9个项目,讲解C语言基础知识与结构化程序设计方法。基础篇包含项目1~项目3,主要介绍C语言基础知识,包括C语言整体概况、C语言开发环境与C语言编译过程、关键字、标识符、常量、变量、数据类型、类型转换和选择结构等;进阶篇包含项目4~项目6,主要讲解C语言的进阶核心知识,包含循环结构、数组和函数等;高级篇包含项目7~项目9,主要涵盖C语言的高级核心知识,包括指针、结构体和文件等内容。书中每个项目按照项目目标、项目介绍、需求分析、知识准备、项目设计、项目实施、项目小结和项目测试8个部分来创设教学知识点,而且每个知识点都精心设计了行业应用场景,读者可以边学边练,巩固所学的知识,并在实践操作中提升岗位的应用技能。

本书配有微课视频、课程标准、教学设计、授课用PPT、源代码、项目测试题等数字化学习资源。与本书配套的数字课程在"智慧职教"平台(www.icve.com.cn)上线,学习者可登录平台在线学习,授课教师可调用本课程构建符合自身教学特色的SPOC课程,详见"智慧职教"服务指南。授课教师如需获取本书配套教辅资源,请登录"高等教育出版社产品信息检索系统"(xuanshu.hep.com.cn)搜索下载,首次使用本系统的用户,请先进行注册并完成教师资格认证。

本书为高等职业院校计算机类相关专业"C语言程序设计"课程的教材,也可作为广大软件技术产业从业人员和C语言编程爱好者的自学参考书。

图书在版编目(CIP)数据

C语言程序设计 / 施金妹,阚继承,周娇丽主编.
北京:高等教育出版社,2025.3.   --ISBN 978-7-04
-063083-1

Ⅰ.TP312.8

中国国家版本馆CIP数据核字第2024XB6396号

C Yuyan Chengxu Sheji

| 策划编辑 | 吴鸣飞 | 责任编辑 | 吴鸣飞 | 封面设计 | 赵 阳 | 版式设计 | 马 云 |
| 责任绘图 | 杨伟露 | 责任校对 | 张 然 | 责任印制 | 刘弘远 | | |

出版发行	高等教育出版社	网　址	http://www.hep.edu.cn
社　址	北京市西城区德外大街4号		http://www.hep.com.cn
邮政编码	100120	网上订购	http://www.hepmall.com.cn
印　刷	天津鑫丰华印务有限公司		http://www.hepmall.com
开　本	787 mm×1092 mm 1/16		http://www.hepmall.cn
印　张	18.75		
字　数	420千字	版　次	2025年3月第1版
购书热线	010-58581118	印　次	2025年3月第1次印刷
咨询电话	400-810-0598	定　价	55.00元

"智慧职教" 服务指南

　　"智慧职教"（www. icve. com. cn）是由高等教育出版社建设和运营的职业教育数字教学资源共建共享平台和在线课程教学服务平台，与教材配套课程相关的部分包括资源库平台、职教云平台和 App 等。用户通过平台注册，登录即可使用该平台。

　　● 资源库平台：为学习者提供本教材配套课程及资源的浏览服务。

　　登录"智慧职教"平台，在首页搜索框中搜索"C 语言程序设计"，找到对应作者主持的课程，加入课程参加学习，即可浏览课程资源。

　　● 职教云平台：帮助任课教师对本教材配套课程进行引用、修改，再发布为个性化课程（SPOC）。

　　1. 登录职教云平台，在首页单击"新增课程"按钮，根据提示设置要构建的个性化课程的基本信息。

　　2. 进入课程编辑页面设置教学班级后，在"教学管理"的"教学设计"中"导入"教材配套课程，可根据教学需要进行修改，再发布为个性化课程。

　　● App：帮助任课教师和学生基于新构建的个性化课程开展线上线下混合式、智能化教与学。

　　1. 在应用市场搜索"智慧职教 icve" App，下载安装。

　　2. 登录 App，任课教师指导学生加入个性化课程，并利用 App 提供的各类功能，开展课前、课中、课后的教学互动，构建智慧课堂。

　　"智慧职教"使用帮助及常见问题解答请访问 help. icve. com. cn。

前　　言

　　作为一门编程语言，C 语言因其简洁、高效、灵活、可移植性高等特点，一直被广泛应用于多个开发领域。在所有的编程语言中，C 语言是最接近底层的高级语言之一，可以直接操作计算机硬件，其执行速度仅次于汇编语言。由于 C 语言程序设计简洁，易于入门，高等职业院校、应用型本科院校中计算机类等相关专业均开设了 "C 语言程序设计" 课程，其作为一门专业基础课，在教学中必须理论与实践并重，根据职业院校学生的特点，充分考虑学生的学习基础、学习习惯与培养目标，充分体现职教特色。

　　本书为职业教育国家在线精品课程 "C 语言程序设计" 的配套教材，在体例设计上进行了创新，以项目驱动教学，让读者带着目标、带着任务探索式学习，以此激发读者学习兴趣。相比于市面上现有的教材，本书具有以下特点：

　　（1）面向程序开发员岗位集群的项目驱动式教学，激发读者的学习兴趣。每个项目创设项目目标、项目介绍、需求分析、知识准备、项目设计、项目实施、项目小结和项目测试 8 个部分，结构清晰，逻辑合理，更适合初学者学习。

　　（2）结合行业岗位需求，融入课程思政元素，培养学生的创新精神、工匠精神和文化自信，增强学生的民族自豪感。

　　（3）项目集成设计了丰富的案例和习题，可让读者更好地掌握当前信息潮流知识的应用，并拓宽项目的实现思路；在程序中强调编程规范和调试技巧，着力提高程序的质量和可维护性，塑造优秀的职业素养。

　　（4）本书语言简洁精练，通俗易懂，贴合行业，将难以理解的编程问题用简单清晰的语言描述，让读者更容易理解，更贴近实际。

　　本书共分基础篇、进阶篇和高级篇 3 篇。

　　基础篇包含项目 1~项目 3。通过制作一张学生证、简单计算器和景点门票计费程序等实践项目，主要讲解 C 语言的基础知识，包括 C 语言的产生和发展、C 语言的特点、C 语言程序的结构、C 语言程序设计编辑与调试环境、关键字、标识符常量、变量、数据类型、数据的格式化输出和输入、运算符与表达式、顺序结构和选择结构等。

　　进阶篇包含项目 4~项目 6。通过九九乘法表、扫雷游戏和简易日历等实践项目，主要讲解 C 语言的核心知识，包括循环结构、数组、函数等。读者需要理解该篇所讲解的内容，只有熟练掌握这些知识，才能真正地学好 C 语言。

　　高级篇包含项目 7~项目 9。通过五子棋、飞机大战和高校学生成绩管理系统等实践项目，主要涵盖 C 语言的高级核心知识，包括指针、结构体、预处理文件管理等。

　　为推进党的二十大精神进教材、进课堂、进头脑，本书将 "坚持教育优先发展、科技自立自强、人才引领驱动" 作为指导思想，以项目驱动教学的理念设计学习过程，探索将职业素养和专业知识有机融合，首先针对目前 C 语言程序设计的最新技术发展成果和课程教学改革成果，在相应内容中设置微课视频二维码，着力培养新一代信息产业建设所需的复合型高技能人才，贯彻科教兴国战略和创新驱动发展战略；其次结合各项目的特点提炼出相应的素养目标，重点培养或提升如规范操作、精益求精的工匠精神、安全意识和创新思维等核心职业能力，通过加强行为规范与思想意识的引领作用，落实"培养德才兼备的高素质人才"要求，将"实施科教兴国战略，强化现代化建设人才支撑"的指引落实到课程中，为进一步推进网络强国、数字中国的建设助力。

本书由施金妹、阚继承、周娇丽担任主编，钟梅、周静荷、姜苈峰担任副主编，林美蓉、方芳和卓书龙等担任参编。项目1由施金妹、钟梅编写，项目2由林美蓉、周娇丽编写，项目3由钟梅编写，项目4由周娇丽编写，项目5由阚继承、卓书龙编写，项目6由阚继承编写，项目7由姜苈峰编写，项目8由周静荷编写，项目9由方芳、阚继承编写。本书配套的数字资源由施金妹、阚继承、周娇丽、钟梅、姜苈峰、周静荷、林美蓉、蔡嘉婧、方芳和卓书龙共同制作。全书由施金妹、阚继承、周娇丽和钟梅负责统稿。华为云计算技术有限公司高级解决方案架构师郭俊涛、麒麟软件有限公司高级工程师吕正在本书的编写过程中提供了项目案例素材、技术支持等工作，在此表示感谢。本书为海南省南海新星教育人才平台项目"智慧职教背景下1+N资源多维共享OMO教学模式探究"（项目编号：JYNHXX2023-14Q）的建设成果。

本书采用Visual Studio 2022和Dev-C++作为编译环境，符合目前各专业教学要求、计算机等级考试大纲要求和行业需求。本书依托职业教育国家在线精品课程，围绕专业建设的相关网络资源极其丰富，相关内容可参阅职业教育国家在线精品课程"C语言程序设计"网址。

由于编者水平有限，书中不足之处在所难免，恳请广大读者批评指正。

编　者
2025年1月

目　　录

基　础　篇

进 阶 篇

高　级　篇

基础篇

项目 *1*
制作一张学生证

项目目标

【知识目标】
- 了解 C 语言的发展历程，包括 C 语言的起源与发展历史。
- 了解 C 语言的特点。
- 掌握 C 语言程序的结构。
- 理解 C 语言程序的编译机制，掌握 C 语言程序的编译执行过程。
- 通过一个 C 语言程序，了解程序、算法和流程图的概念。
- 掌握程序设计方法。

【技能目标】
- 掌握 C 语言开发环境的搭建，能够独立完成 Visual Studio 2022 的安装。
- 掌握 Visual Studio 2022 的使用方法，能够使用 Visual Studio 2022 开发 C 语言程序。
- 掌握 Dev-C++ 5.11 软件的安装和使用。
- 掌握在一种 C 语言编译软件环境下建立 C 语言程序的方法。
- 掌握在一种 C 语言编译软件环境下编辑、调试和运行 C 语言程序的步骤。

【素养目标】
- 建立程序设计的基本思路，培养逻辑思维能力和创新能力。
- 关注国家经济发展和信息技术创新等热点问题，激发爱国情怀和培养责任感。
- 立足计算机行业，时刻关注本专业的前沿发展现状和趋势。

项目介绍

学生证是学生的有效身份证件，即刚入校时由学校签发给该校已获得学籍的学生的身份证明证件，用以证明学生在该校就读并证明学生身份。学生证上面一般会盖有学校钢印的本人一寸彩色或者黑白照片，若是大学生，则会有该生所在学院和年级，以及该生的在校年限（入学时间—毕业时间）。学生持学生证可以享受乘坐火车、汽车、外出旅游等优惠。学生证仅限本人使用，不得转借他人使用。

本项目要求制作一张简单的学生证，学生证格式如图 1-1 所示。

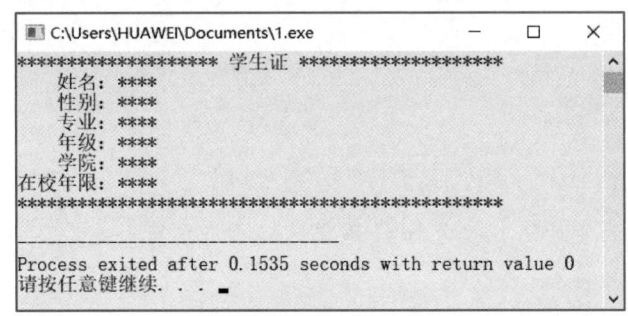

图 1-1　学生证格式

需求分析

分析图 1-1 中的学生证格式可知：在运行结果屏幕中，需要原样输出 8 行如下的文字内容。

```
******************** 学生证 ********************
姓名:****
性别:****
专业:****
年级:****
学院:****
在校年限:****
        *******************************************
```

C 语言是一种通用的、面向过程的编程语言，它具有高效、灵活、可移植等优点，目前被广泛应用于各种系统软件与应用软件的开发中。本项目将针对计算机语言和 C 语言的产生和发展、C 语言的特点及结构、程序算法基础以及如何使用 Visual Studio 2022 及 Dev-C++ 5.11 软件编辑、编译和执行 C 语言程序等内容进行详细讲解。

【重点难点】

算法、流程图和程序的基本概念及其之间的关系。

能够在 Visual Studio 2022 或者 Dev-C++ 5.11 等 C 语言编译软件环境下独立完成 C 语言程序的编辑、调试和运行。

知识准备

1.1　计算机语言的产生和发展

PPT：
计算机语言的
产生和发展

人和计算机交流信息，首先要解决语言的识别问题，开发能够实现计算机和人都能识别的语言，即计算机语言。计算机语言历经了以下几个发展阶段。

（1）机器语言

计算机工作基于二进制，从根本上来说，计算机只能识别和接收由 0 和 1 组成的指令，如 1010011010000000。

这种计算机能直接识别和接收的二进制代码称为**机器指令**（Machine Instruction）。机器指令的集合就是该计算机的**机器语言**（Machine Language）。显然，这种机器语言与人类语言之间存在较大差别：难学、难写、难记、难检查、难修改、难以推广使用。因此，计算机发展的初期只有极少数的计算机专业人员才会编写计算机程序。

（2）汇编语言

为了克服上述机器语言的缺点，人们用一些英文字母和数字表示一个指令（符号语言），如 ADD A，B（执行 A+B⇒A，表示将 A 和 B 寄存器中的值相加，放到 A 寄存器中）。

显然，计算机并不能直接识别和执行这种符号语言的指令，需要用一种称为**汇编程序**的软件，把这种符号语言的指令转换为机器指令。一般情况，一条符号语言的指令对应转换为一条机器指令。转换的过程称为"汇编"，该语言被称为**汇编语言**（Assembler Language）。虽然汇编语言比机器语言简单易用，但是仍然难以普及，而且不同型号的计算机使用的机器语言和汇编语言互不通用。机器语言和汇编语言过分依赖于机器，是面向机器的语言，故被称为计算机**低级语言**（Low-level Language）。

（3）高级语言

为了克服计算机低级语言的缺点，20 世纪 50 年代人们开发出了第一个计算机高级语言：FORTRAN 语言，它因更接近于人类的自然语言而广受欢迎。这种语言功能很强，且不依赖于具体的机器，用它编写的程序对任何型号的计算机都适用，因此被称为高级语言（High-level Language）。

当然，计算机也是不能直接识别高级语言程序的，同样需要进行"翻译"，可使用一种称为**编译程序**的软件把用高级语言编写的**源程序**（Source Program）转换为计算机指令的程序，即**目标程序**（Object Program），然后让计算机执行机器指令程序，最后得到执行结果。

PPT:
C 语言的产生和
发展

1.2　C 语言的产生和发展

　　C 语言是目前主流的程序设计语言之一，它既具有高级语言的功能，又具有汇编语言的一些特性，由贝尔实验室开发，又经过不断改进和完善，由美国国家标准学会（American National Standard Institute，ANSI）在各种 C 语言版本的基础上制定了一个 C 语言标准，于 1983 年发布，通常称之为 ANSI C。1989 年 ANSI 又公布了新标准：C89。目前主流的各种 C 编译系统都是以它为基础的。1999 年，国际标准化组织（International Organization for Standardization，ISO）和国际电工委员会（International Electrotechnical Commission，IEC）正式发布了 ISO/IEC：1999（简称 C99）。C99 引入了许多新特性，如内联函数、变量声明可以不放在函数开头、支持变长数组、初始化结构体允许对特定的元素赋值等。本书内容将基于 C99 标准讲解。

　　20 世纪 80 年代中期，出现了面向对象程序设计的概念。贝尔实验室借鉴了 Simula 67 中类的概念，将面向对象的语言成分引入到 C 语言中，设计出了 C++ 语言。C++语言获得了广大程序员的认可，不同的计算机及其操作系统几乎都支持 C++ 语言，如个人计算机上的 MS C++、Visual C++ 等产品，以及 Turbo C++、Borland C++、C++Builder 等产品。同时，C++ 语言也得到了国际标准化组织的认可，并已对 C++ 语言实现标准化。

　　本书以 Visual Studio 和 Dev-C++ 为学习的平台，所有例题和项目案例均在 Visual Studio 2022 和 Dev-C++5.11 环境下调试和成功运行。

PPT:
C 语言的特点

1.3　C 语言的特点

　　C 语言是一种通用、灵活、结构化、标准化、使用广泛、功能强大的编程语言，能完成用户的各种任务，特别适合进行系统程序设计和对硬件进行操作的场合。C 语言之所以能存在和发展并具有强大的生命力，成为程序员的首选语言之一，是因为它具有如下特点。

　　（1）语句简洁

　　C99 标准总共包含 37 个关键字、9 个控制语句以及丰富的数据类型。C 语言的编写比较自由、简洁，使用简单的方法就能构造出复杂的数据类型或者数据结构，具备复杂数据结构运算的能力。

　　（2）结构化设计

　　C 语言是一种结构化程序设计语言，层次清晰，便于按模块化方式组织程序，易于调试和维护。C 程序由若干程序文件组成，一个程序文件由若干函数构成。

　　（3）执行效率高

　　C 语言一般只比汇编程序生成的目标代码效率低 10%~20%，该执行效率是其他高级语言不能比拟的。

（4）功能强大

C 语言的表现能力和处理能力极强：不仅具有丰富的运算符和数据类型，便于实现各类复杂的数据结构，还可以直接访问内存的物理地址，进行位（bit）一级操作。C 语言既可以用于系统软件的开发，也适用于应用软件的开发。

（5）可移植性好

在 C 语言出现以前，程序员多使用汇编语言进行编程，不同的硬件必须使用不同的汇编语言进行编写，这样的编程难度是相当大的。由于 C 语言的编译器能够被移植到不同的设备中，所以使用 C 语言编写的程序，只需要修改部分代码就可以移植到其他设备运行。

（6）能进行硬件操作

C 语言既具有高级语言的功能，又具有低级语言的许多功能。例如，它可以直接访问物理地址，方便内存管理。C 语言的这种双重性使它既是成功的系统描述语言，又是通用的程序设计语言。

1.4 C 语言程序的结构

PPT：
C 语言程序的
结构

C 语言程序的结构特点如下。

1）一个程序由一个或多个源程序文件组成。对于一个较小规模的程序，往往只包括一个源程序文件。在一个源程序文件中可以包括 3 部分，分别为预处理指令、全局声明、函数定义。

2）函数是 C 语言程序的重要组成部分，程序的全部工作几乎是由各个函数完成的。函数是 C 语言程序的基本单位。在设计良好的程序中，每个函数都用来实现一个或几个特定的功能。编写 C 语言程序的主要工作就是编写一个个函数。一个 C 语言程序由一个或多个函数组成，有且仅有一个 main 函数。

3）一个函数由函数首部和函数体两部分组成。函数首部包括函数属性、函数类型、函数名、函数参数（形参类型、形参名、形参个数）。函数体是函数首部下面的花括号内的部分，如果在一个函数中包括有多层花括号，则最外层的一对花括号是函数体的范围。函数体一般由声明部分和执行部分组成。

4）程序总是从 main 函数开始执行，到 main 函数执行结束。main 函数可以放在程序开头，也可以放在程序最后，无论 main 函数在整个程序中的任何位置，C 语言程序总是从 main 函数开始执行，直到 main 函数执行结束为止。

5）程序中对计算机的操作由函数中的 C 语句完成。例如，赋值、判断等操作都是由相应的 C 语句实现的。C 语言程序书写格式相对自由，一行内可以写几个语句，一个语句也可以写在多行上，习惯上每行只写一个语句。

6）在每个数据声明和语句的最后必须加上分号。分号是 C 语句必不可少的组成部分。

7）C 语言本身不提供输入/输出语句，仅提供输入/输出函数。输入/输出操作由库函数 scanf 和 printf 等函数完成。C 语言对输入输出实行"函数化"。由于输入/输出操作涉及具体的计算机设备，所以输入/输出操作用库函数实现，有利于程序的可移植性。

8）程序应当包含注释。一个较好的、具有实用价值的程序都应当加上必要的注释，以增强程序的可读性。

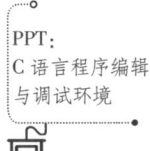
PPT：
C 语言程序编辑
与调试环境

1.5　C 语言程序编辑与调试环境

1.5.1　C 语言程序的开发过程

开发一个 C 语言程序，一般要经历编辑、编译、连接和运行 4 个步骤。假设待处理的 C 语言程序名为"lz1.c"，其开发的基本过程如图 1-2 所示。

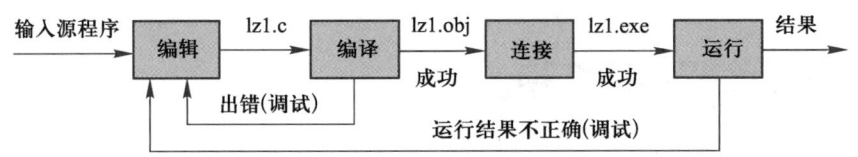

图 1-2　C 语言程序开发的基本过程

1. 编辑

用户通过编辑器，将自己开发的 C 语言程序输入计算机的过程称为 C 语言源程序的编辑。编辑生成的文件是文本形式，扩展名为".c"，也称为 C 语言的源程序。源程序文件以 ASCII 码形式存储，计算机不能直接执行。

2. 编译

计算机把 C 语言的源程序翻译成计算机可以识别的二进制形式的目标代码文件，该过程称为编译，由 C 语言的编译程序完成。

编译器在编译的同时，还对源程序的语法和程序的逻辑结构等进行检查，当发现错误时，会提示错误的大体位置和类型，此时需要对程序进行调试，即重新编辑源程序。如果编译成功，则生成目标文件，文件名同源程序文件名，扩展名为".obj"。

3. 连接

连接程序将目标程序和其他目标程序模块，以及系统提供的 C 语言库函数等进行连接并生成可执行文件的过程，称为连接。连接生成的可执行文件的文件名同源程序文件名，扩展名为".exe"。

4. 运行

通过运行可执行文件，就可以获得运行结果，如果运行结果有误，则需要重新编辑源程序，再进行编译、连接和运行，直到得到正确的运行结果。

1.5.2　Visual Studio 2022 的使用

微课 1-1
Visual Studio
2022 的使用

　　良好的开发环境可以方便程序开发人员编写、调试和运行程序，提高程序开发效率。目前主流的 C 语言的开发工具包括 Visual Studio、Dev-C++、Qt、Eclipse 等，利用这些开发工具可以快速进行 C 语言程序开发。

　　其中的 Visual Studio（VS）包括了整个软件生命周期中所需要的大部分工具，如 UML 工具、代码管控工具、集成开发环境（IDE）等。Visual Studio 支持 C/C++、C#、F#、Visual Basic 等多种程序语言的开发和测试，功能十分强大，并且具有兼容性强、支持多种平台开发、团队开发协作等特点，是企业项目开发的首选工具之一。

　　Visual Studio 2022 开发工具有企业版、专业版和社区版 3 个版本，其中企业版和专业版是收费的，通常企业版用于大型企业项目开发，专业版用于个人或者小型项目开发团队开发，社区版免费用于个人和开源项目开发，是教学和初学 C 语言用户的首选版本之一。

1. Visual Studio 2022 社区版的安装

参考步骤：

　　1）访问 Visual Studio 官网，下载 Visual Studio 2022 Community（社区版）版本，下载完成后双击安装包，弹出程序组件安装提示框，如图 1-3 所示。

图 1-3　程序组件安装提示框

　　2）在图 1-3 中单击"继续"按钮，下载安装 Visual Studio 2022 所需的程序组件，下载和安装过程如图 1-4 所示。

图 1-4　程序组件的下载和安装过程

3）下载和安装完成之后，会弹出一个界面，让用户选择所需要的开发环境，如图 1-5 所示。

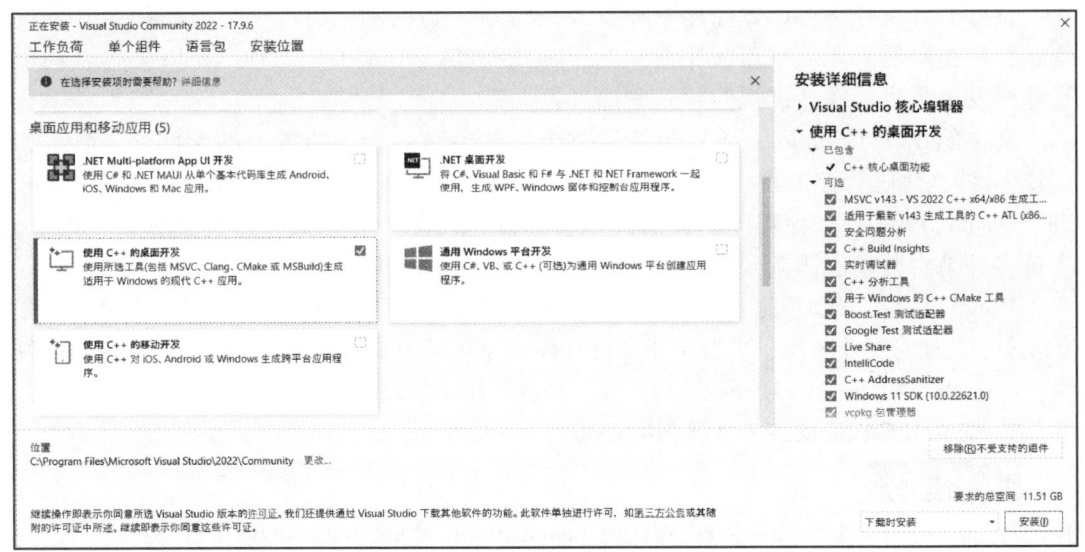

图 1-5　开发环境选择界面

4）在图 1-5 中选择开发所需的工具与环境，由于 C++语言是兼容 C 语言的，所以在图 1-5 中选择"使用 C++ 的桌面开发"选项即可。单击"位置"后的"更改"超链接，进入安装路径选择界面，如图 1-6 所示。

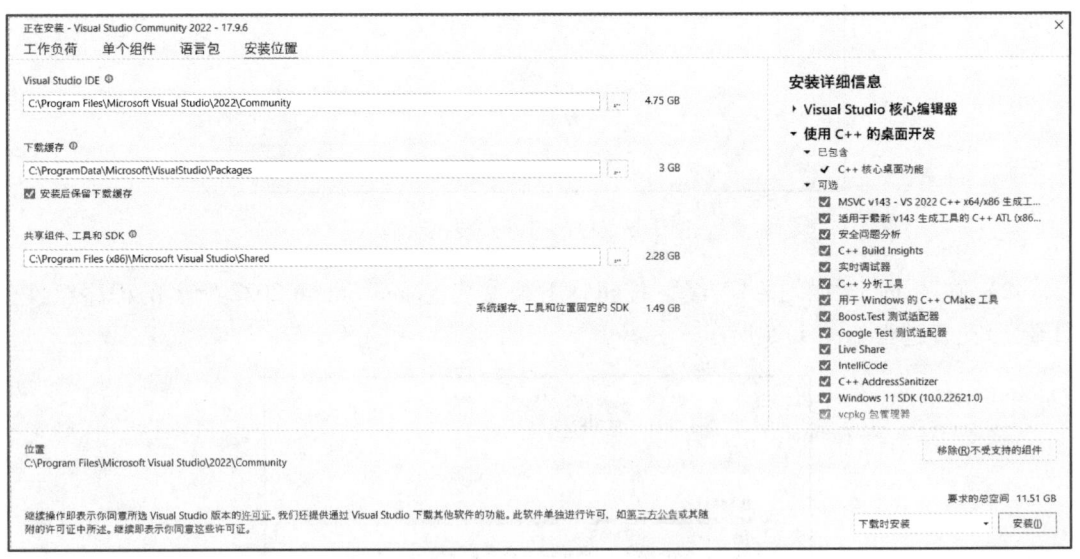

图 1-6　安装路径选择界面

5）在图 1-6 中选择 Visual Studio 2022 的安装路径、下载缓存路径，单击右下角的"安装"按钮开始安装 Visual Studio 2022，如图 1-7 所示。

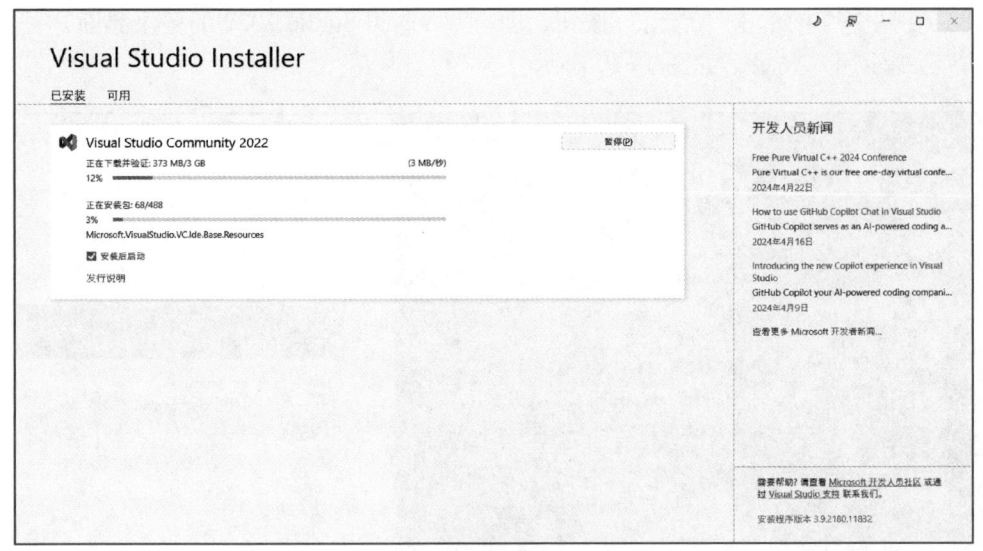

图 1-7　安装界面

6）安装完成后，会提示重启计算机，如图 1-8 所示。

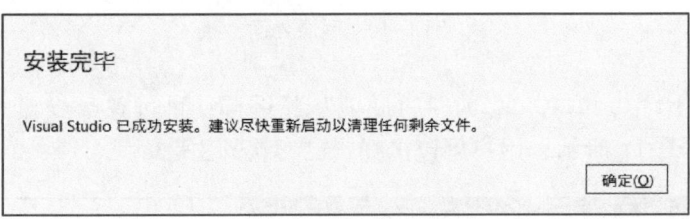

图 1-8　安装完毕

7）在图 1-8 中单击"确定"按钮，打开 Visual Studio Community 2022 的启动界面，如图 1-9 所示。

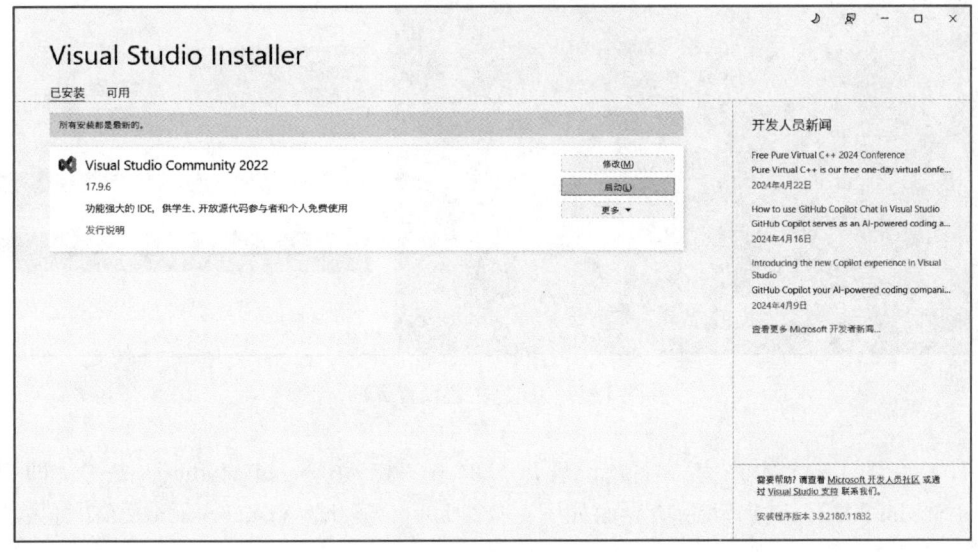

图 1-9　启动界面

8）在图 1-9 中单击"启动"按钮，即打开 Visual Studio 2022 的登录界面，首次启动时，会提示用户登录，如图 1-10 所示。

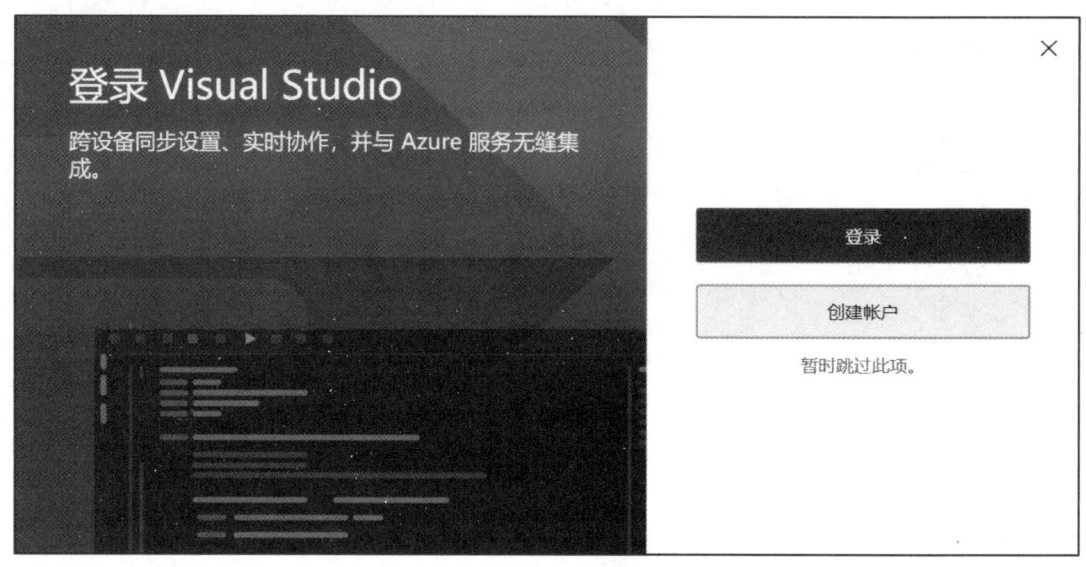

图 1-10　登录界面

9）在图 1-10 中，单击"暂时跳过此项"超链接，跳过登录步骤，弹出颜色主题设置界面，如图 1-11 所示，用户可以选择自己喜欢的主题。

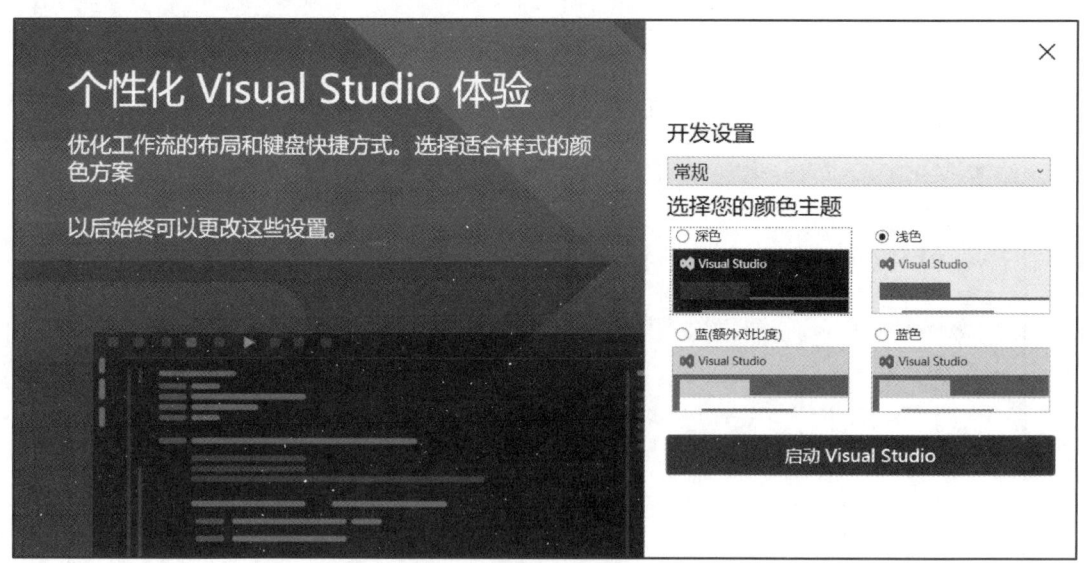

图 1-11　颜色主题设置界面

10）在图 1-11 中，完成主题设置后，单击"启动 Visual Studio"按钮，即启动 Visual Studio 2022，其启动成功界面如图 1-12 所示。至此，Visual Studio 2022 开发工具安装完成。

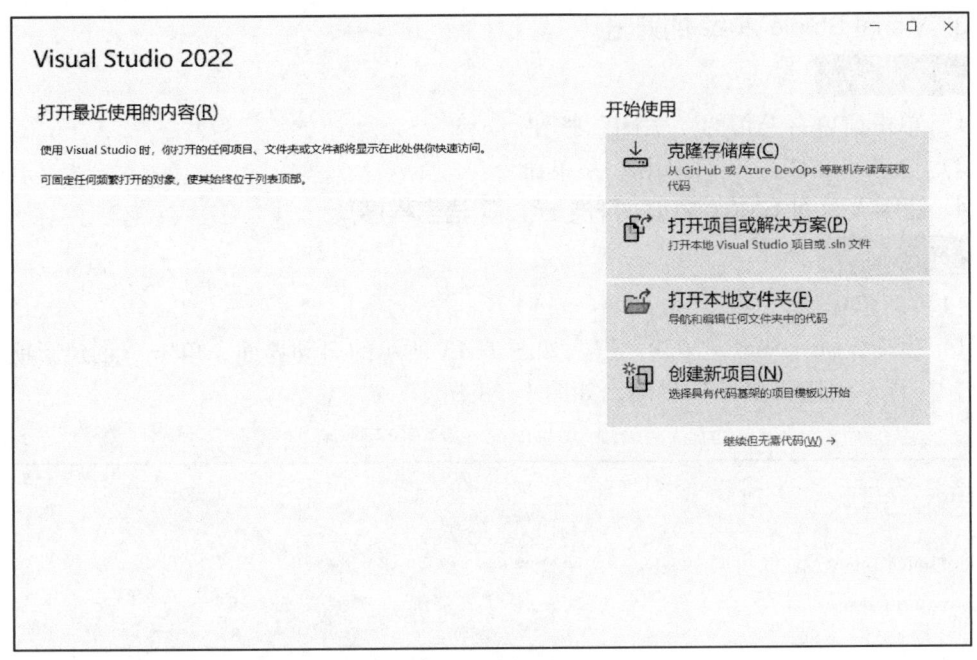

图 1-12　启动成功界面

2. Visual Studio 2022 的启动

参考步骤：

选择“开始”→“Visual Studio 2022”菜单命令，打开 Visual Studio 2022 启动界面，如图 1-13 所示。

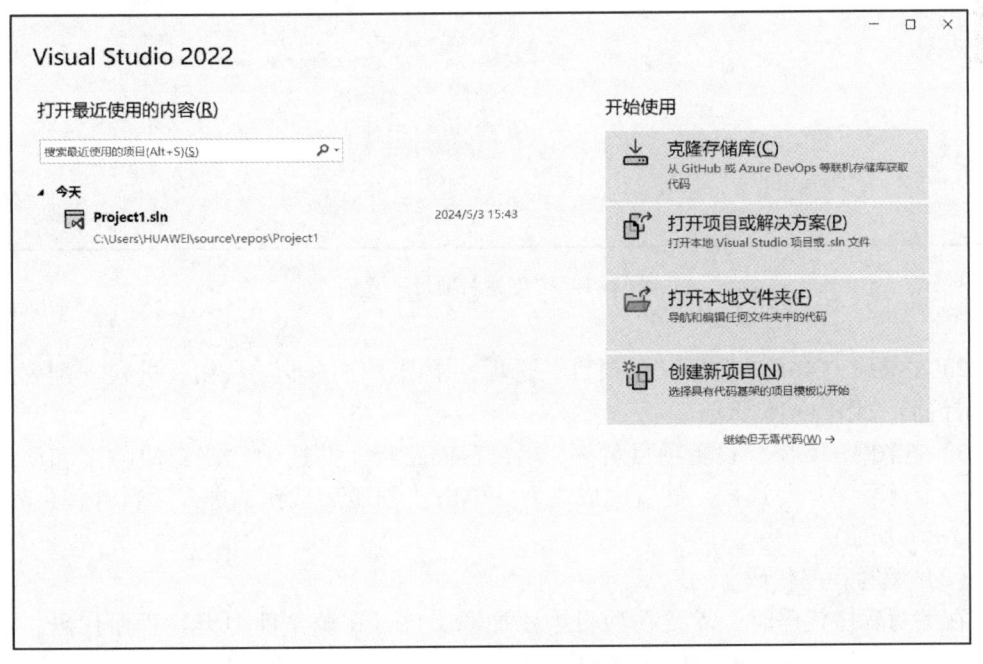

图 1-13　Visual Studio 2022 启动界面

3. Visual Studio 2022 的退出

参考步骤：

1）单击窗口右上角的"关闭"按钮。

2）选择"文件"→"退出"菜单命令。

4. 使用 Visual Studio 2022 开发一个 C 语言程序

参考步骤：

（1）新建项目

1）启动 Visual Studio 2022，进入如图 1-13 所示的启动界面，单击"创建新项目"按钮，打开"创建新项目"界面，如图 1-14 所示。

微课 1-2
通过 Visual Studio
2022 开发
C 语言程序

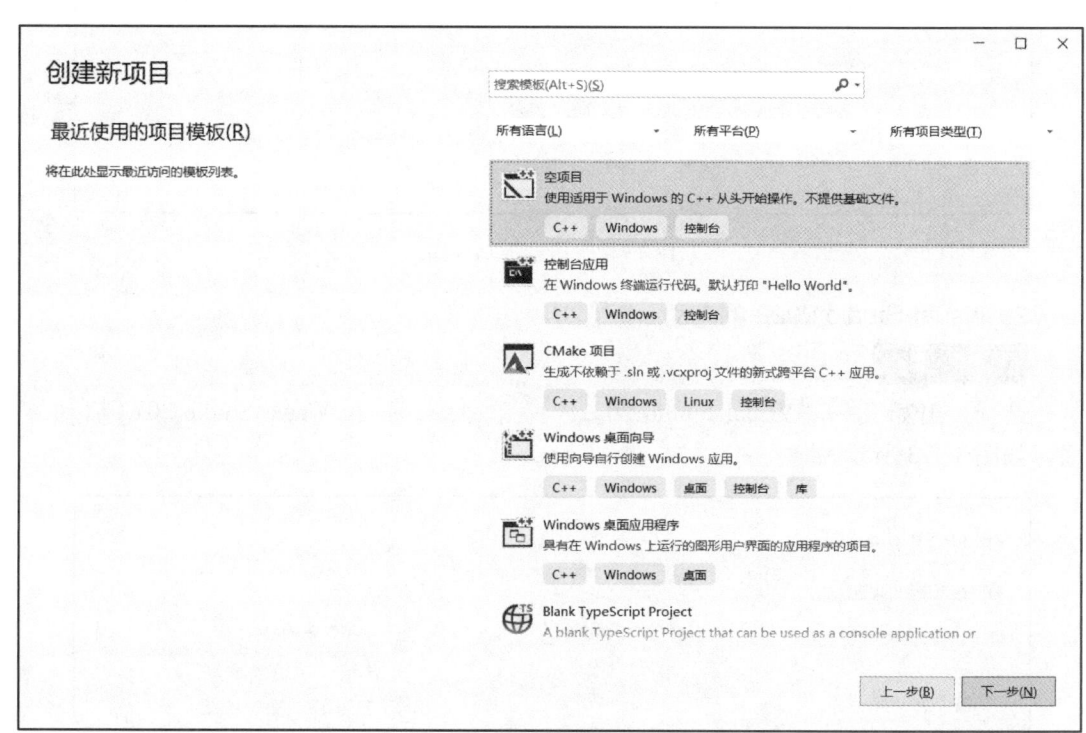

图 1-14 "创建新项目"界面

2）在图 1-14 中，选择"空项目"选项，单击"下一步"按钮，进入"配置新项目"界面，如图 1-15 所示。

3）在图 1-15 中，设置项目名称、项目存储路径，并选中"将解决方案和项目放在同一个目录中"复选框。配置完成之后，单击"创建"按钮，进入项目管理主界面，如图 1-16 所示。

（2）编写程序代码

在编写程序代码时，需要在项目中添加源文件，在源文件中编写程序代码。添加源文件，编写程序代码的具体步骤如下。

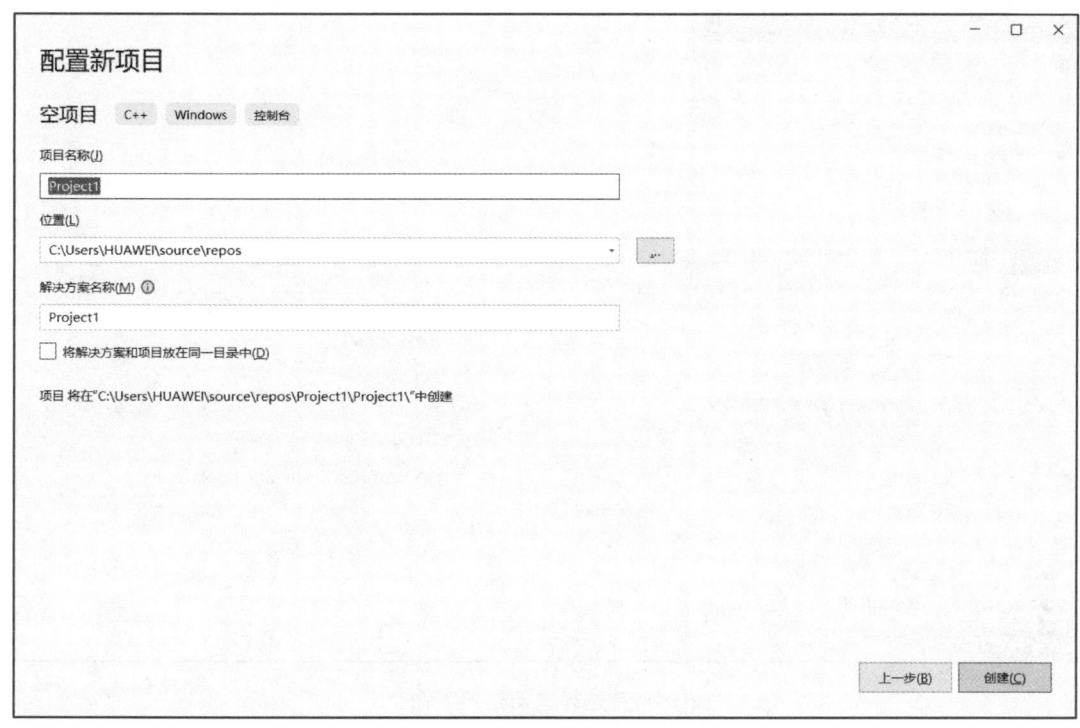

图 1-15 "配置新项目"界面

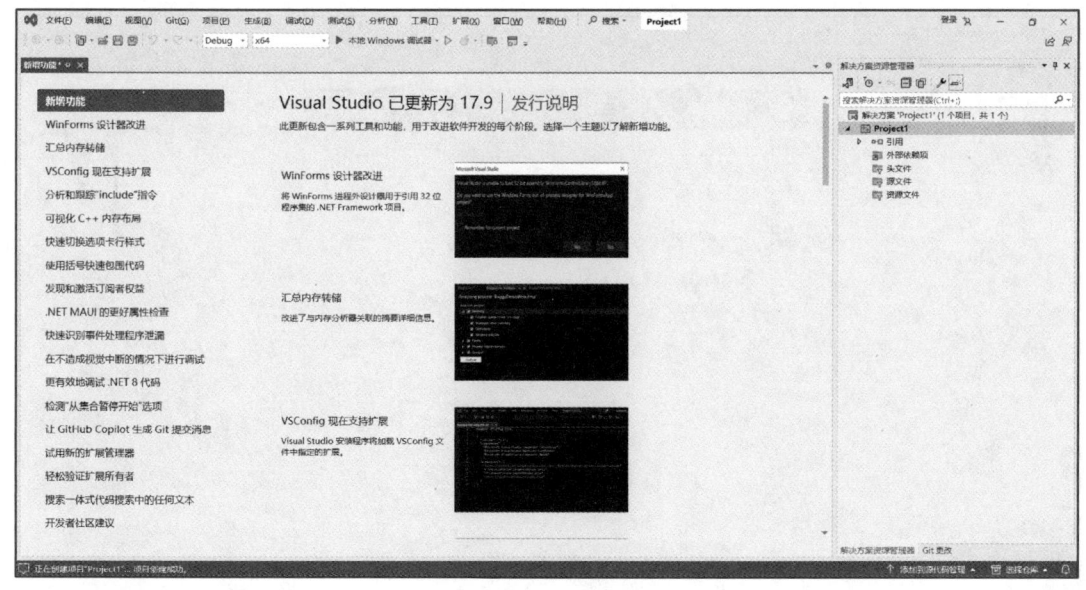

图 1-16 项目管理主界面

1) 在图 1-16 中，选中右侧 Project1 项目下的"源文件"，右击，在弹出的快捷菜单中选择"添加"→"新建项"命令，如图 1-17 所示。

2) 系统打开"添加新项-Project1"对话框，如图 1-18 所示。

3) 在图 1-18 中，将文件命名为 lz1.c，单击"添加"按钮，lz1.c 源文件创建成

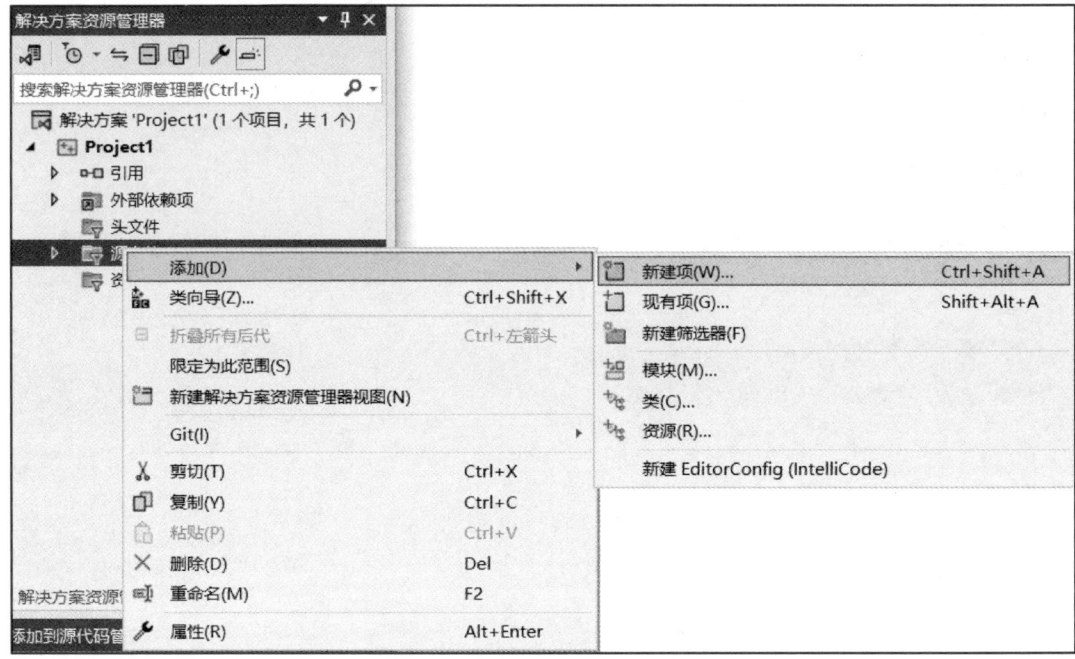

图 1-17　选择"新建项"命令

功。双击打开该文件，在文件空白区域编写代码，如图 1-19 所示。

图 1-18　"添加新项-Project1"对话框

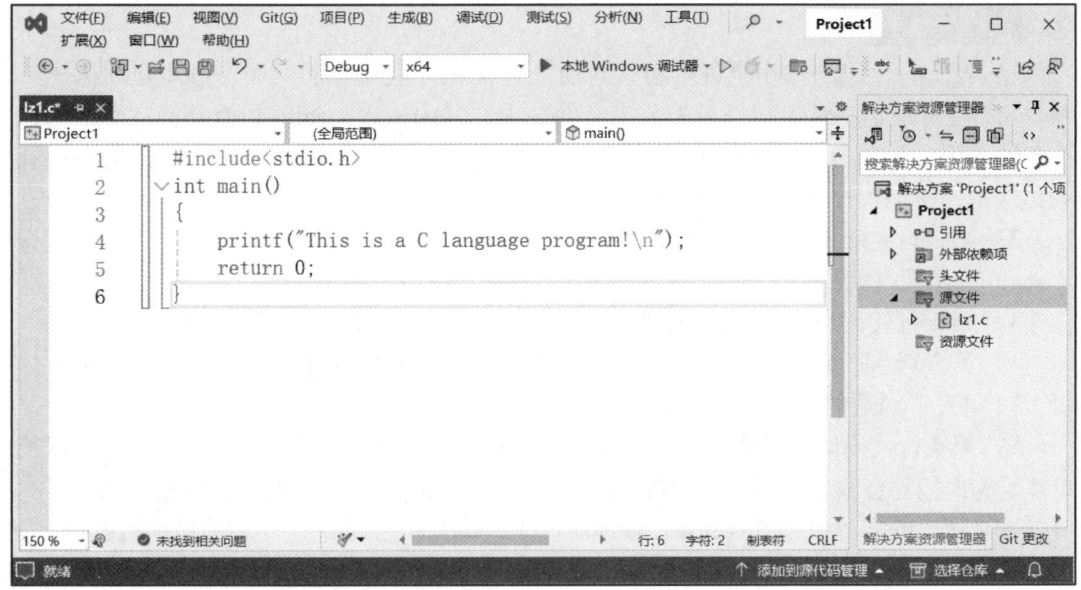

图 1-19　lz1.c 程序代码

图 1-19 中的具体代码见例 1-1。

【例 1-1】 编辑、编译和执行文件"lz1.c",输出"This is a C language program!"。

解题步骤:

1) 用 printf( ) 函数直接将"This is a C language program!"打印出来。
2) 在输出行后面输出一个换行符。

程序代码:

```c
#include<stdio.h>
int main( )
{
    printf("This is a C language program! \n") ;
    return 0;
}
```

(3) 编译运行程序

在图 1-19 的菜单栏中选择"调试"→"开始运行(不调试)"命令,运行程序,或单击菜单栏中的"本地 Windows 调试器"按钮运行程序。程序运行后,会弹出运行结果的命令行窗口,如图 1-20 所示。

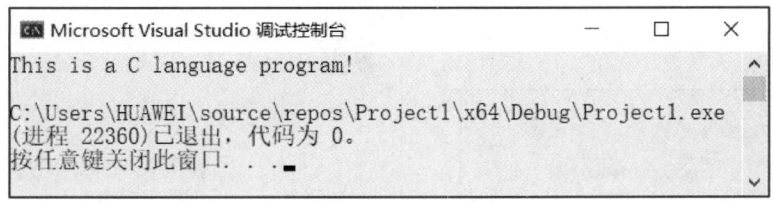

图 1-20　例 1-1 程序运行结果

程序分析：

1）第 1 行代码的作用是进行相关的预处理操作。其中字符"#"是预处理标志，#include 后面跟着一对尖括号，表示头文件在尖括号内读入。stdio. h 就是标准输入输出头文件。因为第 4 行用到了标准库中的 printf( ) 输出函数，printf( ) 函数定义在 stdio. h 头文件中，所以程序需要包含此头文件。

2）第 2 行~第 6 行代码声明了一个 main( ) 函数，该函数是程序的入口，程序运行从 main( ) 函数开始执行。

3）第 2 行代码中，main( ) 函数前面的 int 表示该函数的返回值类型是整型。

4）第 3 行~第 6 行代码是 main( ) 函数的函数体，程序的相关操作都要写在函数体中，{ } 定义了函数的边界，{ } 内的语句被称为语句块。

5）第 4 行代码调用了格式化输出函数 printf( )，该函数用于输出一行信息，可以简单理解为向控制台输出文字或符号等。printf( ) 括号中的内容称为函数的参数，从括号内可以看到输出的字符串"This is a C language program! \n"，其中"\n"表示换行操作。

6）第 5 行代码中 return 语句的作用是将函数的执行结果返回，后面紧跟着函数的返回值，如果程序的返回值是 0，表示正常退出。

在 C 语言程序中，以分号";"为结束标记的代码都可称为语句，如例 1-1 中的第 4 行、第 5 行代码都是语句。

1.5.3 Dev-C++的使用

微课 1-3
Dev-C++的
使用

Dev-C++（也称为 Dev-Cpp）是 Windows 环境下的一个轻量级 C/C++集成开发环境（IDE），其遵守 GPL 许可协议分发源代码。它集合了功能强大的源码编辑器、MingW64/TDM GCC 编译器、GDB 调试器和 AStyle 格式整理器等，适合 C/C++语言初学者及非商业级普通开发者使用。

1. Dev-C++的安装

参考步骤：

1）登录 Dev-C++ 的官网并下载 Dev-C++ 5.11 版本，下载完成后双击安装包，首先加载安装程序，如图 1-21 所示。

2）开始安装程序，如图 1-22 所示。Dev-C++ 支持多国语言，包括简体中文，但是要等到安装完成以后才能进行设置，在安装过程中不能使用简体中文，所以这里默认选择英文（English）选项。

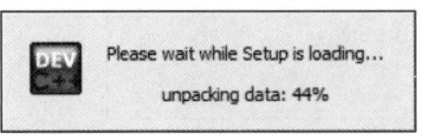

图 1-21　加载安装程序

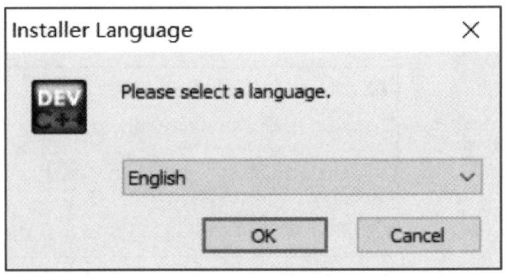

图 1-22　开始安装界面

3) 单击"I Agree"按钮，同意 Dev-C++ 的各项安装条款，如图 1-23 所示。

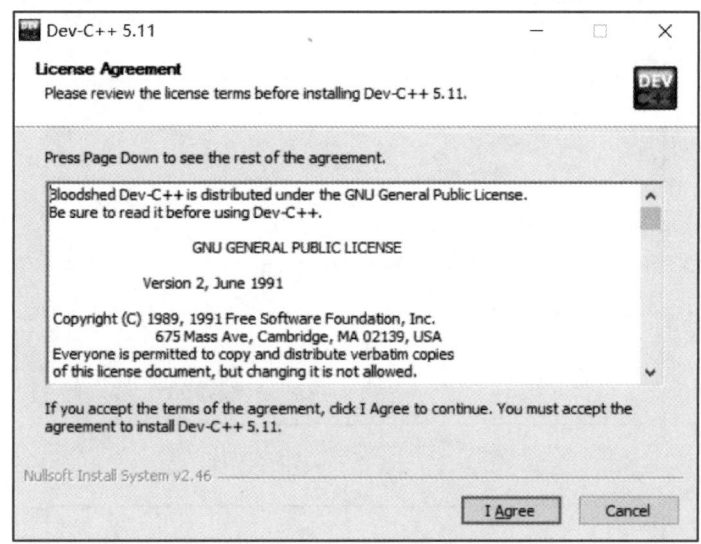

图 1-23 各项安装条款界面

4) 选择"Full"选项，全部安装组件，如图 1-24 所示。

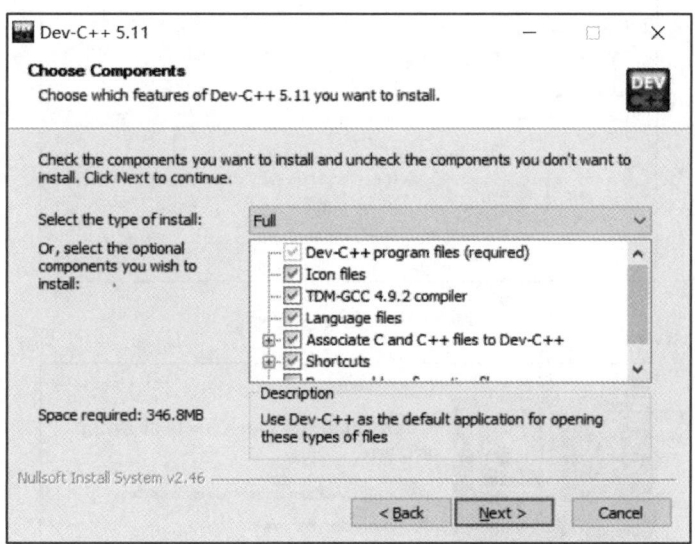

图 1-24 选择要安装的组件界面

5) 可以将 Dev-C++ 安装在任意位置，但是路径中不要包含中文字符，如图 1-25 所示。

6) 在图 1-25 中选择 Dev-C++ 5.11 的安装路径，单击"Install"按钮开始安装 Dev-C++ 5.11，如图 1-26 所示。

7) 安装完成后的界面如图 1-27 所示。

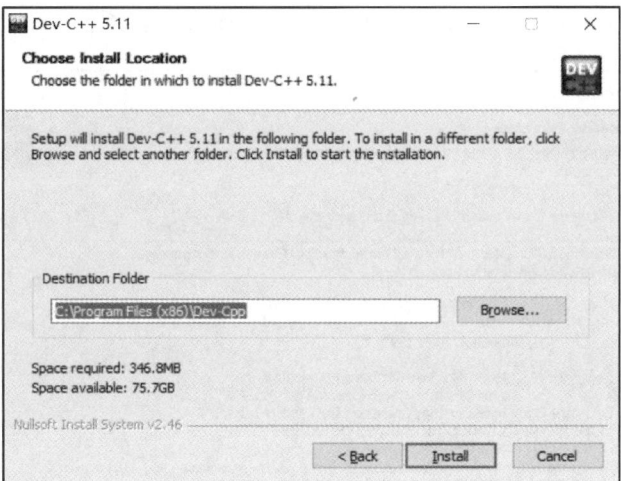

图 1-25　选择安装路径界面

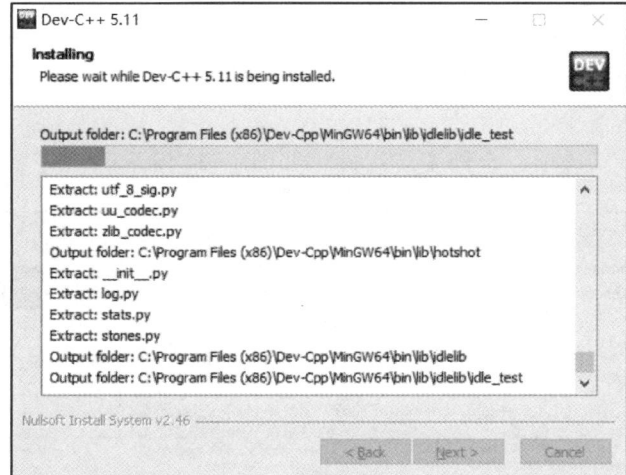

图 1-26　安装过程界面

图 1-27　安装完成后的界面

2. Dev-C++的配置

首次使用 Dev-C++还需要进行简单的配置，包括设置语言、字体和主题风格。

参考步骤：

1）第一次启动 Dev-C++后，会提示选择语言，这里选择"简体中文"，方便初学者使用，如图 1-28 所示。

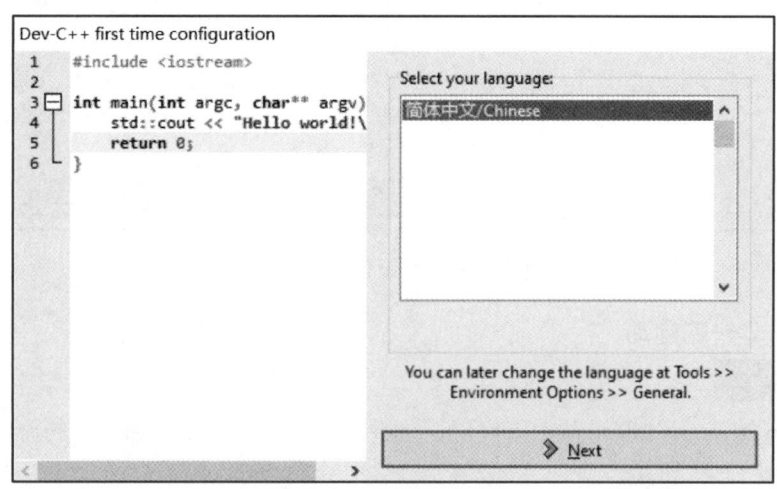

图 1-28　设置语言界面

2）在图 1-28 中单击"Next"按钮，进入选择字体和主题风格界面，保持默认设置即可，如图 1-29 所示。

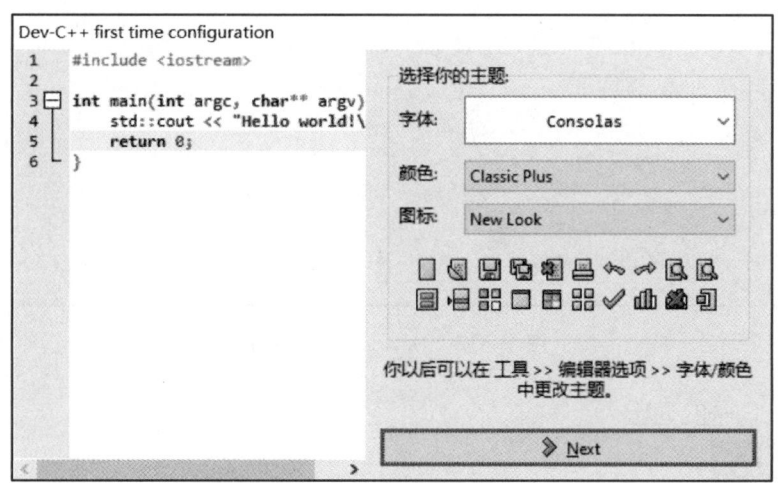

图 1-29　设置语言界面

3）在图 1-29 中单击"Next"按钮，进入 Dev-C++已设置成功界面，如图 1-30所示，单击"OK"按钮，完成安装。

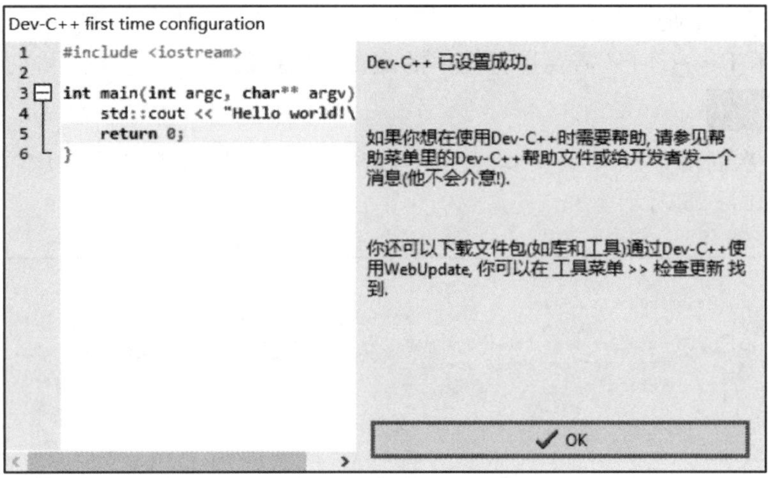

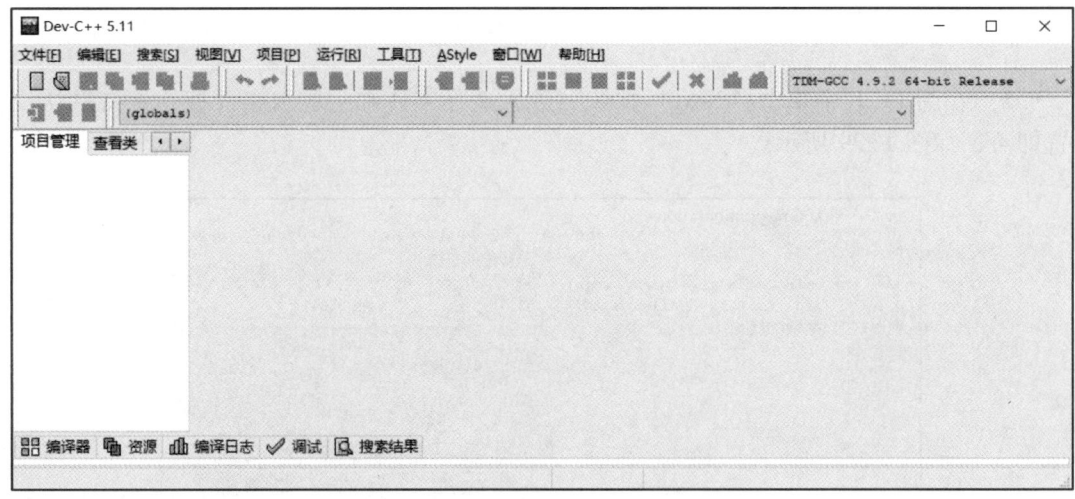

```
Dev-C++ first time configuration
1    #include <iostream>
2
3 ⊟  int main(int argc, char** argv)
4        std::cout << "Hello world!\
5        return 0;
6  }
```

Dev-C++ 已设置成功。

如果你想在使用Dev-C++时需要帮助, 请参见帮助菜单里的Dev-C++帮助文件或给开发者发一个消息(他不会介意!).

你还可以下载文件包(如库和工具)通过Dev-C++使用WebUpdate, 你可以在工具菜单 >> 检查更新 找到.

✔ OK

图 1-30　已设置成功界面

3. Dev-C++的启动

参考步骤:

选择"开始"→"Bloodshed Dev-C++"→"Dev-C++"菜单命令, 打开"Dev-C++"主窗口, 如图 1-31 所示。

图 1-31　"Dev-C++"主窗口

4. Dev-C++的退出

参考步骤:

1)单击窗口右上角的"关闭"按钮。

2)选择"文件"→"退出"菜单命令。

5. 新建源代码, 编辑、编译和运行 C 语言程序

例如, 新建源代码, 编辑、编译和运行文件 lz1.c, 输出"This is a C language program!"

参考步骤：

1）新建源代码。选择"文件"→"新建"→"源代码"菜单命令，如图 1-32 所示，或者按 Ctrl+N 组合键，新建一个空白的源文件，如图 1-33 所示。

微课 1-4
使用 Dev-C++
编译和运行
一个简单的
C 语言程序

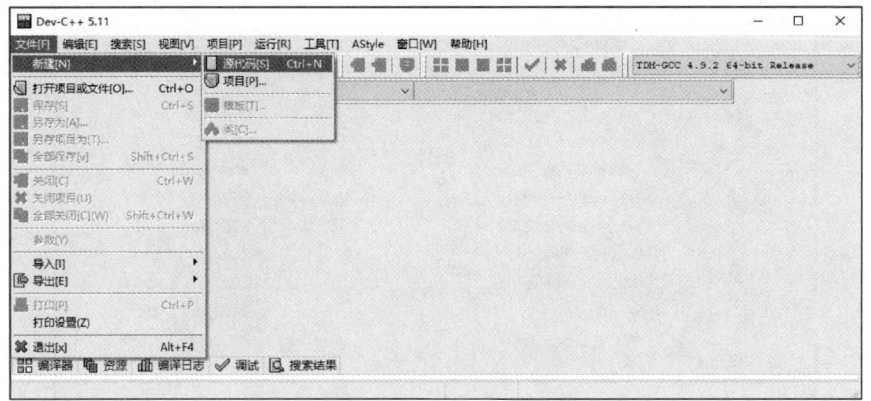

图 1-32　新建源代码

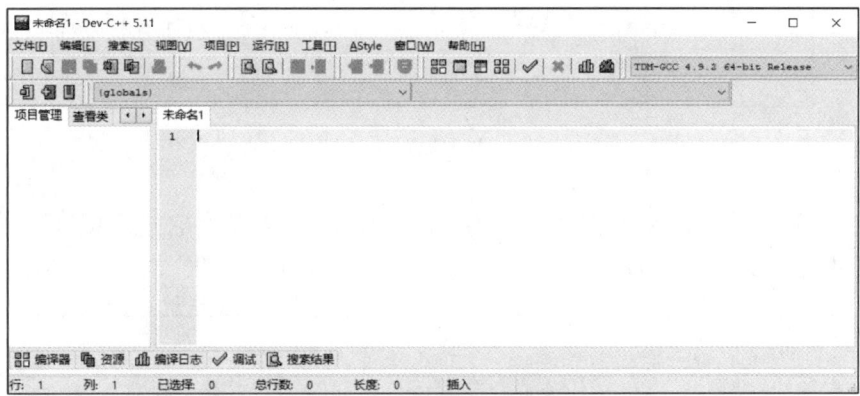

图 1-33　新建空白的源文件

2）编辑源程序。在图 1-33 所示的窗口中编辑 C 语言程序，输入如图 1-34 所示的程序。

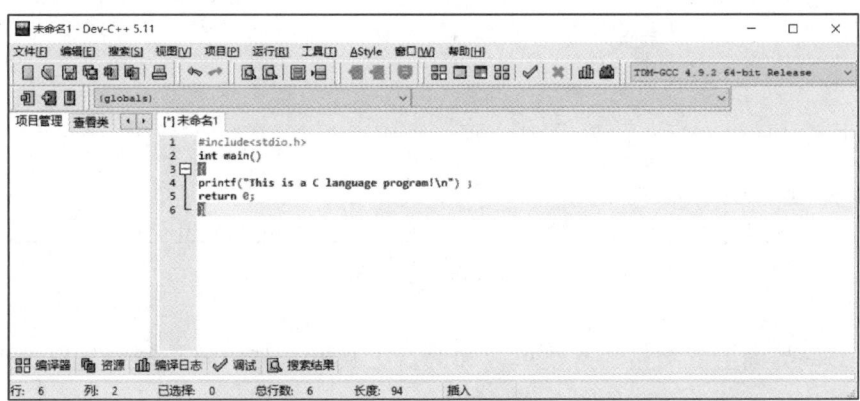

图 1-34　在"Dev-C++"环境下输入源程序

3）保存源文件。在图 1-34 所示的窗口中的上方菜单栏中选择"文件"→"保存"命令，或者按 Ctrl+S 组合键，都可以保存源文件，如图 1-35 所示，设置文件名及保存位置，单击"保存"按钮。

图 1-35　保存源文件

4）编译程序。输入和编辑好一个 C 语言程序后，需要对它进行编译，选择"运行"→"编译"菜单命令或单击"工具栏"中的"编译"按钮，如图 1-36 所示。

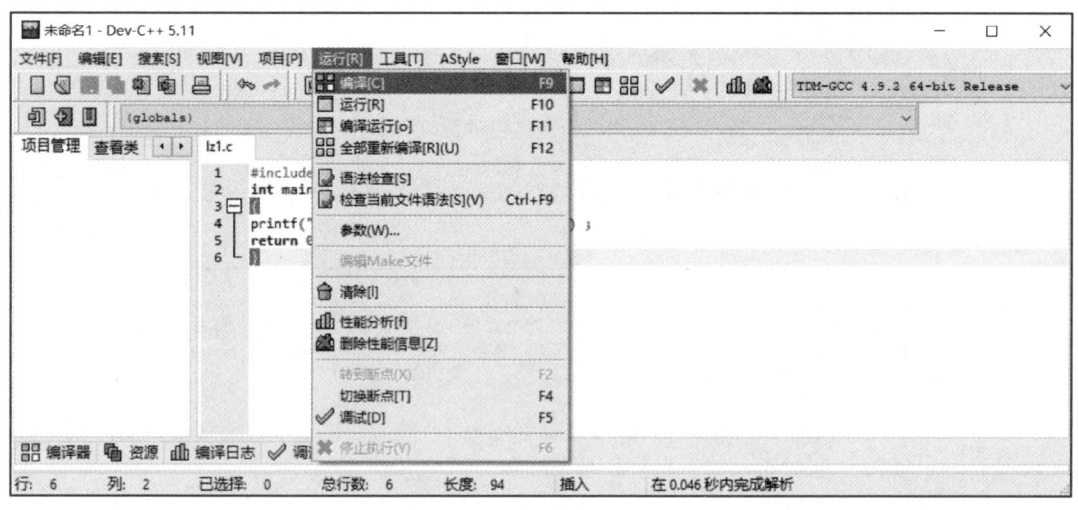

图 1-36　编译 C 语言程序

Dev-C++界面上依次显示有菜单栏和两行工具栏，其中第一行工具栏是平时使用最多的，其主要按钮的功能如图 1-37 所示。

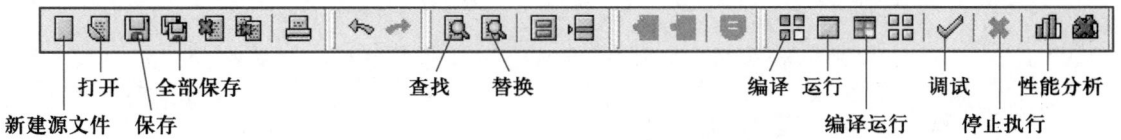

图 1-37　工具栏主要按钮的功能

编译成功后的窗口如图 1-38 所示。

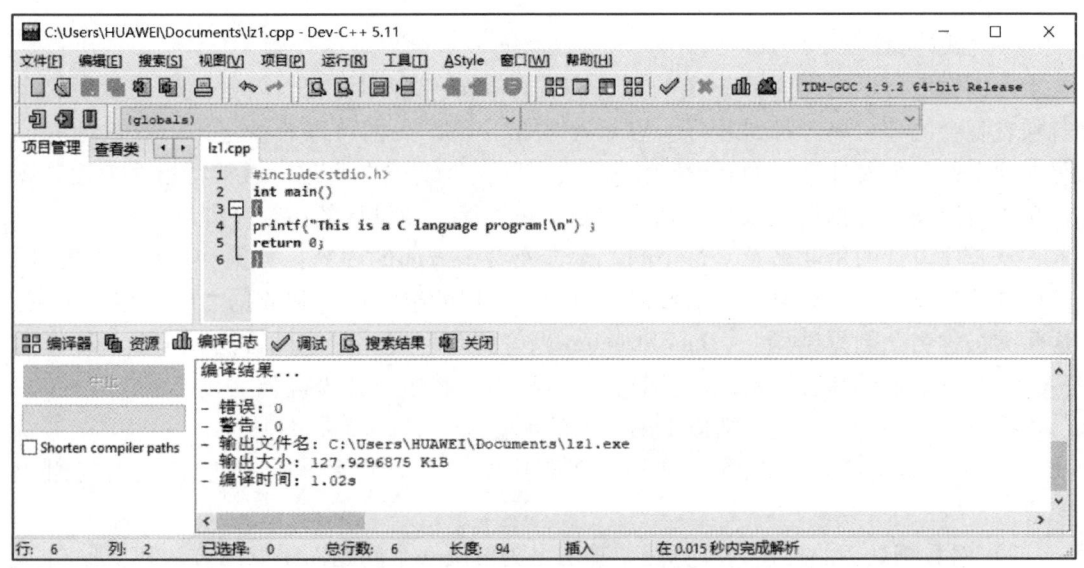

图 1-38　编译成功后的窗口

5）运行程序。编译成功后，选择"运行"→"运行"菜单命令或直接单击"运行"按钮，程序输出结果如图 1-39 所示。

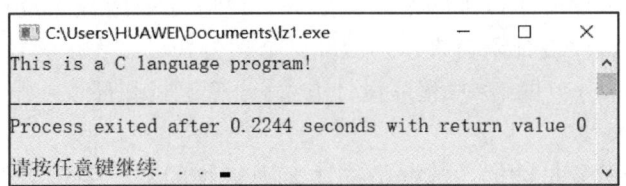

图 1-39　程序输出结果

说明：

① 在"Dev-C++"软件中，主函数 main( ) 的类型一般用"int"类型，在主函数的最后添加一条"return 0;"语句结束。

② Dev-C++ 与 Visual Studio 在功能上区别不大，只是不同考试环境中可能要求使用不同的软件和版本，请根据需要进行学习和应用。

③ C++ 是在 C 语言的基础上进行的扩展，C++ 已经包含了 C 语言的全部内容，Dev-C++ 和大部分 IDE 一样，默认创建的是 C++ 文件。

1.6 程序算法基础

1.6.1 程序设计的基本概念

1. 程序与算法

人们做任何事情都需要一定的方法和程序，如开会的议程、教师上课的教案、春节联欢晚会的节目单等都是程序。在程序的指导下，人们可以有秩序地、高效地完成每一项工作。随着计算机的问世和普及，"程序"逐渐被专业化，通常特指：为让计算机完成特定任务（如解决某一问题或控制某一过程）而设计的指令序列。

从程序设计的角度来看，每个问题都涉及两个方面的内容：数据和操作。"数据"泛指计算机要处理的对象，包括数据的类型、数据的组织形式和数据之间的相互关系，这些又被称为"数据结构"（Data Structure）；"操作"是指处理的方法和步骤，即算法（Algorithm）。而编写程序所用的计算机语言称为"程序设计语言"。

换言之，一个程序应包括以下两方面的内容：

1）对数据的描述，即数据结构。在程序中需要指定数据的类型和数据的组织形式。

2）对数据处理的描述，即算法。算法是为解决一个问题而采取的方法和步骤。

算法反映了计算机的执行过程，是对解决特定问题的操作步骤的一种描述。数据结构是对参与运算的数据及它们之间关系所进行的描述，算法和数据结构是程序的两个重要方面，其经典公式如下：

$$算法+数据结构=程序$$

实际上，一个程序除了以上两个要素之外，还应当采用程序设计方法进行程序设计，并且用某一种程序设计语言表示。因此，上述公式可以表示为：

$$算法+数据结构+程序设计方法+语言工具和环境=程序$$

2. 数据结构

计算机处理的对象是数据，数据是描述客观事物的数、字符以及计算机能够接收和处理的信息符号的总称。数据结构是指数据的类型和数据的组织形式。数据类型体现了数据的取值范围和合法的运算，数据的组织形式体现了相关数据之间的关系。

数据结构与算法有着密切的关系，只有明确了问题的算法，才能更好地构造数据结构；但选择好的算法，又常常依赖于好的数据结构。事实上，程序就是在数据的某些特定的表示方式和结构的基础上对抽象算法的具体描述。因此，编写一个程序的关键就是合理地组织数据和设计好的算法。

1.6.2 算法的特性

一个算法应具有以下 5 个重要的特性。

（1）输入

一个算法可以有 0 个或多个输入数据。例如，计算 1~10 的累加和的算法无须输入数据；而求 n! 的算法，一般来说需要从键盘输入 n 的值。

（2）输出

算法的目的是求解，而"解"要输出。所以，一个算法应该至少有一个或多个输出。但算法的输出并不一定就是计算机的打印输出或屏幕输出，一个算法得到的结果就是算法的输出。一个算法可以没有输入，但是必须有输出，没有输出的算法是毫无意义的。

（3）确定性

算法中的每一步骤都应当是确定的，而不应当是含糊不清、模棱两可的，也就是要求必须有明确的含义，不允许存在二义性。对于每种情况，有待执行的动作必须有严格和清晰的规定。

（4）有穷性

一个算法应包含有限个操作步骤，不能是无限个。也就是说，对于一个算法，要求其在时间和空间上是有穷的。

（5）有效性

有效性也称为可执行性。算法中描述的每一步操作都应该能有效地执行，并得到确定的结果。

1.6.3　算法的描述

算法的表示方法有很多，常见的有自然语言、流程图、N-S 结构图、伪代码、程序设计语言等。

1. 用自然语言描述

自然语言就是人们日常使用的语言，可以是汉语、英语或者其他语言等。用自然语言表示的算法通俗易懂，但一般篇幅冗长，表达上往往不够准确，容易引起理解上的"歧义性"。所以，除了那些简单的算法，一般不使用自然语言描述。

2. 用流程图描述

（1）流程图符号

流程图是用一组规定的图形符号、流程线和文字说明来表示各种操作、算法的方法，直观形象，易于理解。ANSI 规定了一些常用的流程图符号，见表 1-1。

表 1-1　常用的流程图符号

符　　号	符 号 名 称	功 能 描 述
	起始框	表示算法的开始和结束
	输入输出框	表示输入/输出操作
	判断框	表示对框内的条件进行判断

续表

符　号	符号名称	功能描述
	处理框	表示对框内的内容进行处理
	流程线	表示流程的方向
	连接点	通常用于换页处，表示两个具有同标记的"连接点"应连接成一个点
	注释框	表示预先定义的函数、子例程等

（2）3 种基本结构的流程图

1）顺序结构，最简单的一种基本结构。在顺序结构中，要求顺序地执行且必须按先后顺序排列的每一个最基本的处理单位执行。如图 1-40 所示，表示先执行处理 A，再执行处理 B。

2）选择结构，又称为分支结构。在选择结构中，要根据逻辑条件的成立与否，分别选择不同的处理单位。如图 1-41 所示，当逻辑条件成立时，执行处理 A，否则执行处理 B。

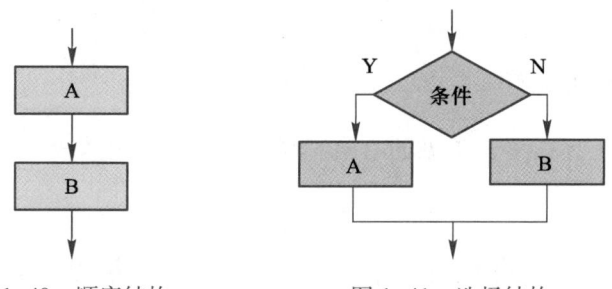

图 1-40　顺序结构　　　　图 1-41　选择结构

3）循环结构，分为当型循环（while 型）和直到型循环（until 型）两种类型。

当型循环。在当型循环结构中，当逻辑条件成立时，就反复执行循环体，直到逻辑条件不成立时结束，即先判断，后执行循环体，如图 1-42 所示。

直到型循环。在直到型循环中，反复执行循环体，直到逻辑条件不成立时结束，即先执行循环体后判断，如图 1-43 所示。

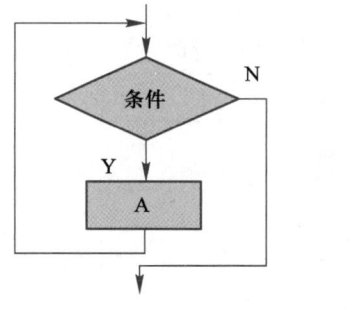
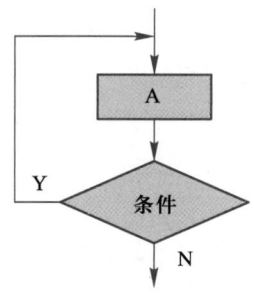

图 1-42　while 型循环结构　　　　图 1-43　until 型循环结构

用流程图表示算法直观、形象，算法的逻辑流程一目了然，便于理解，能较清晰地表达各种处理之间的逻辑关系，是一种较好的算法描述方法。但这种算法描述占用篇幅较长，绘制起来比较麻烦，而且使用流程线使得流程可以任意转向，不能保证算法的结构化，因此，会造成阅读和修改上的困难。

【例 1-2】 求解 1+2+3+…+10 的和，用流程图表示的算法如图 1-44 所示。

3. 用 N-S 结构图描述

由顺序、选择、循环三大基本结构构成的算法是结构化算法。任何复杂的结构化算法均可用 3 种基本结构的若干组合来表示，因此基本结构之间的流程线将变得多余。

针对流程图存在的问题，相关学者于 1973 年提出一种新的完全去掉流程线的流程图形式。该流程图将全部算法写在一个矩形框内，该框还可以包含其他从属于它的框，或者说，由一些基本的框组成一个大的框。这种流程图以两位学者名字的首字母组合命名，称为 N-S 结构化流程图。

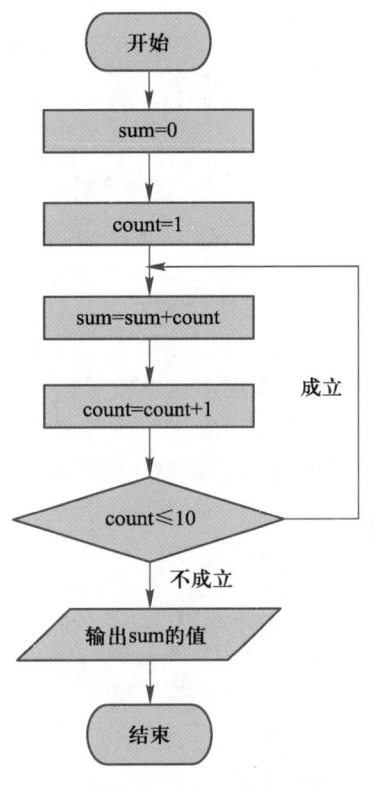

图 1-44　流程图

1）顺序结构，如图 1-45 所示，表示先执行处理 A，再执行处理 B。

2）选择结构，如图 1-46 所示，当逻辑条件成立时，执行处理 A，否则执行处理 B。

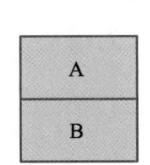

图 1-45　顺序结构

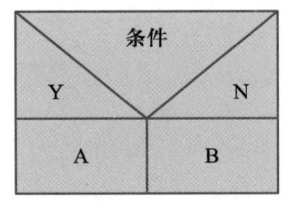

图 1-46　选择结构

3）循环结构，分为当型循环和直到型循环。

当型循环。在当型循环结构中，当逻辑条件成立时，就反复执行循环体，直到逻辑条件不成立时结束，即先判断，后执行循环体，如图 1-47 所示。

直到型循环。在直到型循环中，反复执行循环体，直到逻辑条件不成立时结束，即先执行循环体，后判断，如图 1-48 所示。

【例 1-3】 求解 1+2+3+…+10 的和，用 N-S 结构化流程图表示的算法如图 1-49 所示。

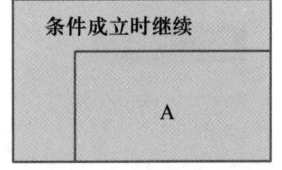

图 1-47　当型循环结构

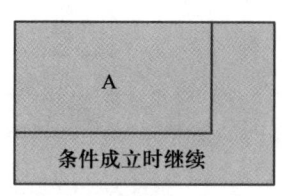

图 1-48　直到型循环结构

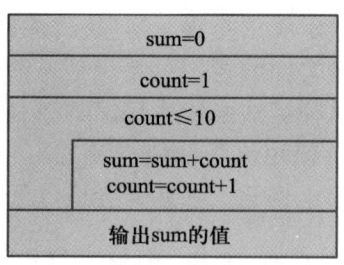

图 1-49　N-S 结构化流程图

4. 用伪代码描述

伪代码是一种介于自然语言和程序设计语言之间的文字和符号，用来描述算法。伪代码的表现形式比较灵活，没有严格的语法规则，可以用英文，也可以中英文混搭，只要能表达出确切的意思，便于书写阅读即可。

【例 1-4】求解 1+2+3+…+10 的和，用伪代码表示的算法如下：

```
begin                        //算法开始
0⇒sum
1⇒count
while count≤10
  {
      sum+count⇒sum
      count+1⇒count
  }
      print sum
end                          //算法结束
```

5. 用程序设计语言描述

计算机是无法识别流程图和伪代码的。只有用程序设计语言编写的程序，经编译、连接成可执行程序后，才能被计算机执行。因此，用任何方法描述的算法，都要将其转换为程序。

用程序设计语言表示算法必须严格遵循所用语言的语法规则，这是和伪代码不同的。

微课 1-5
用程序设计
语言描述求解
1+2+3+…+10
的和

【例 1-5】求解 1+2+3+…+10 的和，用 C 语言表示如下：

解题步骤：

1）定义一个累加变量 sum 并赋初值为 0，sum 存储每次累加后的结果。
2）每次累加的数 i 比前一个数增加 1。
3）将累加数 i 累加到累加变量 sum 中。
4）输出总数 sum。

程序代码：

```
#include <stdio. h>
int main( )
{
    int i,sum;              /*定义循环变量和累加变量*/
    i=1;sum=0;             /*定义循环变量 i 的初值为 1，累加变量 sum 的初值为 0*/
```

```
        while(i<=10)                  /*当i>10，条件表达式i<=10的值为假，不执行循环体*/
        {
                                       //循环体开始
            sum=sum+i;                 /*第1次累加后，sum的值为1*/
            i++;                       /*进行累加完后，i的值加1，为下次累加做准备*/
        }
                                       /*循环体结束*/
        printf("%d\n", sum);          /*输出1+2+3+…+10的累加和sum*/
        return 0;
    }
```

程序运行结果如图 1-50 所示。

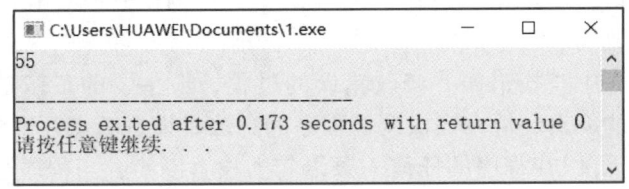

图 1-50　例 1-5 运行结果图

程序分析：

1）在进入 while 循环之前，对 i 赋初值 1，目的是设置循环的初始条件，使循环能正常开始。

2）变量 sum 的作用是存放求和时的中间值，应赋初值 0。

3）循环体中共 2 条语句，使用｛｝括起来，是重复执行的部分。每次循环都是先求和 sum，再重新计算 i 的值，然后返回循环首部 "while(i<=10)"，继续判断循环条件。

4）第 8 行和第 12 行是程序注释，注释是对程序的某个功能或者某行代码的解释说明。第 8 行注释使用 "//" 表示单行注释，从 "//" 开始到该行结束部分属于注释部分；第 12 行注释使用 "/* */" 表示多行注释，它以符号 "/*" 开始，以符号 "*/" 结尾，中间是注释内容。注释不参与程序编译过程。

5）当循环条件 "i<=10" 为假时，循环结束执行。

1.6.4　程序设计方法

1. 程序设计的一般步骤

程序设计就是针对给定问题进行分析、设计、编写和调试计算机程序的过程。程序设计的一般步骤如下：

（1）分析问题，确定解决方案

首先根据用户的具体要求进行需求分析（详细而具体地理解用户要解决的问题）、数据及处理分析（已知或需要输入的数据、需要输出的数据和需要进行的处理）、可行性分析（用户提出的问题是否可解，可解的价值如何）和运行环境分析（硬件和软件环境分析），然后在分析的基础上，将实际问题抽象化，建立相应的数学模型并确定解决方案。

（2）算法设计

根据选取的数学模型和确定的方案，设计出具体的操作步骤，并通过流程图将确定的算法清晰、直观地表示出来。

（3）编写程序

当确定了解决问题的步骤后，就可以开始编写程序。在指定的环境中，利用其中的编辑功能直接编写程序，并生成源程序，即扩展名为".c"的文件。

（4）编译和调试程序

由于计算机无法直接识别源程序，需要把编辑好的程序通过该语言的编译程序对其进行编译，生成二进制代码的目标程序，文件扩展名为".obj"。

在编译的过程中，如果代码中有语法错误，编译程序会提示该语法错误所在的大体位置，语法错误没有修改则不能生成目标文件。开发者可以在编辑工具的提示下，快速对程序进行调试，确定错误所在的位置，并重新编辑修改。确定修改正确后再进行编译，直至编译成功。

调试是指在程序中查找错误并修改错误的过程，最主要的工作是找到错误发生的位置和原因。一般的编辑环境中提供调试程序的方法是设置断点并观察变量。

1）设置断点。可以在程序的任何一条语句上设置断点，当程序运行到此处时会停下来。

2）观察变量。当程序运行到断点时停下来，可以观察各种变量的值，判断此时变量的值是不是所希望的。如果不是，则说明断点之前肯定有错误发生，即可把错误的范围集中在断点之前的程序段上。

（5）运行程序

编译成功后的目标程序经过连接后生成可执行文件，其扩展名为"exe"。

2. 结构化程序设计方法

结构化程序设计思想产生于20世纪60年代，是随着计算机硬件成本的急剧下降、软件规模和复杂性的不断增加而提出的一种至今仍广为使用的计算机软件开发技术。其目的是增加程序的易读性、易维护性，保证程序的质量，降低软件开发成本，从而提高软件的生产和维护的效率。

结构化程序设计方法的基本思路：把一个复杂问题的求解过程分阶段进行，每个阶段处理的问题都控制在人们容易理解和处理的范围内。

1）自顶向下，是指模块的划分要从问题的顶层向下逐层分解、逐步细化，直到底层模块的功能达到最简单。

2）逐步细化，是指在将抽象问题分解成若干相对独立的小问题时，要逐级地由抽象到具体、由粗到细、由表及里进行细化，直到将问题细化到可以用程序的3种基本结构来实现为止。

3）模块化设计，是指将一个复杂的问题或任务分解成若干个功能单一、相对独立的小问题来进行设计，每个小问题就是一个模块。每个模块是一组由3种基本结构（顺序、选择、循环）组成的程序。模块一定要简单、功能独立，这样才能使程序具有一定的灵活性和可靠性。

4）结构化编程。设计好一个结构化算法之后，需要使用"结构化编码"。采用结构化程序设计语言实现的编码都能达到"结构化编码"。C语言就是这样一种较好的结构化程序设计语言。

项目设计

在学习了 C 语言的发展历史、C 语言特点、C 语言程序的结构等相关知识后，下面就可以使用 C 语言编写程序制作一张学生证了。在编写程序时，调用 printf( )函数输出学生的姓名、性别、专业、年级、学院等信息。为了让学生证整体布局美观，在调用 printf( )函数输出数据时，要添加一些空格调整数据布局。

微课 1-6
制作一张
学生证

项目实施

项目实施解题步骤：

1）用 printf( )函数直接将学生证信息一一打印出来。
2）每行最后输出一个换行符。

项目实施程序代码：

```
#include <stdio. h>
int main( )
{
    printf(" ******************学生证 ******************\n");
    printf("       姓名:张三丰\n");
    printf("       性别:男\n");
    printf("       专业:软件工程技术\n");
    printf("       年级:2023 级\n");
    printf("       学院:信息工程学院\n");
    printf("在校年限:2023. 09. 01—2027. 07. 31\n");
    printf(" ******************************************\n");
    return 0;
}
```

程序运行结果如图 1-51 所示。

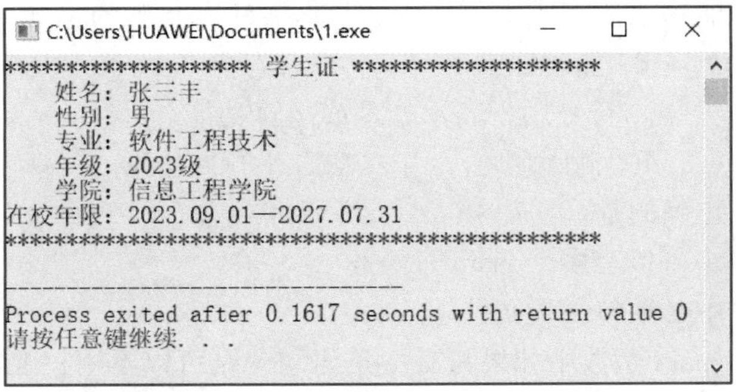

图 1-51　制作一张学生证运行的结果

34 | 基础篇

项目实施程序分析：

1）第4行~第11行代码调用了格式化输出函数 printf( )，该函数用于输出一行信息，可以简单理解为向控制台输出文字或符号等。printf( )括号中的内容称为函数的参数，例如第10行代码中括号内可以看到输出的字符串"在校年限：2023.09.01—2027.07.31\n"，其中"\n"表示换行操作。

2）第5行~第9行代码调用了格式化输出函数 printf( )，例如，第5行代码中括号内可以看到输出的字符串"　　　姓名：张三丰\n"，其中姓名前面包含了4个空格是为了保持学生证中的几行信息输出的内容对齐。

项目小结

在实现本项目的过程中，首先讲解了 C 语言的入门知识，包括计算机语言发展简史、C 语言发展简史、C 语言特点（包括结构化程序设计语言、语言简洁、功能强大和可移植性好）、C 语言程序的结构（基本结构包括预处理语句、main( )函数和子函数等）；然后介绍了 C 语言的开发环境，包括 Visual Studio 2022 和 Dev-C++ 的安装和使用、编写第一个 C 语言程序、C 语言程序的编译过程；最后介绍了程序算法基础，包括程序设计的基本概念、算法的特性、算法的描述和程序设计方法，重点强调了算法、流程图和程序的基本概念及其之间的关系：算法就是解决问题的方法和步骤；流程图是算法的一种图形化表示方法；而程序就是为了让计算机完成某项任务而编写的逐条执行的指令序列。本项目难点是能够独立完成使用 Visual Studio 2022 或者 Dev-C++ 等 C 语言编译软件环境下编辑、调试和运行 C 语言程序。通过本项目的学习，可以对 C 语言有一个大致的了解，为后续 C 语言的学习奠定了基础。

项目测试

一、选择题

1. 下列选项中能够描述完成某项任务的具体方法和步骤的是（　　　）。

A. 算法　　　　　　　B. 流程图　　　　　　C. 程序　　　　　　　D. 伪代码

2. 流程图中（　　　）符号用于表示处理或运算功能。

A. 矩形　　　　　　　B. 椭圆形　　　　　　C. 平行四边形　　　　D. 圆形

3. 下列选项中正确的是（　　　）。

A. C 语言程序中可以有多个 main( )函数

B. C 语言程序中必须包含头文件

C. C 语言程序 main 函数中如果只有一条语句，则可以不用{}括起来

D. 在 C 语言程序中，一行中可以写多条语句，只要每条语句结束后都跟一个分号

即可

4. 下列选项中是 C 语言中合法注释语句的是（　　　）。

A. /＊这是我的第一个 C 语言程序
　　完成在屏幕上打印一条语句的功能 ＊/

B. /＊打印输出，并换行//

C. /打印输出，并换行

D. /打印输出，并换行 ＊/

5. 下列选项中用于帮助访问外部定义的函数的是（　　　）。

A. 源程序　　　　　　B. 目标文件　　　　　　C. 文本文件　　　　　　D. 头文件

6. C 语言源程序的扩展名为（　　　）。

A. . c　　　　　　　　B. . cpp　　　　　　　　C. . txt　　　　　　　　D. . doc

7. 一个 C 语言程序的执行是从（　　　）。

A. 本程序的 main( )函数开始，到 main( )函数结束

B. 本程序的第一个函数开始，到本程序文件的最后一个函数结束

C. 本程序的 main( )函数开始，到本程序文件的最后一个函数结束

D. 本程序的第一个函数开始，到本程序文件的 main( )函数结束

8. C 语言属于（　　　）类计算机语言。

A. 汇编语言　　　　　　　　　　　　B. 高级语言

C. 机器语言　　　　　　　　　　　　D. 以上均不属于

9. 下列选项中不属于 C 语言优点的是（　　　）。

A. 开发效率高　　　　　　　　　　　B. 可移植性强

C. 面向对象　　　　　　　　　　　　D. 结构清晰，可读性强

10. 下列选项中描述正确的是（　　　）。

A. 在 C 程序中，main( )函数必须位于程序的最前面

B. C 语言程序中每行中只能写一条语句

C. C 语言程序中本身没有输入和输出语句

D. 在对一个 C 语言程序进行编译的过程中，可以发现注释中的语法错误

二、判断题

1. C 语言属于高级语言。　　　　　　　　　　　　　　　　　　　　　　　（　　　）

2. C 语言不能用来开发游戏。　　　　　　　　　　　　　　　　　　　　　（　　　）

3. C 语言第一版标准是 C90。　　　　　　　　　　　　　　　　　　　　　（　　　）

4. C 语言只有单行注释。　　　　　　　　　　　　　　　　　　　　　　　（　　　）

5. C 语言中的 main( )函数是程序的入口。　　　　　　　　　　　　　　　（　　　）

三、填空题

1. 在 Windows 系统中，C 语言程序的可执行文件扩展名为_____。

2. C 语言的源文件扩展名为_____。

3. 在程序中，如果使用 printf( )函数，应该包含_____头文件。

4. 在 main( )函数中，用于返回函数执行结果的是_____语句。

5. C 语言程序编译过程包括_____、_____、汇编和连接 4 个步骤。

四、简答题

1. 请简述 C 语言的特点。

2. C 语言源程序文件、目标文件和可执行文件的扩展名分别是什么?

五、程序设计题

1. 请用 C 语言编写程序,制作一张名片。

2. 利用 Visual Studio 或者 Dev-C++环境,编写一个 C 语言程序,显示自己的学号、姓名、联系方式等信息,并命名为"zuoye.e",将该源程序发送至老师的邮箱。

项目 2
简单计算器

项目目标

【知识目标】
- 掌握 C 语言程序的基本语法规则，包括变量、数据类型、运算符、顺序结构等。
- 理解数学运算的实现原理：加、减、乘、除等基本数学运算。
- 掌握输入输出的基本原理，标准输入输出函数的使用。

【技能目标】
- 能够根据需求编写基本的 C 语言程序，实现特定的功能。
- 能够使用 C 语言编写一个简单的计算器程序，实现基本的数学运算。
- 通过实践，提高编程的逻辑思维能力和问题解决能力，增强对程序结构和流程的控制能力。

【素养目标】
- 培养严谨的科学态度：在编程过程中，注重细节，追求精确。通过解决编程中的实际问题，学会有逻辑地分析问题并设计解决方案，有助于培养逻辑思维能力。
- 增强团队协作能力：在项目实践中，通过分组合作完成项目，在实践中学习如何沟通想法、分配任务和协同工作学会与他人合作，共同完成任务。鼓励学生分享知识，相互帮助，共同克服学习中的难关，从而增强团队精神。
- 提升自我学习能力：学会自主学习，不断探索新知识、新技术。培养解决问题的能力，能够在遇到问题时主动寻求解决方案。

项目介绍

随着计算机技术的不断发展，计算器已成为人们日常生活和工作中不可或缺的工具。本项目旨在通过 C 语言程序设计，实现一个简单的计算器功能，帮助用户进行基本的数学运算。简单计算器是编程初学者接触 C 语言时的常见项目，它不仅能够加深对 C 语言基础语法的理解，还能帮助初学者掌握输入输出、条件判断、循环控制等核心编程概念。本项目通过实现一个具有基本数学运算功能的计算器，让学习者在实践中学习编程。

本项目内容是实现一个能够执行基本数学运算（加、减、乘、除）的计算器；支持用户输入两个操作数和一个运算符；根据用户输入的运算符进行相应的数学运算并输出结果；设计友好的用户界面，提升用户体验。项目功能模块包括输入模块、运算模块、输出模块、错误处理模块。其中输入模块负责接收用户输入的两个操作数和一个运算符；运算模块根据用户输入的运算符，调用相应的数学运算函数进行计算；输出模块将运算结果输出到屏幕上；错误处理模块对用户输入的非法字符或无效操作进行错误提示。

通过使用 C 语言的标准输入输出函数（如 scanf、printf）实现用户界面的交互；定义 4 个函数分别实现加、减、乘、除 4 种基本数学运算；在主函数中，首先提示用户输入两个操作数和一个运算符，然后调用相应的运算函数进行计算，并将结果输出到屏幕。

通过本项目，不仅可以锻炼 C 语言的编程能力，还可以加深对数学运算和程序逻辑的理解。同时，该项目具有一定的实用价值，可以作为一个简单的计算器工具，方便用户进行基本的数学运算。

需求分析

1. 基本运算功能

（1）实现加法、减法、乘法和除法 4 种基本数学运算。

（2）用户应能够输入两个操作数和一个运算符，程序根据运算符执行相应的运算。

2. 输入与输出

（1）提供友好的用户界面，提示用户输入操作数和运算符。

（2）接收用户输入，并将计算结果以清晰的方式展示给用户。

3. 错误处理

（1）当用户输入非法字符或进行无效操作时，程序应能够识别并给出相应的错误提示。

（2）对于除数为零的情况，应给出明确的错误提示。

【重点难点】

熟悉 C 语言程序的基本语法。

理解 C 语言程序的逻辑流程和用户交互。

知识准备

2.1　编程规范、基本字符、标识符和关键字

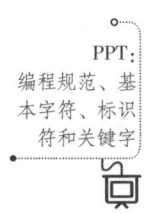

2.1.1　编程规范

在软件开发中，编码规范是非常重要的，良好的编码规范可以帮助开发人员编写出易读易懂、易于维护和高质量的代码，从而提高开发效率，减少错误和漏洞的产生，提升软件的稳定性和安全性。

（1）代码缩进

代码缩进的作用：一是提高代码的可读性。通过适当的缩进，可以使代码的结构更加清晰，易于理解和维护；二是表示代码块的层次结构。缩进可以表示代码块的层次结构，使代码的逻辑关系更加明确。

代码缩进的方式：一是使用空格进行缩进。在 C 语言中，通常使用空格来进行缩进，每个缩进级别使用 4 个空格；二是使用制表符进行缩进。也可以使用制表符（Tab键）进行缩进，但需要注意不同编辑器或编译器对制表符的处理方式可能不同。

程序代码：

```
#include <stdio.h>
int main( )
{
    printf( "Hello world! \n" );        ◄── 进行代码缩进
    return 0;
}
```

缩进的规则：一是大括号内的代码块。在大括号内的代码块应该进行适当的缩进，以表示该代码块属于大括号所定义的范围；二是函数体内的语句。在函数体内，每一条语句都应该进行适当的缩进，以表示它们属于同一个逻辑块；三是 if、for、while 等控制语句。在 if、for、while 等控制语句后的代码块也应该进行适当的缩进，以表示它们属于该控制语句所定义的范围。下面是程序示例代码，展示了不同的缩进方式和规则。

程序代码：

```
#include <stdio.h>

int main( ) {
    int number = 10;                 //定义一个整型变量并赋值

    if ( number > 0 ) {              //检查 number 是否大于 0
        printf( "这是一个正数。\n" );   // 如果条件为真，则执行此代码块
```

```
    │ else if (number < 0) │          //否则,检查 number 是否小于 0
        printf("这是一个负数。\n");      // 如果条件为真, 则执行此代码块
    │ else │                         //如果上述条件都不满足, 则执行此代码块
        printf("这是零。\n");
    │

    return 0;
│
```

在这个例子中，if、else if、和 else 语句后面的代码块都相对于它们的关键词进行了缩进。printf 函数调用位于相应的 if 或 else if 或 else 语句的下一行，并且缩进了 4 个空格。这样，代码的结构清晰可见，易于理解。

注意，虽然 C 编译器并不关心代码的缩进，但是良好的缩进习惯对于多人协作的项目和代码的长期维护至关重要。

（2）变量、常量命名规范

在 C 语言中，变量和常量的命名遵循一定的规范，以增强代码的可读性和可维护性。

● 变量命名规范：

使用有意义的名字：选择能够反映变量用途的名字。

小写字母开始：变量名通常以小写字母开始，后续单词首字母大写（驼峰式命名法）或全部小写并用下划线分隔（蛇形命名法）。

避免使用关键字：不要使用 C 语言的关键字作为变量名。

长度适中：名字不宜过长，但应足够表达其含义

例如：

```
int studentAge;                      //驼峰式命名法
int student_age;                     //蛇形命名法
char * pStudentName;                 //指针变量, 前缀 p 表示指针
```

● 常量命名规范：

全大写：常量名通常全部使用大写字母。

下划线分隔：多词常量名使用下划线分隔单词。

前缀：有时会使用特定的前缀来表示常量类型，例如 MAX_或 MIN_。

例如：

```
#define MAX_STUDENTS 100             //符号常量
const int PI = 314159;               // const 修饰的常量
```

（3）函数的命名规范

C 语言中函数名应该清晰地表达函数的功能，在定义函数时，函数名的首字母要大写，其后的字母大小写混合。例如：

```
int AddTwoNum(int num1, int num2);   //定义函数
```

（4）注释

C 语言中注释必须做到清晰，准确地描述内容。对于程序中复杂的部分需加注释。注释量也要适中，过多或过少都易导致阅读困难。总体来说，需要注释的场合主要包

含如果变量的名字不能完全说明其用途；如果为了提高性能而使某些代码变得难懂；一个比较长的程序段落；如果程序中使用了某个复杂的算法；如果在调试中发现某段落容易出现错误。

C 语言中尽量采用行注释。如果行注释与代码处于一行，则注释应位于代码右方。如果连续出现多个行注释，并代码较短，则应对齐注释。例如：

```
int iLong;                          //长度
int iWidth;                         //宽度
int iHieght                         //高度
```

这些命名规范并不是强制性的，而是编程社区中广泛接受的惯例，遵循它们可以使代码更易于理解和维护。在实际项目中，项目团队可能会有自己的一套命名约定，开发人员应当遵守这些约定。

2.1.2　基本字符

C 语言的基本字符集是构成 C 语言程序的基础，它包括了所有可以用来编写代码的字符。C 语言的基本字符集大致可以分为以下几个部分：

字母：大小写字母（A~Z 和 a~z），共 52 个。

数字：0~9，共 10 个。

下划线：_，共 1 个。

标点和特殊字符：括号、逗号、分号、星号、斜杠、加号、减号、等号等。

空白字符：空格、制表符、换行符等。

这些字符可以用来定义标识符（如变量名、函数名）、关键字、运算符、常量、字符串字面量以及控制语句等。

2.1.3　标识符

在 C 语言中，标识符（Identifier，ID）是程序员用来命名变量、函数、数组、类型和其他用户定义的项目的名字。标识符是用来标识变量名、函数名、数组名、类型名和文件名等的有效字符序列。标识符命名需要遵守"先定义、后使用"的基本原则，而且还要注意其合法性、有效性和易读性。

（1）合法性

C 语言的标识符由大小写字母、数字字符（0~9）和下划线组成，且第一个字符必须为字母（A~Z 或 a~z）或下划线（_），不能使用数字或者符号作为开头。标识符中不能有汉字和空格，标识符区分大小写，且用户自定义的标识符不能和系统的关键字同名。例如：

```
int area_of_circle;        /*正确，标识符中可以有下划线*/
int _student;              /*正确，标识符中可以有下划线*/
int 2X;                    /*不正确，标识符第一个字符不能是数字*/
int area-of-circle;        /*不正确，标识符中不能出现下划线以外的符号*/
```

在 C 语言中是区分大小写字母的。英文字母的大小写代表不同的标识符。例如：

int STUDENT;	/* 正确,标识符全部大写 */
int student;	/* 正确,标识符全部小写 */
int Student;	/* 正确,标识符部分大写,部分小写 */

从以上列出的标识符中可以看出,只要标识符中的字符有一项是不同的,那么该标识符就代表的是一个新的名称。

（2）有效性

理论上,标识符可以非常长,但大多数编译器有长度限制。尽管如此,建议使用短小且有意义的标识符。标识符的长度最好不要超过 32 个字符。这是因为有的编译系统只能识别前 32 个字符,因此,整个标识符不同但其前 32 个字符相同的标识符会被系统认为是同一个标识符,从而导致错误。

（3）易读性

标识符命名应尽量做到"见名知义",易于理解。例如

int min;	/* min 表示最小值 */
int average;	/* average 表示平均值 */

通过使用有意义的标识符,可以使代码更易于阅读和理解,从而提高代码的质量和可维护性。

2.1.4　关键字

关键字（Key Word）又称保留字（Reserved Word）,是系统预先定义的、具有特定含义和用途的字符序列。C 语言的关键字主要用于控制结构、数据类型声明、预处理指令等,在编写 C 语言程序时,用户不能将这些关键字用作变量名、函数名或其他标识符名称。在 Visual C++源程序编辑器中,程序代码中的关键字以蓝色显示。

常见的关键字见表 2-1。

表 2-1　常见的关键字

auto	else	long	switch	break	enum	register
typedef	case	extern	return	union	char	float
short	unsigned	const	for	sizeof	volatile	continue
goto	signed	void	default	if	static	do
int	struct	while	double	typedef		

2.2　数据类型、常量和变量

PPT:
数据类型、
常量和变量

2.2.1　数据类型

在 C 语言中,数据类型指的是用于声明不同类型的变量或函数的一个广泛的系统。

变量的类型决定了变量存储占用的空间，以及如何解释存储的位模式。数据类型定义了存储在内存中的数据的种类，并决定了这些数据能执行的操作。C 语言提供了多种基本数据类型，包括整型、浮点型、字符型等，以下是 C 语言中主要的数据类型。

1. 整型（Integer Types）

int：通常用于存储整数，具体的大小取决于编译器和平台（通常是 32 位或 64 位）。

short：短整型，通常用于存储比 int 小的整数。

long：长整型，通常用于存储比 int 大的整数。在 64 位平台上，long 通常是 64 位。

long long：更长的整型，通常用于存储非常大的整数。在大多数平台上，long long 是 64 位。

unsigned：这是一个修饰符，可以与上述类型结合使用（如 unsigned int、unsigned short 等），表示只能存储非负整数。

2. 浮点型（Floating-Point Types）

float：单精度浮点数，用于存储带小数点的数。

double：双精度浮点数，提供比 float 更高的精度和更大的范围。

long double：更长的双精度浮点数，提供更高的精度和范围，但不如 double 常用。

3. 字符型（Character Types）

char：用于存储字符（如字母、数字、标点符号等）。在大多数平台上，char 实际上是一个小的整数类型，用于存储字符的 ASCII 值。

signed char 和 unsigned char：这些是 char 的变种，分别表示有符号和无符号的字符。

4. 枚举类型（Enumeration Types）

enum：枚举类型允许你为整数值定义一组命名常量。例如，enum Days {Sun, Mon, Tue, Wed, Thu, Fri, Sat}；

5. 其他类型

void：表示"无类型""空类型"，常用于函数返回类型（表示函数不返回任何值）或指针类型（表示通用指针），其主要作用包含：一是对函数返回的限定；二是对函数参数的限定。也就是说，一般一个函数都具有一个返回值，将其值返回调用者。这个返回值应该是具有特定的类型，如整型 int。但是当函数不必返回一个值时，就可以使用 void 设定返回值的类型。

布尔类型：可以存储 true 或 false。在 C99 标准中引入。

指针类型（Pointer Types）：如 int＊、char＊等，用于存储内存地址。C 语言的精华是指针，指针类型不同于其他类型的特殊性在于，指针的值表示的是某个内存地址。

构造类型：即使用基本类型的数据或者使用已经构造好的数据类型，进行添加、设计构造出新的数据类型，使其设计的新构造类型满足待解决问题所需要的数据类型。通过构造类型的说明可以看出，它并不像基本类型那样简单，而是由多种基本类型组合而成的新类型，其中每一组成部分称为构造类型的成员。构造类型包括数组类型，结构体类型和共用体类型 3 种形式。数组类型（Array Types），如 int arr[10];，用于存储固定数量的同类型元素；结构体类型（Structure Types），如 struct Person { char name

[50]；int age；};，用于将多个不同类型的变量组合成一个单一的类型，共用体类型（Union Types）：与结构体类似，但所有成员共享相同的内存空间。

函数类型（Function Types）：用于表示函数的签名（即返回类型和参数类型）。

数据类型的大小和范围可能因编译器和平台而异。在实际编程中，建议使用 sizeof 运算符来检查特定数据类型的大小。

2.2.2 常量

常量是指在程序的执行过程中其值不能被改变的量，即通常所说的常数。在使用常量时，不需要事先定义，在程序需要的地方直接写出即可。

常量可以分为以下三大类：数值型常量、字符型常量和符号常量。

1. 数值型常量

数值型常量可以分为整型常量和实型常量。

（1）整型常量

整型常量是指直接使用的整型常数，如 136、-56 等。整型常量可以是长整型、短整型、符号整型和无符号整型。

（2）实型常量

实型也称为浮点型，是由整数部分和小数部分组成，两部分直接用十进制的小数点隔开。表示实数的方式有科学计数方式和指数方式两种。

科学计数方式就是使用十进制的小数方法描述实型，如

```
SciNum1 = 120.34;                    /*科学计数方式*/
SciNum2 = 0.8976;
```

如果当实型非常大或者非常小时，使用科学计数方式是不利于观察的，这时可以使用指数方法显示实型常量。其中，使用字母 e 或者 E 进行指数显示。例如，12e2 表示的就是 1200，而 12e-2 表示的就是 0.12。下面将科学计数方式中的例子转换为指数方式显示。

```
SciNum1 = 1.2034e2;                   /*指数方式*/
SciNum2 = 8.976e-1;
```

在编写实型常量时，可以在常量的后面加上符号 F 或者 L 进行修饰。F 表示该常量是 float 单精度类型，L 表示该常量为 long double 长双精度类型。例如：

```
FloatNum1 = 1.254e2F;                 /*单精度类型*/
LongDoubleNum1 = 5.658e-1L;           /*长双精度类型*/
```

注意，C 语言中后缀的大小写是通用的。如果不在后面加上后缀，那么在默认状态下，实型常量为 double 双精度类型。例如：

```
DoubleNum1 = 1.2345e2;                /*双精度类型*/
```

2. 字符型常量

字符型常量可以分成两种：一种是字符常量，另一种是字符串常量。

（1）字符常量

使用单直撇' '括起一个字符，这种形式就是字符常量。例如，'A'、'#'、'h'等都是正

确的字符常量。使用字符常量需注意以下事项：**一是字符常量中只能包括一个字符，不是字符串**。例如，'A'是正确的，但是用'AC'来表示字符常量就是错误的；**二是字符常量是区分大小写的**。例如，'A'字符和'a'字符是不同的，这两个字符代表着不同的字符常量；**三是' '这对单直撇代表着定界符，不属于字符常量中的一部分**。

（2）字符串常量

字符串常量是用一组双引号""括起来的若干字符序列，如果在字符串中一个字符都没有，将其称为空串，此时字符串的长度为0。例如，"I love China！"和"wonderful day"即为字符串常量。在C语言中存储字符串常量时，系统会在字符串的末尾自动加一个"\0"作为字符串的结束标志。字符串"hello"在内存中的存储形式如图2-1所示。注意，在程序中编写字符串常量时，不必在一个字符串的结尾处加上"\0"结束字符，系统会自动添加结束字符。

h	e	l	l	o	\0

图2-1 字符串在内存中的存储形式

3. 符号常量

使用一个符号名代替固定的常量值，这样的符号名被称为符号常量。符号常量的作用在于方便编程和阅读。例如：

```
#define PAI 3.14                                        /*定义符号常量*/
```

2.2.3 变量

在程序的执行过程中，其值可以发生变化的量，称为"变量"。在程序中，通常用变量来保存程序执行过程中输入的数据、计算的中间结果以及最终结果。

变量是用来存放数据的，每个变量都应该有一个名字，这个名字称为变量名。变量名代表了内存中指定的存储单元，在这些存储单元中，存放的是变量的值。程序通过变量名访问变量的存储单元，从而得到变量的值。

变量的命名规则：为了存放数据，用户应该为程序中用到的每一个变量起一个合法的名字，以示区别。为变量取名字，应遵循标识符的命名规则。

标识符的命名规则如下：

1）只能由字母、数字、下划线组成。

2）第一个字符必须是英文字母。

3）有效长度为255个字符。

4）不可以包含标点符号和类型说明符（%、&、！、#、@、$）。

5）不可以是关键词，如不能使用int、for、if、float等。

给变量命名时，应尽量简短、准确、无二义性，建议用小写字母表示。例如，sum、name、al、a2、a_1等。

正确的变量命名：

int nName = 11;

int i_Age = 18;

错误的变量命名：

int 1Name = 0；不能以数字开头，只能是字母、数字、下划线组成。

int case = 12；不能以关键字作为变量名，只能是字母、数字、下划线组成。

int %age = 13；不能用标点符号，只能是字母、数字、下划线组成。

int name age = 12；不能用空格，只能是字母、数字、下划线组成。

C 语言中用来定义变量的命令符有 5 种，具体如下：

char：定义字符型变量，可以代入单个的字符。

int：定义整型变量，可以代入不带小数的整数（$-2^{15} \sim 2^{15}-1$）。

long int：定义长整型变量，可以代入不带小数的整数（$-2^{31} \sim 2^{31}-1$）。

float：定义单精度浮点数变量，可以代入有 6~7 位小数位的小数。

double：定义双精度浮点数变量，可以代入有 15~16 位小数位的小数。

C 语言中所有的变量在使用前必须先声明（定义），C 语言中的变量主要有整型、浮点型和字符型三种类型，变量就是内存中分配给要存放的数据的存储空间。

1. 整型变量

整型变量是用于存储整型数值的变量，其分类见表 2-2，之前基本整型的符号使用关键字 int，在此基础上可以根据需要添加一些符号修饰，如关键字 short 或 long。

表 2-2　整型变量分类

类 型 名 称	关 键 字
有符号基本整型	［signed］int
无符号基本整型	unsigned int
有符号短整型	［signed］short［int］
无符号短整型	unsigned short［int］
有符号长整型	［signed］long［int］
无符号长整型	unsigned long［int］

（1）有符号基本整型

有符号基本整型是指 signed int 型，其值是基本的整型常数。定义一个有符号基本整型的方法是在变量前使用关键字 int。如定义一个整型变量 iNum，为其赋值 30 的方法如下。

```
int iNum;                    /＊定义有符号基本整型变量＊/
iNum = 30;                   /＊为变量赋值＊/
```

也可以在定义变量的同时进行变量赋值，例如：

```
int iNum = 30;               /＊定义有符号基本整型变量,并赋值＊/
```

（2）无符号基本整型

无符号基本整型使用的关键字是 unsigned int，其中关键字 int 可以省略。如定义一个无符号基本整型变量 iUNum，为其赋值 30 的方法如下。

```
unsigned iUNum;                          /*定义无符号基本整型变量*/
iUNum=30;                                /*为变量赋值*/
```

（3）有符号短整型

有符号短整型使用的关键字是 signed short int，其中关键字 short 和 int 可以省略。如定义一个有符号短整型变量 iSNum，为其赋值 30 的方法如下。

```
signed iSNum;                            /*定义有符号短整型变量*/
iSNum=30;                                /*为变量赋值*/
```

（4）无符号短整型

无符号短整型使用的关键字是 unsigned short int，其中关键字 int 可以省略。如定义一个有符号短整型变量 iSNum，为其赋值 30 的方法如下。

```
unsigned short iUSNum;                   /*定义无符号短整型变量*/
iUSNum=30;                               /*为变量赋值*/
```

（5）有符号长整型

有符号短整型使用的关键字是 long int，其中关键字 int 可以省略。如定义一个有符号长整型变量 iLNum，为其赋值 30 的方法如下。

```
long iLNum;                              /*定义有符号长整型变量*/
iLNum=30;                                /*为变量赋值*/
```

（6）无符号长整型

无符号长整型使用的关键字是 unsigned long int，其中关键字 int 可以省略。如定义一个有符号短整型变量 iULNum，为其赋值 30 的方法如下。

```
unsigned long iULNum;                    /*定义无符号长整型变量*/
iULNum=30;                               /*为变量赋值*/
```

2. 实型变量

实型变量也称为浮点型变量，是指用来存储实型数值的变量，其中实型数价是由整数和小数两部分组成的。实型变量根据实型的精度可以分为单精度类型、双精度类型和长双精度类型 3 种类型。实型变量分类见表 2-3。

表 2-3　实型变量分类

类 型 名 称	关 键 字
单精度类型	float
双精度类型	double
长双精度类型	long double

（1）单精度类型

定义一个单精度类型变量的方法是在变量前使用关键字 float，例如，要定义一个变量 fFloat，其赋值为 3.14 的方法如下。

```
float fFloat;                        /*定义单精度类型变量*/
fFloat = 3.14;                       /*为变量赋值*/
```

（2）双精度类型

定义一个双精度类型变量的方法是在变量前使用关键字 double，例如，要定义一个变量 dDouble，其赋值为 61.45 的方法如下。

```
double dDouble;                      /*定义双精度类型变量*/
dDouble = 61.45;                     /*为变量赋值*/
```

（3）长双精度类型

定义一个长双精度类型变量的方法是在变量前使用关键字 long double，例如，要定义一个变量 fLongDouble，其赋值为 43.1475 的方法如下。

```
long double fLongDouble;             /*定义长双精度类型变量*/
fLongDouble = 43.1475;               /*为变量赋值*/
```

（4）字符型变量

字符型变量是用来存储字符堂量的变量。将一个字符常量存储到一个字符变量中，实际上是将该字符的 ASCI 码值（无符号整数）存储到内存单元中。

定义一个字符型变量的方法是在变量前使用关键字 char，例如，要定义一个变量 cChar。其赋值为'a'的方法如下。

```
char cChar;                          /*定义字符型变量*/
cChar = 'a';                         /*为变量赋值*/
```

微课 2-1
C 语言变量
的定义

【例 2-1】C 语言变量的定义。

解题步骤：

1）定义两个整型变量。

2）定义长整型变量并代入初始值。

3）定义两个字符型变量并代入初始值。

4）定义单精度浮点型变量并代入初始值。

5）定义双精度浮点型变量并代入初始值。

程序代码：

```
#include <stdio.h>
int main()
{
    int myScore, id;                    //定义两个整型变量
    long int distance = 1800000;        //定义长整型变量并代入初始值
    char myName = '李', job = 'T';      //定义两个字符型变量并代入初始值
    float average = 86.5;               //定义单精度浮点型变量并代入初始值
    double pi = 3.1415926536;           //定义双精度浮点型变量并代入初始值
    return 0;
}
```

注意:

　　在 C 语言中,注释用来解释代码用途或工作方式的文字,它们不会被编译器执行。注释对于提高代码的可读性和维护性非常重要。C 语言支持单行注释和多行注释两种类型的注释。

　　单行注释:使用 // 开头,直到行末的所有内容都被视为注释。

　　多行注释:使用 /* 开始,并以 */ 结束,中间的内容被视为注释,可以跨越多行。

　　注释应该清晰且简洁,避免过度注释简单的代码行,因为这可能会导致代码的混乱。同时,注释应与代码保持同步更新,在代码修改时,相关的注释也应该相应地进行更新。

2.3　数据的格式化输出和输入

PPT:
数据的格式化
输出和输入

　　在 C 语言程序设计中,数据的格式化输出和输入是常见的操作。格式化输出通常使用 printf 函数,而格式化输入则通常使用 scanf 函数。对于单个字符的输出和输入,可以使用 putchar 和 getchar 函数。对于对字符串进行操作,可以使用 gets 和 puts 函数。

2.3.1　数据的格式化输出

printf 函数用于在屏幕上格式化输出数据。

printf 函数是 C 语言中最常用的函数之一,用于格式化输出。它定义在头文件 <stdio. h>中,其原型为:

```
int printf( const char * format, ... );
```

　　printf 函数的参数是一个格式字符串,后面跟着一系列的可变参数。格式字符串定义了后续参数的输出格式。如果格式字符串或参数中有任何错误,printf 则会返回一个负数。

　　基本语法如下:

```
printf( format_string, argument1, argument2, ... );
```

　　其中,format_string 是一个包含格式说明符的字符串,用于指定如何输出 argument1、argument2 等参数。

　　格式化输出是指按照指定的格式将数据转换成字符串并输出。printf 函数中的格式字符串可以包含以下元素:

　　普通字符:直接输出。

　　转义序列:如 \n(换行)、\t(制表符)。

　　格式占位符:以 % 开头,后跟一个或多个格式字符,如 %d(整数)、%f(浮点数)。

　　以下是一些常用的格式占位符:

%d 或 %i：十进制整数。

%u：无符号十进制整数。

%x 或 %X：十六进制整数。

%f：浮点数，默认精度为 6 位小数。

%e 或 %E：科学记数法表示的浮点数。

%s：字符串。

%c：单个字符。

%p：指针的值。

格式占位符包含宽度和精度修饰符。

宽度：指定输出的最小字符数，例如，%5d 表示至少输出 5 个字符，如果数字不足 5 位，则左边用空格填充。

精度：对于 %f，指定小数点后的位数；对于 %e 或 %E，指定有效数字的位数。

长度修饰符用于指定参数的长度：

%ld：长整型（long int）。

%lf：双精度浮点数（double）。

%zu：大小写（size_t）。

1）d 格式字符。d 格式字符用来输出十进制整数，示例见表 2-4。

表 2-4　d 格式字符

格 式 字 符	功　　能	示　　例
%d	按十进制整型数据的实际长度输出	```c\nint main() {\n int a = 5;\n printf("%d", a);\n return 0;\n}\n``` Microsoft Visual Studio 调试控制台 5
%nd	m 为指定的输出字段的宽度。如果数据的位数小于 m，则左端补以空格；若大于 m，则按实际位数输出	```c\nint main() {\n int a = 123;\n int b = 12345;\n printf("%4d,%4d", a, b);\n return 0;\n}\n``` Microsoft Visual Studio 调试控制台 123,12345
% ld	输出长整型数据	```c\nint main() {\n long a = 123456;\n printf("%8ld", a);\n return 0;\n}\n``` Microsoft Visual Studio 123456

2）f 格式字符。用来输出实数（包括单、双精度），以小数形式输出，示例见表 2-5。

表 2-5   f 格式字符

格 式 字 符	功　　能
%f	不指定字段宽度，由系统自动指定，整数部分全部输出，并输出 6 位小数
%m. nf	指定输出的数据共占 m 列，其中有 n 位小数。如果数值长度小于 m，则左补空格
%-m. nf	与%m. nf 基本相同，只是使输出的数值向左端靠齐，右端补空格
%lf	用于输出双精度类型数据

【例 2-2】 基本输出。

微课 2-2
基本输出

解题步骤：

1）定义一个整型变量和一个浮点型变量，并分别赋值。
2）输出十进制整数和浮点数。

程序代码：

```
#include <stdio. h>
/**
 * 主函数 main
 * 该函数是程序的入口点，没有参数
 * 返回值：整型值，通常返回 0 表示程序正常结束
 */
int main( )
{
    /*初始化整型变量 num，赋值为 10 */
    int num = 10;
    /*初始化浮点型变量 pi，赋值为圆周率的近似值 */
    float pi = 3. 14159;
    /*使用 printf 函数输出变量 num 和 pi 的值 */
    printf("The number is %d and PI is %f\n", num, pi);

    /*程序正常结束 */
    return 0;
}
```

【例 2-3】 宽度和精度。

微课 2-3
C 语言变量的
宽度和精度

解题步骤：

1）定义一个浮点型变量，并赋值。
2）按照指定宽度输出。
3）按照指定精度输出。

程序代码：

```
#include <stdio. h>

int main( ) {
    float average = 72. 5;
    printf("Average：%7. 2f\n", average); //输出 "Average：72. 50"
    printf("Average：%-7. 2f\n", average); //输出 "Average：72. 50 "
```

```
        return 0;
    }
```

printf 函数在格式化输出方面的功能强大，掌握 printf 函数的使用，对于 C 语言初学者来说非常重要，不仅能够提高编程效率，还能增强数据输出的可读性。

2.3.2 数据的格式化输入

scanf 函数是 C 语言中用于格式化输入的标准库函数，允许程序根据指定的格式从标准输入（通常是键盘）读取数据。scanf 函数定义在<stdio.h>头文件中，其原型如下：

```
int scanf( const char * format, ... );
```

基本语法如下：

```
scanf( format_string, &variable1, &variable2, ... );
```

注意，scanf 需要变量的地址（使用 & 操作符获取），因为它会把读取的数据存储在这些变量中。

1. 基本用法

scanf 的第一个参数是一个格式字符串，告诉 scanf 函数如何解释后续的输入。格式字符串中可以包含普通字符和格式占位符。普通字符必须与输入中相应的字符完全匹配，而格式占位符则指定了期望的输入类型。

2. 格式占位符

scanf 支持多种格式占位符，用于指定输入数据的类型：

%d：整数（int）。

%f：浮点数（float 或 double）。

%s：字符串（char 数组）。

%c：单个字符。

%x 或%X：十六进制数。

%o：八进制数。

%u：无符号十进制整数。

注意事项：

空白字符：scanf 默认会跳过空白字符（包括空格、制表符、换行符等）。

地址运算符 &：当读取 int、float、char 等类型的数组或变量时，需要在变量名前加上 & 来获取变量的内存地址。

返回值：scanf 函数返回成功赋值的变量个数。如果用户输入的数据类型不匹配，scanf 则将返回一个小于期望值的数值。

错误处理：scanf 本身不进行错误检查，如果用户输入的数据类型不匹配，程序可能会异常终止。

【例 2-4】读取整数、浮点数和字符。

解题步骤：

1）定义一个整型变量，一个浮点型变量和一个字符变量。

微课 2-4
C 语言读取整数、
浮点数和字符

2）按照指定格式输入并输出。

程序代码：

```
#include <stdio. h>

int main( ) {
    int a;
    float b;
    char c;
    printf("请输入一个整数:");
    scanf("%d", &a);
    printf("请输入一个浮点数:");
    scanf("%f", &b);
    printf("请输入一个字符:");
    scanf(" %c", &c);              //注意前面的空格,用于忽略任何前置的空白字符
    printf("整数:%d\n", a);
    printf("浮点数:%f\n", b);
    printf("字符:%c\n", c);
    return 0;
}
```

【例 2-5】通过用户输入获取年龄和身高信息，并将这些信息打印出来。

解题步骤：

1）使用 scanf 函数进行输入处理，以确保获取到的是整型的年龄和双精度浮点型的身高。

2）在打印信息时，使用了格式化字符串来控制输出的格式。

程序代码：

```
#include <stdio. h>
int main( ) {
    /* 定义整型变量 age, 用于存储用户的年龄 */
    int age;
    /* 定义双精度浮点型变量 height,用于存储用户的身高 */
    double height;

    /* 请求用户输入年龄, 并将输入存储到 age 变量中 */
    printf("Please enter your age: ");
    scanf("%d", &age);

    /* 请求用户输入身高, 并将输入存储到 height 变量中 */
    printf("Please enter your height in meters: ");
    scanf("%lf", &height);

    /* 打印用户输入的年龄和身高信息 */
    printf("You entered age %d and height %. 2f meters. \n", age, height);

    /* 程序正常退出 */
    return 0;
}
```

微课 2-5
通过用户输入
获取年龄和身高
信息，并将这些
信息打印出来

2.3.3 单个字符的输出和输入

（1）单个字符输出

单个字符数据输出使用的是 putchar 函数，作用是向显示设备输出一个字符，其原型如下。

```
int putchar(int ch);
```

在使用 putchar 函数时，要先在程序中添加头文件<stdio.h>，其中的参数 ch 为要进行输出的字符，可以是字符型变量，也可以是常量。如输出一个字符 A 的代码如下。

```
putchar('A');                                    /*输出一个字符变量*/
```

（2）单个字符输入

单个字符数据输入使用的是 getchar 函数，作用是从终端（输入设备）输入一个字符，其原型如下。getchar 函数和 putchar 函数的区别在于 getchar 函数没有参数。

```
int getchar(void);
```

getchar()常用于读取单个字符，而不需要格式化输入。这在简单计算器项目中非常有用，尤其是在需要读取如加号（+）、减号（-）、乘号（*）或除号（/）这样的单个运算符时。

【例 2-6】使用 getchar()读取字符。

微课 2-6
使用 getchar()
读取字符

| 解题步骤： |

1）定义一个字符变量。
2）getchar()读取字符并格式化输出。

| 程序代码： |

```
#include <stdio.h>
int main() {
    //声明一个字符变量用来存储用户输入的字符
    char ch;
    printf("Please enter a character: ");
    //使用 getchar() 函数读取一个字符，此函数会等待用户输入并按下 Enter 键
    ch = getchar();
    //使用 putchar() 函数将读取到的字符输出到屏幕上
    putchar(ch);
    //输出一个换行符，使得下一个输出不会紧跟在当前字符后面
    putchar('\n');
    return 0;
}
```

注意：

getchar()函数会读取用户输入的第一个字符，然后等待用户按下 Enter 键。如果想要连续读取多个字符直到用户按下 Enter 键，可以考虑使用 scanf()函数结合字符串处理。

此外，getchar()函数通常不会自动消耗掉输入缓冲区中的换行符，所以如果在读取字符后立即尝试再次使用 getchar()或 scanf()读取更多的输入，可能需要先处理掉缓冲

区中的换行符，可以通过再调用一次 getchar( )来实现，但通常不输出这个额外读取的字符。例如：

```
//读取用户输入的字符
inputChar = getchar( );
//忽略缓冲区中的换行符
getchar( );
```

2.3.4　字符串的输出和输入

在 C 语言中，字符串是由字符组成的序列，通常以空字符'\0'结尾。C 语言本身没有专门的字符串类型，而是使用字符数组来存储字符串。从上文的介绍中可以看到，putchar 和 getchar 函数都只能对三个字符进行操作，如果是进行一个字符串的操作则会很麻烦，C 语言提供了两个函数用来对字符串进行操作，分别为 gets 和 puts 函数。

（1）字符串输出函数

字符串数据输出使用的是 puts 函数，作用是输出一个字符串到显示设备上，并在输出后自动换行，其原型如下。

```
int puts( char * str);
```

在使用 puts 函数时，要先在程序中添加头文件<stdio. h>，其中的参数 str 为字符指针类型，可以用来接收输出的字符串，如输出一个字符串 "I love China!" 的代码如下。

```
puts("I love China!");                          /*输出一个字符串变量*/
```

（2）字符串输入函数

字符串输入使用的是 gets 函数，作用是将读取的字符串保存在形式参数 str 变量中，读取过程直到出现新的一行为止。其中新的一行的换行字符将会转换为字符串中的空终止符 "\0"，其原型如下。

```
char * gets( char * str);
```

在使用 gets 函数时，要先在程序中添加头文件<stdio. h>，其中的参数 str 字符指针变量为形式参数，如定义字符数组变量 cString，使用 gets 函数获取输入字符的方式如下。

```
gets( cString);                                 /*输入一个字符串变量*/
```

2.4　运算符和表达式

C 语言中的运算符非常丰富，将运算符和运算对象（变量、常量、函数、表达式）组合起来，就构成了表达式。

PPT:
运算符和
表达式

2.4.1 算术运算符和算术表达式

C 语言中的算术运算符主要包括加、减、乘、除和求模 5 种。

（1）算术运算符

+：加法运算符或正值运算符，如 1+2、+10。

-：减法运算符或负值运算符，如 1-2、-10。

*：乘法运算符，如 1*2。

/：除法运算符，如 5/3。

%：模运算符（或称求余运算符），% 两侧均应为整型数据，如 5%3 的值为 2。需要说明的是，两个整数相除的结果为整数，如 5/3 的结果值为 1，舍去小数部分。但是，如果除数或被除数中有一个为负值，则舍入的方向是不固定的。例如，-5/3 在有的机器上得到结果 -1，有的机器则给出结果 -2。多数机器采取 "向零取整" 的方法，即 5/3 = 1，-5/3 = -1，取整后向零靠拢。如果参加 +、-、*、/ 运算的两个数中有一个数为实数，则结果是 double 型，因为所有实数都按 double 型进行运算。

（2）算术表达式和运算符的优先级与结合性

使用算术运算符和一对圆括号将操作数（常数、变量、函数）连接起来，符合 C 语言语法规则的表达式称为算术表达式。运算对象包括常量、变量、函数等。例如，a*b/c-1.2+'A' 是一个合法的 C 算术表达式。

C 语言规定了运算符的优先级和结合性。在表达式求值时，先按运算符的优先级别高低次序执行，如先乘除、后加减。例如，表达式 a-b*c，b 的左侧为减号，右侧为乘号，而乘号优先于减号，因此，相当于 a-(b*c)。如果在一个运算对象两侧的运算符的优先级别相同，则按规定的 "结合方向" 处理。如 a-b+c，先做 a-b，再将其结果和 c 相加得到最后结果。

C 语言规定了各种运算符的结合方向（结合性），算术运算符的结合方向为 "自左至右"，即先左后右。"自左至右的结合方向" 又称 "左结合性"，即运算对象先与左侧的运算符结合。以后可以看到有些运算符的结合方向为 "自右至左"，即右结合性（如赋值运算符）。如果一个运算符的两侧的数据类型不同，则会先自动进行类型转换，使二者具有同一种类型，然后再进行运算。

注意：

在 C 语言的算术表达式中，不允许使用方括号和大括号，只能使用圆括号。

圆括号是 C 语言中优先级别最高的运算符。

圆括号必须成对使用。当使用了多层圆括号时，先完成最里层的运算，最后处理最外层括号。

C 语言程序中的算术表达式要注意书写形式，不要和数学表达式混淆。

（3）自增、自减运算符

自增（++）和自减（--）运算符是 C 语言中提供的一种便捷的方式来对变量的值进行递增或递减操作。这些运算符可以用于循环、计数器的更新，以及在表达式中简化代码。

① 自增运算符 ++。

自增运算符有后缀（variable++）和前缀（++variable）两种形式。

后缀形式：在变量的值增加后返回变量的值。

前缀形式：在变量的值增加前返回变量的值。

② 自减运算符 --。

自减运算符也有后缀（variable--）和前缀（--variable）两种形式。

后缀形式：在变量的值减少后返回变量的值。

前缀形式：在变量的值减少前返回变量的值。

自增和自减运算符常用于循环中，可作为计数器或索引。

自增和自减运算符提供了一种简洁的方式来修改变量的值，并且它们在表达式中可以节省代码量，使程序更加简洁。

2.4.2　赋值运算符和赋值表达式

赋值运算符在 C 语言中用于将值赋给变量，是编程中非常基础且广泛使用的组成部分。= 是最基本的赋值运算符，用于将右侧表达式的值赋给左侧的变量。

C 语言还提供了一系列的复合赋值运算符，它们结合了算术运算和赋值操作：

+=：加法赋值（等价于 a=a+b）；

-=：减法赋值（等价于 a=a-b）；

*=：乘法赋值（等价于 a=a*b）；

/=：除法赋值（等价于 a=a/b）；

%=：取模赋值（等价于 a=a % b）。

自增和自减也涉及赋值：

++：自增（等价于 a += 1；

--：自减（等价于 a -= 1）。

【例 2-7】基本的赋值运算符和复合赋值运算符的使用。

微课 2-7
基本的赋值
运算符和复合
赋值运算符的
使用

解题步骤：

1）初始化 x、y、z 和四个不同类型的变量，并赋值。

2）使用赋值运算符和复合赋值运算符。

程序代码：

```c
#include <stdio.h>

int main( ) {
    //初始化整数变量 x，并打印其值
    //基本赋值运算符
    int x = 10;
    printf("x = %d\n", x);

    //初始化整数变量 y，并使用复合赋值运算符 y += 10 来增加 y 的值
    //复合赋值运算符
    int y = 5;
```

```
    y += 10;                              //等价于 y = y + 10;
    printf("y = %d\n", y);

    //初始化双精度浮点数变量 z，并使用复合赋值运算符 z * = 2 来将 z 的值乘以 2
    //浮点数复合赋值运算符
    double z = 3.14;
    z * = 2;                              //等价于 z = z * 2;
    printf("z = %.2f\n", z);
    //初始化字符变量 ch，并使用复合赋值运算符 ch += 1 来将 ch 的值增加 1
    //字符复合赋值运算符
    char ch = 'A';
    ch += 1;                              //等价于 ch = ch + 1;
    printf("ch = %c\n", ch);

    return 0;
}
```

微课 2-8
自增和自减
运算符

【例 2-8】 自增和自减运算符。

解题步骤：

1）声明并初始化了两个整型变量 a 和 b，声明两个整型变量 c 和 d。

2）使用自增和自减运算符修改变量的值。

程序代码：

```
#include <stdio.h>
int main() {
    //初始化整数变量 a 和 b，定义整数变量 c 和 d
    int a = 10;
    int b = 20;
    int c;
    int d;
    //使用前缀自增运算符
    c=++a;                        //相当于 a = a + 1;c=a;
    printf("c : %d\n", c);
    printf("a (after prefix ++): %d\n", a);

    //使用后缀自增运算符
    c = a++;                      //相当于 c=a; a = a + 1;
    printf("c : %d\n", c);
    printf("a (after postfix ++): %d\n", a);

    //使用前缀自减运算符
    d=--b;                        //相当于 b = b - 1;d=b;
    printf("d : %d\n", d);
    printf("b (after prefix --): %d\n", b);

    //使用后缀自减运算符
    d = b--; //相当于 d=b; b = b - 1;
    printf("d : %d\n", d);
    printf("b (after postfix --): %d\n", b);
```

```
    return 0;
}
```

在 C 语言中，赋值表达式可以作为更大表达式的一部分。例如，可以将赋值表达式的值用于其他计算。

【例 2-9】 赋值表达式。

微课 2-9
赋值表达式

解题步骤：

1）声明三个整型变量 a、b 和 c，初始化变量 a、b。

2）使用赋值表达式对 c 赋值。

程序代码：

```
#include <stdio. h>

int main( ) {
    int a = 1, b = 2, c;

    //使用赋值表达式的结果
    c = (b = a + 1) * 2;            //先计算 b = a + 1，然后用 b 的值乘以 2
    printf("c = %d\n", c);

    return 0;
}
```

在本例中，首先计算 b = a + 1，将 a 的值加 1，然后赋给 b。接着，b 的值乘以 2 并赋给 c。因此，c 的最终值是 4。

注意： 在 C 语言中，赋值表达式的结果是被赋值的变量的值，这使得它们可以在更复杂的表达式中被使用。然而，过度使用嵌套的赋值表达式可能会导致代码难以阅读和理解，因此通常建议避免在复杂的表达式中使用多层嵌套的赋值。

2.4.3　逗号运算符和逗号表达式

逗号运算符（,）是 C 语言提供的一种特殊的运算符，用它将两个表达式连接起来，如 3+2, 3-2。用逗号运算符连接的式子称为逗号表达式，逗号表达式的一般形式为：表达式 1，表达式 2。

逗号表达式的求解过程是：先求解表达式 1，再求解表达式 2。整个逗号表达式的值是表达式 2 的值。例如，上面的逗号表达式"3+2, 3-2"的值为 1。逗号表达式的一般形式可以扩展为：表达式 1，表达式 2，表达式 3……，表达式 n。它的值为表达式 n 的值。逗号运算符是所有运算符中级别最低的。逗号运算符和逗号表达式在 C 语言中不如其他运算符那样常用，但它们在适当的情况下可以提高代码的紧凑性和效率。

【例 2-10】 逗号表达式的基本使用。

微课 2-10
逗号表达式

解题步骤：

1）定义两个整型变量，并赋值。

2）逗号表达式赋值。

程序代码：

```
#include <stdio. h>

int main( ) {
    int a = 1, b = 2;
    int result = (a++, ++b, a + b);            //逗号表达式
    printf("Result is: %d\n", result);         //应该输出 5
    return 0;
}
```

在本例中，a 首先自增，然后 b 自增，最后计算 a + b。由于 a 和 b 都自增了，所以最终结果是 5。

2.5 顺序结构

PPT：
顺序结构

在 C 语言程序设计中，有 3 种基本程序设计结构，这 3 种流程结构如同小河中水流的 3 种形态：顺序结构程序设计（河水毫无阻碍地向前流淌）、选择结构程序设计（河水遇到分水岭分成几条支流）、循环结构程序设计（河水在漩涡中不停打转）。顺序结构程序设计是最基本的程序结构，是指程序按照代码的书写顺序，从上到下，从第 1 条语句执行到最后一条语句。顺序结构程序设计流程图如图 2-2 所示。

1）顺序结构程序设计的特点主要有以下几点：

线性执行：程序按照代码的顺序，线性地执行每一个语句。

简单直观：顺序结构的逻辑简单直观，易于理解和编写。

无须额外控制：不需要使用循环或条件控制语句。

2）顺序结构程序设计一般由三部分组成：

输入部分：将已知的值输入计算机并存储在变量中。

处理部分：按解决问题的次序进行计算处理。

输出部分：将计算处理结果返回给用户。

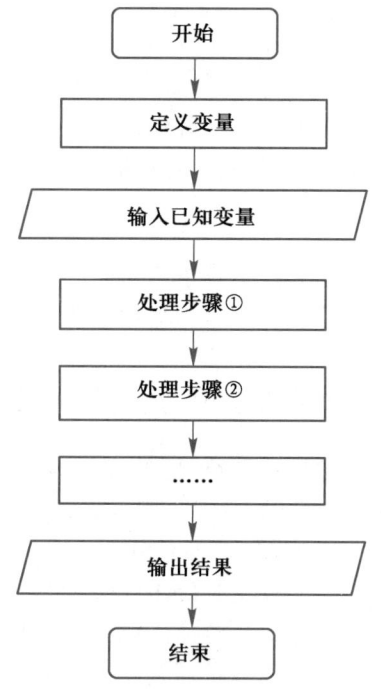

图 2-2　顺序结构程序设计流程图

【例 2-11】输入三角形的三边长，求三角形面积。

分析：

微课 2-11
输入三角形的
三边长，求三
角形面积

在 C 语言中，计算三角形面积的经典案例通常涉及海伦公式（Heron's formula），该公式可以用来计算任意两边长度和夹角已知的三角形的面积。对于一个给定三边长

a、b 和 c 的三角形，首先计算半周长 s：

$$S = \frac{a+b+c}{2}$$

然后，使用海伦公式计算面积 A：

$$A = \sqrt{s \cdot (s-a) \cdot (s-b) \cdot (s-c)}$$

解题步骤：

1）输入三角形的三边长：提示用户输入三角形的三条边长。

2）验证三边能否构成三角形：检查输入的边长是否满足构成三角形的条件，即任意两边之和大于第三边。

3）计算半周长：使用上面提到的公式计算半周长 s。

4）计算三角形面积：应用海伦公式计算三角形的面积。

5）输出结果：将计算得到的面积输出到控制台。

程序代码：

```c
#include <stdio.h>
#include <math.h>

int main( ) {
    double a, b, c, s, area;

    //输入三角形的三边长
    printf("Enter the lengths of the three sides of a triangle: ");
    scanf("%lf %lf %lf", &a, &b, &c);

    //验证三边能否构成三角形
    if (a + b <= c || a + c <= b || b + c <= a) {
        printf("Invalid triangle sides. \n");
        return 1;                //非法输入，退出程序
    }

    //计算半周长
    s = (a + b + c) / 2;

    //使用海伦公式计算面积
    area = sqrt(s * (s - a) * (s - b) * (s - c));

    //输出结果
    printf("The area of the triangle is: %.2lf\n", area);

    return 0;
}
```

说明：

　　1）错误处理：程序首先检查输入的边长是否能够构成一个三角形，是通过验证任意两边之和是否大于第三边来实现的。

　　2）数学库：程序使用了 math.h 头文件中的 sqrt 函数来计算平方根，是海伦公式中

所需的操作。

3）格式化输出：使用 %.2lf 格式化输出面积，保留两位小数，提高输出的可读性。

微课 2-12
数字分离：随机
产生一个四位
数，同时给出
其各位上的
数字之和

【例 2-12】数字分离：随机产生一个四位数的整数，同时给出其各位上的数字之和。

分析：

在 C 语言中，通过随机产生四位数的整数，并将它们分离出来显示，以进一步理解顺序结构的应用，其算法流程图如图 2-3 所示。

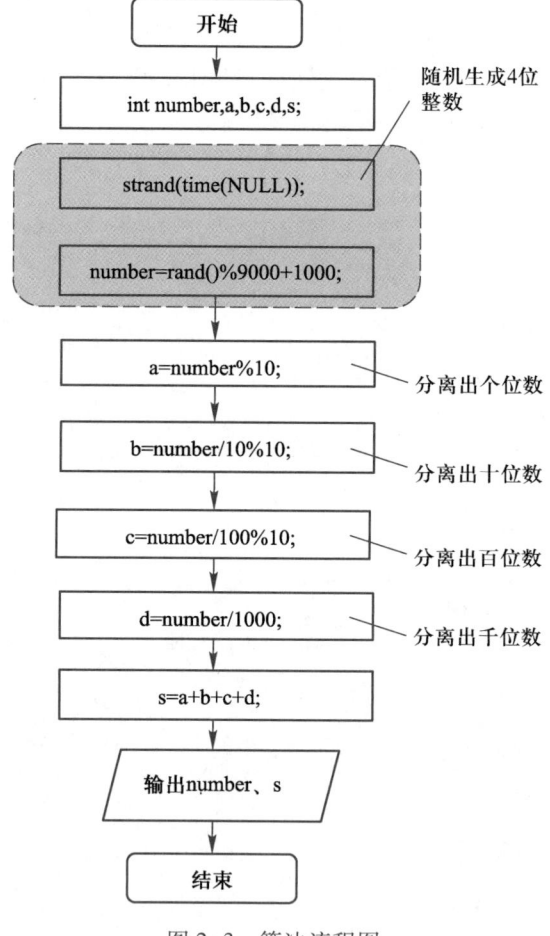

图 2-3 算法流程图

解题步骤：

1）随机产生四位数的整数。

2）分离这个四位整数，获得其各位上的数字。

3）输出该整数以及其各位上的数字之和。

程序代码：

```c
#include <stdio. h>
#include <stdlib. h>
#include <time. h>
int main( )
{
    system( "color 70" ) ;
    int number,a,b,c,d,s;
    srand( time( NULL) ) ;
    number = rand( )%9000+1000;
    a = number % 10;
    b = number / 10 % 10;
    c = number / 100 % 10;
    d = number / 1000;
    s = a + b + c + d;
    printf( "随机生成四位整数:%d\n" ,number) ;
    printf( "各位数字的和:%d + %d + %d + %d = %d\n" ,d,c,b,a,s) ;
    system( "pause" ) ;
    return 0;
}
```

1) rand( )函数：该函数能够生成在 0 ~ RAND_MAX 之间的任意整数。rand( )函数和常量 RAND_MAX 均在库文件 stdlib. h 中定义，一般 RAND_MAX 的默认值为最大的 int 整型数 32767。要生成 a~b 的任意整数（包含 a 和 b），可以用以下方式：

a + rand( ) % (b + 1 - a);　　　　　　　 //rand( ) % (b + 1 - a)的最大值是 b + 1, 最小值是 0

因而，要生成任意四位整数就可以用 1000+rand( )%9000 实现。

2) 随机初始化函数 srand( )：该函数产生的是一个伪随机数，重复调用该函数所产生的随机数字是相同的。要想每次执行产生不同的随机数，就需要用 srand( ) 函数进行随机初始化。随机初始化函数 srand( ) 可以设置随机数生成器的种子，不同的种子将产生不同的随机数。在程序运行过程中，时间是一直变化的，所以可以借助 time. h 库中的 time(NULL)函数返回计算机当前的时间数，把它作为随机数生成器的种子，从而在每次执行 rand( ) 函数时产生一个不同的随机数。

将当前时间设置为随机数生成器种子的代码如下：

srand(time(NULL)) ;

说明：

顺序结构虽然简单，但它是构建更复杂程序的基础。通过顺序结构，程序员可以清晰地组织代码逻辑，使程序易于理解和维护。在实际的项目开发中，顺序结构经常与其他控制结构（如选择结构和循环结构）结合使用，以实现更加复杂的功能。

项目设计

1. 项目目标

设计一个命令行界面的简单计算器，能够执行基本的数学运算，包括加法、减法、乘法和除法。

2. 功能需求

用户输入两个操作数和一个运算符。

程序根据运算符对操作数进行计算，并输出结果。

能够处理非法输入和异常情况，如除以零。

3. 程序流程

接收用户输入的操作数和运算符。

判断输入的合法性。

根据运算符执行相应的数学运算。

输出计算结果。

4. 技术实现

使用 scanf 进行输入。

使用 printf 进行输出。

微课 2-13
简单计算器
项目的实施

项目实施

项目实施解题步骤：

1）初始化。设置程序的基本结构，包括变量声明和必要的头文件引入。

2）用户输入。提示用户输入两个操作数。

项目实施程序代码：

```c
#include <stdio.h>
int main() {
    double num1, num2;
    double sum, difference, product, quotient;

    //步骤1：读取用户输入的操作数
    printf("Thank you for using the Simple Calculator. \n");
    printf("请输入第一个操作数：");
    scanf("%lf", &num1);
    printf("请输入第二个操作数：");
    scanf("%lf", &num2);
```

```
//步骤 2：计算各种运算的结果
sum = num1 + num2;
difference = num1 - num2;
product = num1 * num2;
quotient = num1 / num2;

//步骤 3：输出结果
printf("加法结果：%.2f + %.2f = %.2f\n", num1, num2, sum);
printf("减法结果：%.2f - %.2f = %.2f\n", num1, num2, difference);
printf("乘法结果：%.2f * %.2f = %.2f\n", num1, num2, product);
printf("除法结果：%.2f / %.2f = %.2f\n", num1, num2, quotient);

return 0;
}
```

程序运行结果如图 2-4 所示。

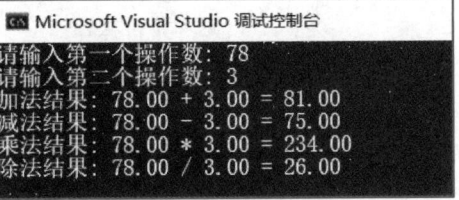

图 2-4　程序运行结果

思考：

1）如何实现运算符由用户自定义。

2）如何处理异常情况，如除以零。

优化后的项目实施解题步骤：

1）初始化。设置程序的基本结构，包括变量声明和必要的头文件引入。

2）用户输入。提示用户输入两个操作数和一个运算符。

3）错误判断。异常情况，如除以零，返回错误状态。

```
#include <stdio.h>

int main() {
    double num1, num2;                //定义两个操作数
    char operatorSymbol;              //定义运算符

    //输入模块
    printf("Enter the first number: ");
    scanf("%lf", &num1);
    printf("Enter the second number: ");
    scanf("%lf", &num2);
    printf("Enter an operator (+, -, *, /): ");
    scanf(" %c", &operatorSymbol);
```

```
//运算模块
double result;
if ( operatorSymbol == '+') {
    result = num1 + num2;
} else if ( operatorSymbol == '-') {
    result = num1 - num2;
} else if ( operatorSymbol == '*') {
    result = num1 * num2;
} else if ( operatorSymbol == '/') {
    if ( num2 != 0) {
        result = num1 / num2;
    } else {
        printf( "Error: Division by zero. \n" );
        return 1;                        //返回错误状态
    }
} else {
    printf( "Invalid operator. \n" );
    return 1;                            //返回错误状态
}

//输出模块
printf( "Result: %. 2f %c %. 2f = %. 2f\n", num1, operatorSymbol, num2, result);
printf( "Thank you for using the Simple Calculator. \n" );

return 0;
}
```

程序运行结果如图 2-5 所示。

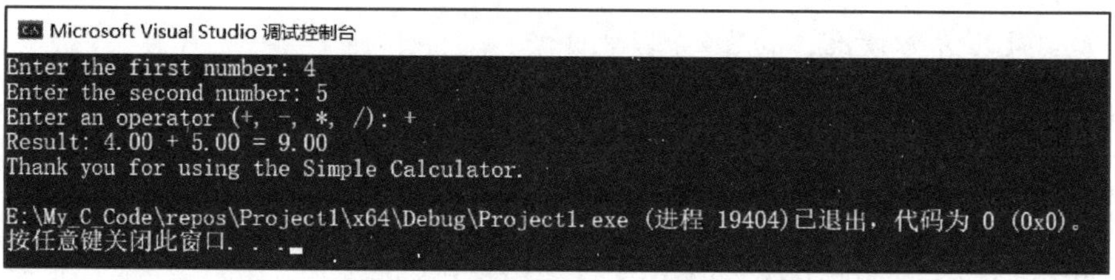

图 2-5　简单计算器运行结果

项目小结

在实现本项目的过程中，主要讲解了 C 语言程序的基本语法规则：首先介绍了基本字符、标识符和关键字；然后介绍了数据类型及常量、变量，数据的格式化输出和输入，运算符与表达式；最后介绍了顺序结构程序设计。重点强调了赋值操作（理解如何使用赋值运算符（=）将表达式的值赋给变量）、常量定义（掌握如何声明常量并正确使用它们）、变量声明（学会声明不同数据类型的变量，并理解变量的作用域和生命周期）、自增自减运算（熟悉前缀与后缀运算符的区别和使用场景）、顺序结构（理解程序按照代码编写顺序执行的基本特性，以及如何通过顺序执行完成简单任务）。本项目难点主要包括运算符优先级（理解 C 语言中不同运算符的优先级，确保表达式按照预期的顺序执行运算）、输入验证（实现对用户输入的有效性验证，确保程序能够处理不合理或非法的输入）。通过本项目的学习，可以对 C 语言程序设计基本语法有一个大致的了解，为后面 C 语言程序设计的学习打下坚实的基础。

项目测试

一、选择题

1. 下列选项中是 C 语言中的赋值运算符的是（　　）。

A. &&　　　　　　　　B. ‖　　　　　　　　C. =　　　　　　　D. ! =

2. 在 C 语言中，用于定义常量的关键字是（　　）。

A. var　　　　　　　B. let　　　　　　　C. final　　　　　　D. const

3. 下列语句中是 C 语言的正确变量初始化的是（　　）。

A. int a = ;　　　　　　　　　　　B. float b = "hello";

C. double c = 3.14;　　　　　　　　D. char d = 'a';

4. 表达式 i++ 的含义是（　　）。

A. i = i + 1　　　　　　　　　　　B. i = i + 1

C. 先返回 i 的值，然后 i = i + 1　　D. 先使 i = i + 1，然后返回 i 的值

5. 表达式 --j 的含义是（　　）。

A. j = j − 1　　　　　　　　　　　B. j = j + 1

C. 先返回 j 的值，然后 j = j − 1　　D. 先使 j = j − 1，然后返回 j 的值

6. C 语言程序顺序结构的执行流程通常是（　　）。

A. 从最后一个语句向前执行　　　B. 随机执行

C. 从上到下顺序执行　　　　　　D. 从中间向两端执行

7. if` 语句的一般形式可以是（　　）。

A. if（condition）　　　　　　　B. if condition

C. if（condition）statement　　　D. 以上所有选项都是正确的

8. 在 switch 语句中，用于匹配值的关键字是（　　）。

A. case　　　　　　B. when　　　　　　C. if　　　　　　　D. select

9. 在 C 语言中，局部变量通常在（　　）。

A. 在程序的开始

B. 在使用的函数内部

C. 在任何地方

D. 在使用的函数外部

10. 下列选项中属于 C 语言中的整数类型是（　　　）。

A. float　　　　　　　B. double　　　　　　　C. int　　　　　　　D. char

二、判断题

1. 在 C 语言中，可以将一个变量的值赋给另一个变量，如 a=b；　　　　　　　（　　　）

2. 若定义一个常量 MAX_VALUE，可以直接写 int MAX_VALUE = 100；　　　（　　　）

3. 在 C 语言中，可以在代码的任何地方声明变量。　　　　　　　　　　　　　（　　　）

4. 表达式 i++在表达式求值之后会增加 i 的值。　　　　　　　　　　　　　　（　　　）

5. C 语言程序的执行是按照代码书写的顺序，从上到下进行的。　　　　　　　（　　　）

6. if 语句后面不能跟 else 语句。　　　　　　　　　　　　　　　　　　　　（　　　）

7. 在 C 语言中，所有变量的声明都隐式具有 global（全局）作用域。　　　　（　　　）

8. 逻辑与运算符在 C 语言中写作 &&。　　　　　　　　　　　　　　　　　　（　　　）

9. 在 C 语言中赋值时，系统会自动将整数转换为双精度浮点数。　　　　　　　（　　　）

10. 在 switch 语句中，每个 case 后面必须有 break 语句。　　　　　　　　　（　　　）

三、程序填空题

1. 请填写适当的代码片段，使得下面的程序能够计算两个数的和，并打印出来。

```c
#include <stdio.h>
int main() {
    int num1, num2, sum;
    printf("Enter two numbers: ");
    scanf("%d %d", &num1, &num2);
    //填空:使用赋值运算符计算两个数的和

    _____

    printf("The sum is: %d\n", sum);
    return 0;
}
```

2. 请写出以下程序的输出结果。

```c
#include <stdio.h>
int main()
{
    int a = 9;
    float b = 1.234;
    char c = 'a';
    long d = 1234567;
    unsigned e = 95533;
    printf("a=%d,b=%3d\n", a, a);
    printf("%f,%e\n", b, b);
    printf("%-10f,%10.2e\n", b, b);
    printf("%c,%d,%o,%x\n", c, c, c, c);
    printf("%ld,%lo, %lx\n", d, d, d);
    printf("%u,%o,%x,%d\n", e, e, e, e);
    printf("%5.3s\n", "hello");
    return 0;
}
```

四、程序阅读题

1. 在以下程序中，当用户输入 5 后，请写出运行结果。

```c
#include <stdio.h>

int main() {
    const float PI = 3.14159;
    float radius, area;

    printf("Enter the radius of the circle: ");
    scanf("%f", &radius);

    area = PI * radius * radius;
    printf("The area of the circle is: %.2f\n", area);

    return 0;
}
```

2. 在以下程序运行后，请写出运行结果。

```c
#include <stdio.h>

int main() {
    int num1 = 10, num2 = 20, sum, difference;

    sum = num1 + num2;
    difference = num2 - num1;
    printf("The sum of %d and %d is %d\n", num1, num2, sum);
    printf("The difference between %d and %d is %d\n", num2, num1, difference);

    return 0;
}
```

五、程序设计题

1. 编写一个 C 程序，声明一个变量 a 并初始化为 10，然后使用自增运算符增加其值，并打印最终结果。

2. 编写一个 C 程序，声明两个变量 width 和 height，计算其乘积并存储在变量 area 中，然后打印出来。

3. 编写一个程序，输入一个 3 位整数，输出各位数字的和。例如，若输入 345，则输出 12。

4. 小张去超市购物，买了 10 个本子和 5 支钢笔。每个本子售价 3 元，每支钢笔售价 10 元。编写一个 C 语言程序，计算小张在超市购物的总花费。

5. 编写一个 C 程序，声明一个浮点数 salary 并初始化为 5000.0，税率为 20%，然后计算并打印应缴纳的税款。

6. 编写一个 C 程序，声明一个常量 PI 并初始化为 3.14159，然后计算半径为 r 的圆的面积，并打印结果。

7. 编写一个 C 程序，声明一个浮点数变量 discount 并初始化为 0.1，计算并打印一个原价 originalPrice 为 100 元打折后的商品价格。

8. 编写一个 C 程序，声明两个整数变量 a 和 b，分别初始化为 10 和 20，然后交换它们的值并打印。

9. 假设某顾客买了 3 种商品，已知各商品的单价，现要求编写一个 C 程序，用于实现当输入各种商品的购买数量后，输出顾客的应付价格总额。

10. "鸡兔同笼"趣味数学问题：有若干只鸡、兔同在一个笼子里，有 40 个头，有 100 只脚，问笼中各有几只兔和几只鸡？请使用 C 语言编程解答。

项目 *3*
景点门票计费程序

项目目标

【知识目标】
- 掌握条件运算符、逻辑运算符的条件判断方法。
- 掌握 if 语句、switch 语句和 break 语句用法。
- 掌握选择结构程序设计和分支嵌套结构用法。

【技能目标】
- 熟练掌握条件运算符、逻辑运算符的条件判断。
- 熟练掌握 if 语句、switch 语句设计选择结构程序。
- 灵活运用嵌套分支结构解决复杂程序问题。

【素养目标】
- 培养运用专业知识解决实际生活问题的能力。
- 通过国内旅游景点门票计费程序的开发项目，倡导节约资源和保护生态环境，促进人与自然和谐共生。
- 培养运用分支语句解决实际问题的能力，激发对程序设计的兴趣。

项目介绍

海南省属于热带海洋性季风气候，为著名的国际旅游岛，拥有着无可比拟的自然环境和极富特色的旅游景点。随着节日长假将至，各景区门票价格再度成为关注点。近年来多地价格主管部门陆续宣布降低部分重点景区门票价格，相关主管部门要求从减轻景区游览全程费用的角度出发，持续做好价格监督检查，让游客真正享受到景区门票降价带来的实惠，减轻游客游览景区全程的经济负担。现围绕海南省的相关旅游景点门票收费系统编写一个景点门票计费程序。

需求分析

经过调研，了解到当前影响和决定旅游景点门票定价受到法律法规、景点级别、运营成本、优惠与减免政策等多方面因素影响。

（1）法律法规。门票定价需依据《中华人民共和国价格法》等相关法律法规，由政府价格主管部门负责实施和管理。

（2）景点级别。对于重要景点，如全国重点文物保护单位、大型博物馆、国家级风景名胜区等，门票价格由国务院价格主管部门管理。其他景点的门票价格由省、自治区、直辖市政府价格主管部门确定。

（3）运营成本。门票定价需考虑景区的运营成本、维护费用、资源保护支出等因素，同时兼顾景区的宣传推广费用。

（4）优惠与减免政策。对特定群体如儿童、学生、老年人等实行门票价格减免。对于与居民日常生活关系密切的城市公园、纪念馆和展览馆等，门票价格应考虑居民承受能力。

（5）价格管理与调整。定期对门票价格进行评估和调整，确保价格的合理性和稳定性。对于不同地域受季节气候影响的景区，可以采取淡季、旺季管理方式，允许经营管理者在不超过政府规定上限价格的范围内，根据旅游市场供求状况自主确定具体价格水平。

因此在对景点门票计费时需要综合考虑各种因素，按照不同问题场景，选择不同的影响因素计算门票价格。

知识准备

算法是对某一个问题的求解方法的描述，其表现形式是计算机指令的有序序列，执行这些指令就能解决特定的问题。程序是为实现某一算法的指令集合。通过编程解决问题一般需要数据输入、数据处理和数据输出 3 个顺序步骤，但是在实际问题中，程序的逻辑并非完全是按顺序的，常常会碰到一些要做选择的事情，程序执行时常通过条件来决定往下执行的流程，若满足条件则执行一个流程，若不满足条件则执行另一个流程，这种结构称为选择结构或分支结构。

PPT：
选择结构条件
判定

3.1　选择结构条件判定

执行选择结构程序语句时，构成选择结构的要素有两个：一个是描述条件，另一个是执行的操作。描述条件一般是关系表达式或逻辑表达式，统称为条件表达式。条件表达式的值为"真"或"假"，在 C 语言中，"真"用整数 1 表示，"假"用整数 0 表示，条件表达式判断的结果非 0 即真。程序根据条件表达式的结果（真或假）选择执行相应的语句。

3.1.1　关系运算符与关系表达式

在程序中经常需要比较两个数据的大小关系，以决定程序下一步的工作，比较两个数据的运算符称为关系运算符（又称"比较运算符"），常用的关系运算符有 6 种，见表 3-1。

表 3-1　常用的关系运算符

运算符	运 算	范 例	结 果
==	相等于	4 == 3	0（假）
!=	不等于	4 != 3	1（真）
<	小于	4 < 3	0（假）
>	大于	4 > 3	1（真）
<=	小于或等于	4 <= 3	0（假）
>=	大于或等于	4 >= 3	1（真）

C 语言中所有关系运算符都是双目运算符，也就是说需要两个操作数参与运算。

将关系运算符、小括号、操作数连接起来，并符合 C 语言规则的式子被称为关系表达式。关系表达式用来实现比较运算的，参与运算的操作数可以是字面量、变量、表达式、函数等。关系表达式的值为"真"或"假"，当关系表达式成立时，其值为 1，当关系表达式不成立时，其值为 0。

示例：

```
1>2              //1 是否大于 2
3<a              //3 是否小于变量 a
1+1==b           //1+1 的结果是否等于变量 b
10*20!=c         //10 乘 20 的结果是否不等于变量 c
```

关系表达式的运算结果取值为 0 或 1，0 表示关系表达式为假，1 表示关系表达式为真。

说明：

① 常见的错误是在比较相等时使用等号，如把 a＝＝b 写成 a＝b，a＝b 就是赋值表达式，"等于"运算符是由两个等号组成。

② 关系运算符的优先级高于赋值运算符，低于算术运算符。

【例 3-1】关系表达式运算。

```c
#include<stdio. h>
int main( )
{
    int a=10;
    int b=20;
    int c=30;
    printf("%d\n", a < 2);        //a < 2 结果为假, 值为 0
    printf("%d\n", a <= b);       //a <= b 结果为真, 值为 1
    printf("%d\n", a+b == c);     //a+b ==30 结果为真, 值为 1
    printf("%d\n", c != a+b);     //c!=a+b 结果为假, 值为 0
    getchar( );
    return 0;
}
```

程序运行结果如图 3-1 所示：

图 3-1　例 3-1 程序运行效果

说明：

1）关系表达式的结果值是整数类型，因此采用%d 格式输出。

2）在关系表达式中，需要判别一个保存逻辑值的变量 flag 的值是否为"真"，初学者常常会使用表达式 flag == 1。事实上，只要用一个最简单的表达式：flag 即可。

3.1.2　逻辑运算符与逻辑表达式

逻辑运算符用于对程序中的逻辑值进行运算，事实上逻辑值只有"真"或"假"2 种，C 语言中没有逻辑类型，为了解决这个问题，采用 0 代表逻辑"假"，非 0 代表逻辑"真"。常用的逻辑运算符有 3 种，其见表 3-2。

表 3-2　常用的逻辑运算符

运算符	运　算	范　例	结　　果
!	逻辑非	!a	如果 a 为假，则!a 为真；如果 a 为真，则!a 为假
&&	逻辑与	a&&b	如果 a 和 b 都为真，则结果为真，否则为假
‖	逻辑或	a‖b	如果 a 和 b 有一个或以上为真，则结果为真；二者都为假时，结果为假

　　逻辑与运算符 "&&" 和逻辑或运算符 "‖" 都是双目运算符，具有左结合性，逻辑非运算符 "!" 是单目运算符，具有右结合性。"&&" 和 "‖" 的优先级别低于算术运算符和关系运算符，而 "!" 的优先级则高于算术运算符和关系运算符。

　　将逻辑运算符、小括号、操作数连接起来，并符合 C 语言规则的式子被称为逻辑表达式，参与运算的操作数可以是字面量、变量、表达式等，逻辑表达式用于实现更复杂的判断，其结果为 "真（1）" 或 "假（0）"。

　　示例：

```
(3>4) && (4<5)    //(3>4)结果为假，(4<5)结果为真，"真"与"假"结果为假，值为 0
(3>4) ‖(4<5)      //(3>4)结果为假，(4<5)结果为真，"真"或"假"结果为真，值为 1
!(3>4)            //(3>4)结果为假，非假结果为真，值为 1
```

　　C 语言的逻辑运算符的优先级为! >关系运算符>&&>‖，例如，!2&&3 计算顺序：先计算!2，结果为假，值为 0，再计算 0&&3 结果为假，值为 0。

　　【例 3-2】逻辑表达式运算。

```
#include<stdio.h>
int main()
{
    int a=10;
    int b=20;
    printf("%d\n", a>b && a<b);       //a>b 为假，a<b 为真，"假"与"真"结果为假
    printf("%d\n", a<=b && a!=b);     //a<=b 为真，a!=b 为真，"真"与"真"结果为真
    printf("%d\n", (a<=b)&&(a==b));   //(a<=b)为真，(a==b)为假，"真"与"假"结果
为假
    printf("%d\n", (a>b‖a<b));        //a>b 为假，a<b 为真，"假"或"真"结果为真
    printf("%d\n", (a<=b‖a!=b));      //a<=b 为真，a!=b 为真，"真"或"真"结果为真
    printf("%d\n", (a<=b)‖(a==b));    //(a<=b)为真，(a==b)为假，"真"或"假"结
果为真
    printf("%d\n", !(a<b));           //(a<=b)为真，非真结果为假
    return 0;
}
```

微课 3-2
逻辑运算符与
逻辑表达式

　　程序运行结果如图 3-2 所示。

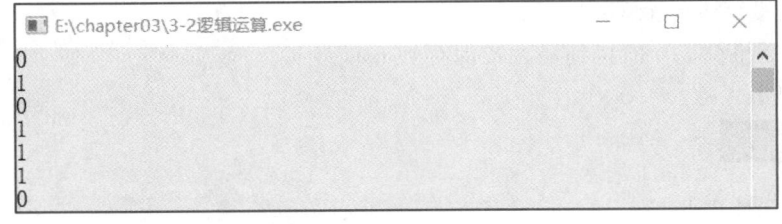

图 3-2　例 3-2 程序运行结果

　　&& 和‖运算符在运算时都有 "短路" 现象。

　　1）在使用 "&&" 运算符时，如果 "&&" 运算符左边的值为假，则右边的表达式就不再进行运算，整个表达式的结果为假。

　　示例：判断年龄在 13～17 岁之内。

说明：

> age>=13 && age<=17

age 变量保存年龄值，当 age 值小于 13 时，"&&" 运算符左边的值为假，右边的表达式就不再进行运算，整个表达式结果都为假。

2）在使用 "‖" 运算符时，如果 "‖" 运算符左边的值为真，则右边的表达式就不再进行运算，整个表达式的结果为真。

示例：判断年龄小于 12 或大于 65。

> age<12 ‖ age>65

age 变量保存年龄值，当 age 值小于 12 时，"‖" 运算符左边的值为真，右边的表达式就不再进行运算，整个表达式的结果为真。

3.1.3 条件运算符与条件表达式

条件运算符由 "?" 与 ":" 两个符号组成，必须一起使用，是 C 语言中唯一的三目运算符，需要 3 个操作数才能进行运算。

由条件运算符连接起来的表达式，称为条件表达式，条件表达式的一般使用形式为：

> 表达式 1 ? 表达式 2 : 表达式 3

条件表达式的运算规则为：如果表达式 1 的结果为真，以表达式 2 的值作为整个条件表达式的值，否则以表达式 3 的值作为整个条件表达式的值。

> 例如：max=a>b?a:b 如果 a>b 为真，则将 a 赋值给 max，否则将 b 赋值给 max，其中 a>b?a:b 被称为条件表达式。

条件表达式能以更加简练的方式表达条件的执行，一般为了代码结构清晰，建议使用小括号将条件运算表达式包裹起来，如 max=(a>b?a:b)。

【例 3-3】使用条件表达式，实现输出两个数中最大数的功能。

微课 3-3
条件运算符

解题步骤：

1）定义整型变量 a 和 b 分别保存两个数。
2）定义变量 max 保存最大数。
3）条件判断 a、b 值得到最大数保存到 max 变量
4）输出最大数。

程序代码：

```c
#include<stdio. h>
int main( )
{
    int a,b,max;
    scanf("%d%d",&a,&b);
    max=a>b?a:b;
    printf("最大数是:%d",max);
    return 0;
}
```

程序运行结果如图 3-3 所示：

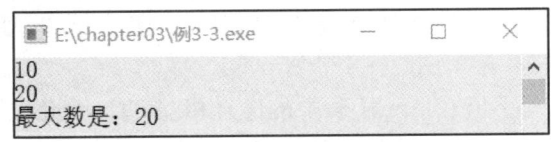

图 3-3 例 3-3 程序运行结果

程序分析：

1）比较的两个数依次从键盘输入，然后保存到 a、b 变量。

2）条件表达式执行时首先判断 a>b 若为真，a 变量赋值给 max；否则 b 变量赋值给 max。

3）条件表达式执行后 max 中保存较大数，输出 max 值到显示窗口。

说明：

1）"?" 和 ":" 是一对运算符，不能分开单独使用。

2）条件运算符优先级低于关系运算符，高于赋值运算符。

3）条件运算符可以进行嵌套，结合性为自右向左。

【例 3-4】输入一个字符，判别它是否为大写字母，如果是，则将它转换成小写字母；如果不是，则不转换。输出最后得到的字符。

微课 3-4
条件表达式

解题步骤：

1）定义字符变量 ch。

2）接收键盘输入的字符。

3）判断字符是否是大写字母，若为真，则执行大写字母转换为小写字母，保存到 ch 变量，否则不转换，直接保存小写字母到 ch 变量。

4）输出 ch 变量小写字母。

程序代码：

```
#include <stdio. h>
int main( )
{
    char ch;
    scanf("%c",&ch);
    ch=(ch>='A' && ch<='Z')?(ch+32):ch;
    printf("%c\n",ch);
    return 0;
}
```

程序运行结果如图 3-4 所示：

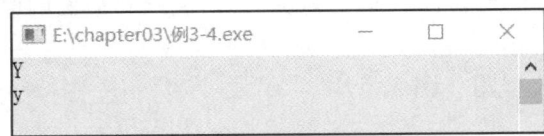

图 3-4 例 3-4 程序运行结果

程序分析：

1）判断字母是否是大写的条件是按照 ASCII 表顺序，若排列在 A～Z 字母之间的即是大写字母。

2）大写字母与小写字母在 ASCII 表中的序号相差 32，因此大写转小写时，需要将字母序号加 32；小写转大写时，将字母序号减 32 即可。

3）如果（ch>='A' && ch<='Z'）为真，接收的字母为大写字母，因此序号加 32 转成小写字母保存到 ch 变量，否则，接收的就是小写字母，不转换直接保存到 ch 变量。

PPT：
选择结构分支
语句

3.2　选择结构分支语句

选择结构是结构化程序设计的三种结构之一，也是常用的一种结构，解决选择结构的问题一般采用以下的方法和步骤：

1）判断解决的问题是否是选择问题。

2）若是选择问题，则判断是哪种选择结构类型，是单分支、双分支还是多分支结构。

3）若是选择问题，确定选择结构、选择条件、执行过程与结束过程。

4）使用 C 语言描述实现过程。

选择结构一般有 if 单分支语句、if-else 双分支语句、if-else　if-else 多分支语句和 switch 多分支语句 4 种分支语句。分支语句是通过判断给定的条件是否为真，来决定是否执行指定的代码。

3.2.1　if 单分支语句

if 单分支语句是最基本的选择控制结构，由关键字 if（如果）开始，后面紧跟着条件，然后是一个由花括号包围的代码块。如果条件为真，则执行代码块；如果条件为假，则跳过代码块，执行后面的代码。

（1）if 单分支语句的基本语法结构

```
if(条件判断)
{
    执行语句
}
```

（2）执行流程

如果条件判断运算结果为真（非 0 为真），则执行 if 后面的语句，如果为假（0 为假）直接跳过该语句（语句块）。

（3）单分支语言流程图（图 3-5）

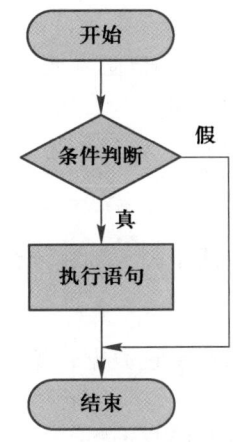

图 3-5　单分支语句流程图

【例 3-5】给定两个整数，输出两个数中的最大数。

解题步骤：

1）定义变量 x 和 y 保存两个整数。

2）判断 x 和 y，如果 x>y，输出 x。

3）判断 x 和 y，如果 x<=y，输出 y。

程序代码：

```
#include<stdio. h>
int main( )
{
    int x = 10 , y = 20 ;
    if( x>y)
            printf( "%d" , x) ;
    if( x<=y)
            printf( "%d" , y) ;
    return 0;
}
```

程序运行结果如图 3-6 所示。

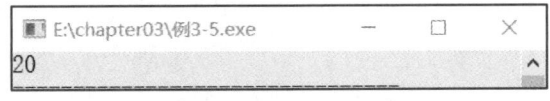

图 3-6　例 3-5 程序运行结果

程序分析：

1）第 1 次 if 单分支语句判断的条件是 x>y，10>20 条件为假，因此不执行 printf 函数输出信息。

2）第 2 次 if 单分支语句判断条件 x<=y，10<20 条件为真，因此执行 printf 函数输出最大数 20。

说明:

1）if 后面的（表达式）一定要有圆括号。

2）表达式在一般情况下是关系表达式和逻辑表达式，也可以是任意类型的 C 语言的合法表达式，但计算结果必须为整型、字符型或浮点型之一。

3）语句序列如果为单条语句，可以不加大括号；如果是多条语句，一定要使用{}包含，构成复合语句。

微课 3-5-2
if 单分支语句

【例 3-6】输入两个整数，按照从小到大的顺序输出。

解题步骤：

1）定义两个整型变量 a 和 b 保存接收数据，定义一个临时变量 t 用于交换时数据暂存。

2）假定变量 a 保存小数，变量 b 保存大数。

3）判断如果 a>b，则交换数据后输出，否则不交换直接输出。程序执行流程如图 3-7 所示。

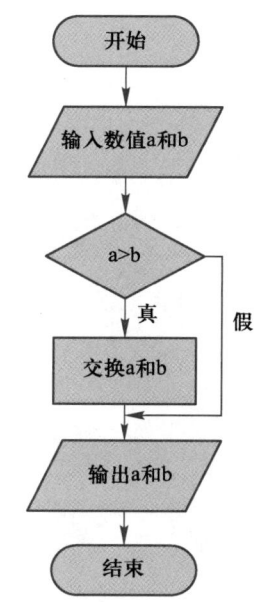

图 3-7　例 3-6 程序执行流程

程序代码：

```c
#include <stdio.h>
int main()
{
    int a,b,t;
    scanf("%d%d",&a,&b);
    if(a>b)
    {
        t=a;
        a=b;
```

```
        b=t;
    }
    printf("按照从小到大的顺序输出:%d, %d",a,b);
    return 0;
}
```

程序运行结果如图 3-8 所示。

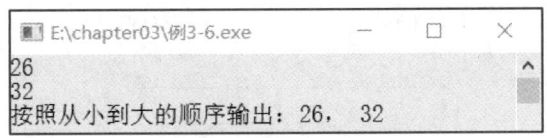

图 3-8　例 3-6 程序运行结果

程序分析：

1）要求数据从小到大输出，且输出时先输出 a，后输出 b，因此必须满足条件 a<b。

2）如果判断条件 if(a>b) 为真，则需先交换再输出，否则可以直接输出。

3）交换数据时，数据借助临时变量 t 交换：a => t, b => a, t => b。

说明：

1）表达式一般是比较表达式或逻辑表达式。

2）语句可以是单行语句，也可以是复合语句（语句块），复合语句需要使用{}包含。

3.2.2　if-else 双分支语句

在 C 语言中，if-else 双分支语句用于根据一个条件来执行两个不同的代码块中的一个。如果条件为真（非零），则执行 if 部分的代码块；如果条件为假（零），则执行 else 部分的代码块。

（1）if-else 双分支语句的基本语法结构

```
if(条件判断)
{
  执行语句 1
}
else
{
  执行语句 2
}
```

（2）程序执行流程

如果条件判断结果为真（非 0），则执行 if 后面{}中的执行语句 1；如果为假（0），则执行 else 后面{}中的执行语句 2，也就是说 if 与 else 后面的语句只能有一个被执行。

（3）if-else 双分支语句流程图（图 3-9）

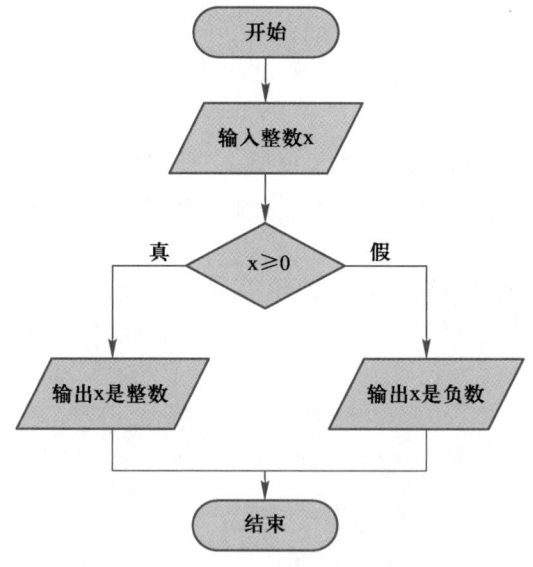

图 3-9 if-else 双分支语句流程图

【例 3-7】 编写程序，输入一个整数，判断该数是正数，还是负数。

解题步骤：

1）定义整型变量。

2）从键盘接收输入数据，保存到变量。

3）条件判断语句如果数据大于 0，输出正数，否则输出负数。程序执行流程如图 3-10 所示。

图 3-10 例 3-7 程序执行流程

程序代码：

```
#include <stdio.h>
int main( )
{
    int x;
    scanf("%d",&x);
```

```
        if(x>=0)
                printf("%d 是正数",x);
        else
                printf("%d 是负数",x);
        return 0;
}
```

程序运行结果如图 3-11 所示。

图 3-11 例 3-7 程序运行结果

程序分析：

1）接收键盘输入数据，使用%d 限定输入数据为整型。

2）判断表达式 x>=0 值，如果为真，则执行 if 后的分支语句，如果表达式为假，则执行 else 后的分支语句。

3）printf 语句用于输出 x 值，显示判断结果。

说明：

1）条件表达式可以是任何返回布尔值（0 或 1）的表达式。

2）if 和 else 后面的代码块需要用{}括起来。

3）else 关键字是可选的，可以只使用 if 语句，但这样只有条件为真时才会执行代码。

4）如果 if 和 else 的代码块都只有一条语句，那么{}是可选的。

5）通过合理的缩排，使程序结构更加清晰。

【例 3-8】编写程序，判断某一年是否是闰年。

微课 3-6-2
if-else 双分支
语句

闰年是历法中的名词，是为了弥补因人为历法规定造成的年度天数与地球公转周期的时间差而设立的，补上时间差的年份就是闰年。

在历法制定中，闰年的计算规则比较复杂，在我国古人的智慧积累中，将闰年的计算归结为：四年一闰，百年不闰，四百年再闰。即普通年份：能被 4 整除，但不能被 100 整除，该年为闰年，如 2004 年就是闰年。世纪年份：能被 400 整除，该年为闰年，如 2000 年为闰年，1900 年不是闰年。

解题步骤：

判断一个年份是否是闰年，需要判断两个条件：能被 4 整除且不能被 100 整除，或者能被 400 整除，这两个条件满足任一条件就可以得出该年是闰年。对闰年条件的判断可以使用双分支语句实现。

编写程序判断闰年，具体过程如下。

1）从键盘输入一个年份。

2）判断输入的年份是否为闰年，如果是闰年，则输出该年是闰年，否则输出该年不是闰年。程序执行流程如图 3-12 所示。

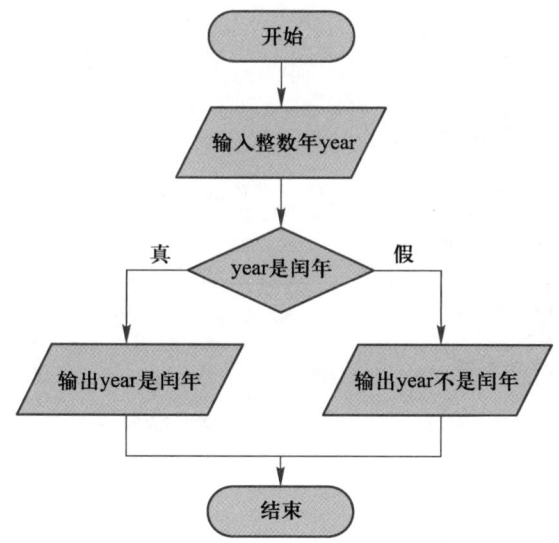

图 3-12 例 3-8 程序执行流程

程序代码:

```c
#include <stdio. h>
int main( )
{
    int year;
    printf("请输入年份:");
    scanf("%d", &year);
    if (((year % 4 == 0 && year % 100 != 0) || (year % 400 == 0))
    {
            printf("%d 年是闰年\n", year);
    }
    else
    {
            printf("%d 年不是闰年\n", year);
    }
    return 0;
}
```

程序运行结果如图 3-13 所示:

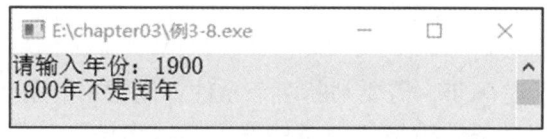

图 3-13 例 3-8 程序运行结果

程序分析:

1) 将输入的年份存储到变量 year 中。

2) 判断闰年条件 1: 被 4 整除并且不能被 100 整除年份, year % 4 == 0 && year

% 100 != 0。

3）判断闰年条件2：能被400整除年份，year % 400 == 0。

4）上述判断闰年条件一个以上满足，判断结果即为真，输出年份判断结果为是闰年，只有当两个条件都不满足时，判断结果为假，输出不是闰年的信息。

 说明：
1）if 和 else 同属于一个 if 语句，else 不能作为语句单独使用，它只是 if 语句的一部分，与 if 配对使用，因此程序中不可以没有 if 而只有 else。

2）只能执行与 if 有关的语句或者执行与 else 有关的语句，而不可能同时执行两者。

3）如果<语句1>和<语句2>是非复合语句，那么该语句一定要以分号结束。

4）条件可为任意表达式，不一定是关系表达式。0 为"假"，非 0 为"真"。

5）常见的错误：条件测试是比较相等时，使用一个等号。

3.2.3 if-else if-else 多分支语句

在 C 语言中，if-else if-else 多分支语句用于根据多个条件来执行不同的代码块，允许用户根据多个条件进行判断，并根据满足的条件执行相应的代码块。

（1）if-else if-else 多分支语句的基本语法结构

```
if(判断条件1){
执行语句1
}else if(判断条件2){
    执行语句2
}
…
else if(判断条件n){
    执行语句n
}else{
执行语句n+1
}
```

（2）程序执行流程

1）先判断条件1的值，若判断条件1的值为非0，则执行语句1，然后跳出多分支语句结构，继续执行选择结构下边的语句。

2）若判断条件1的值为假，不执行语句体1，再来判断条件2的值是否为真，如果判断条件2为真，则执行语句体2，然后跳出选择语句结构。

3）若判断条件2的值为假，继续判断条件3是否为真，以此类推，如果所有的条件都不成立，则执行最后一个 else 下面的语句体 n+1，然后继续执行选择结构下面的语句。

（3）if-else if-else 多分支语句流程图（图3-14）

【例3-9】编写一个程序，要求输入一个学生的考试成绩，输出其分数和对应的等级。

学生的考试成绩分为5个等级：低于60分的为不及格；60~70之间的为及格；70~80之间的为中等；80~90分之间的为良好；90分以上的为优秀。

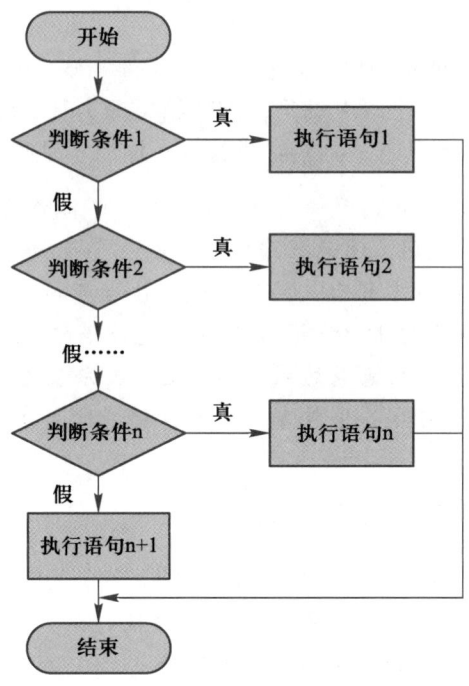

图 3-14　if-else　if-else 多分支语句流程图

微课 3-7-1
if 多分支语句

解题步骤：

考试成绩共有 5 个等级，使用多分支语句判断分数的数值范围，根据确定分数范围输出对应等级。编写程序过程如下：

1）输入成绩分数，保存到变量。
2）依次判断成绩分数范围。
3）输出成绩的等级信息。

程序代码：

```c
#include <stdio.h>
int main()
{
    int f;
    printf("请输入一个学生的成绩:");
    scanf("%d",&f);
    if(f<60)
            printf("不及格");
    else if(f<70)
            printf("及格");
    else if(f<80)
            printf("中等");
    else if(f<90)
            printf("良好");
    else if(f<=100)
            printf("优秀");
```

```
        return 0;
    }
```

程序运行结果如图 3-15 所示。

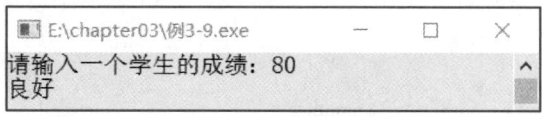

图 3-15 例 3-9 程序运行结果

程序分析：

1）输入学生的成绩存储到变量 f 中。

2）依次判断学生成绩符合哪个范围。

3）假定成绩为百分制，因此分数范围为 0~100，按从小到大依次判断，小于 60 分为不及格，否则（大于 60 分的）再判断是否小于 70 分，依次判断，最终得出成绩所属范围。

4）根据判断结果，输出学生的成绩等级。

说明：

1）如果 if 后的表达式只写了半幅，如例 3-9 中 f<80，而不是 f>70&&f<80，那么 if 后的表达式顺序不能颠倒，否则将得不到希望的结果。

2）整个 if 语句可写在多行上，也可写在一行上，但都是一个整体，属于同一条语句。

3）"语句 1"…"语句 m"是 if 中的内嵌语句，内嵌语句也可以是一条 if 语句。

【例 3-10】根据月份判断属于春、夏、秋、冬哪个季节。

按月份划分各季节具体为春季：3 月、4 月、5 月，夏季：6 月、7 月、8 月，秋季：9 月、10 月、11 月，冬季：1 月、2 月、12 月。

微课 3-7-2
if 多分支语句

解题步骤：

4 个季节设定为 4 个分支，使用多分支语句判断月份归属季节，每个季节包含 3 个月份，因此每个分支都有 3 个月份符合条件。编程实现过程具体如下：

1）定义整型变量保存月份信息。

2）确定各个季节满足条件的月份，分支判断月份归属季节。

3）输出季节信息。

程序代码：

```
#include <stdio. h>
int main( void)  {
    int month = 7;
    if( month  = =3 ‖ month  = =4 ‖ month  = =5)
    {
                        printf( "春季") ;
    }
    else if ( month  = =6 ‖ month  = =7 ‖ month  = =8)
```

```
        {
                printf("%s","夏季");
        }
        else if ( month = =9 ‖ month = = 10 ‖ month = = 11 )
        {
                printf("%s","秋季");
        }
        else if ( month = =1 ‖ month = =2 ‖ month = = 12)
        {
                printf("%s","冬季");
        }
        else
        {
                printf("%s","月份错误");
        }
        getchar( );
        return 0;
}
```

程序运行结果如图 3-16 所示。

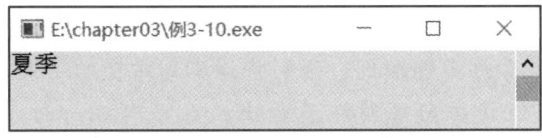

图 3-16　例 3-10 程序运行结果

程序分析：

1）月份间使用 ‖ 逻辑或运算符，表示满足其中任何一个月份条件，结果都为真，即为对应季节。

2）%s 为字符串输出格式，输出月份信息。

3）季节月份在 1~12 间，超过此范围的数据为非法数据，判断分支为月份错误。

说明：

1）条件表达式可以是任何返回布尔值（0 或 1）的表达式。

2）if、else if 和 else 后面的代码块需要用 {} 括起来。

3）else if 关键字是可选的，可以只使用 if 和 else 语句，但这样只有第一个条件为真时才会执行代码。

4）如果 if、else if 和 else 的代码块都只有一条语句，那么 {} 是可选的。

3.2.4　switch 多分支语句

在 C 语言中，switch 多分支语句用于根据一个表达式的值来执行不同的代码块，也允许根据多个值进行判断，并根据满足的值执行相应的代码块。

switch 多分支语句也是一种很常用的选择结构语句，和 if 条件语句不同，它针对某个表达式的值做出判断，从而决定程序执行哪一段代码。

（1）switch 多分支语句的基本语法结构

```
switch(表达式)
{
    case 目标值 1:
            执行语句 1;
            break;
    …
    case 目标值 n:
            执行语句 n;
            break;
    default:
            执行语句 n+1;
            break;
}
```

（2）程序执行流程

1）先计算 switch 后面表达式的值，再依次与每一个 case 后的常量表达式的值进行比较，如果匹配，则以该 case 为入口，执行相应的语句序列。

2）若相应的语句序列后面有 break，则跳出 switch 结构，执行 switch 结构后面的语句；若相应的语句序列后面没有 break，则执行下一个 case 后面的语句序列。

3）若所有 case 后面的常量表达式的值没有与 switch 后表达式的值相等的情况，则执行 default 后面语句。

4）switch 语句用于数字或字符的判断。当 break 出现在 switch 条件语句中时，其作用是终止某个 case 并跳出 switch 结构。

（3）switch 多分支语句流程图（图 3-17）

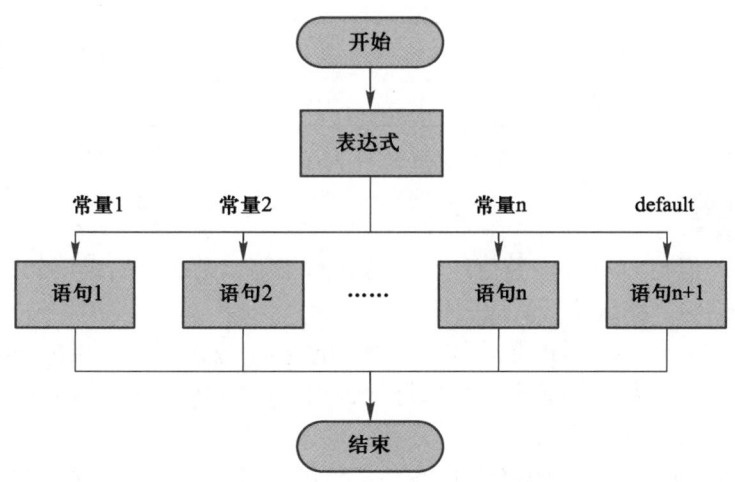

图 3-17　switch 多分支语句流程图

【例 3-11】使用数字 1~7 来表示星期一至星期日。根据输入的数字 1~7，输出对应的星期值。

解题步骤：

判断星期值超过 7 个分支，使用 if 多分支语句判断虽然也能实现，但是分支过多，

微课 3-8-1
switch 多分支
语句

代码冗长，结构不友好，数量超过 5 个的分支语句更适合使用 switch 多分支语句，将每个星期值对应一个分支处理，结构简洁工整，编程实现具体过程如下：

1）定义整型变量，保存键盘接收数值。

2）判断输入数值对应执行分支语句。

3）显示输入数值对应的星期值。

程序代码：

```c
#include <stdio. h>
int main( )
{
    int week;
    scanf("%d",&week);
    switch(week)
    {
            case 1:printf("星期一"); break;
            case 2:printf("星期二"); break;
            case 3:printf("星期三"); break;
            case 4:printf("星期四"); break;
            case 5:printf("星期五"); break;
            case 6:printf("星期六"); break;
            case 7:printf("星期日"); break;
            default:printf("输入的数字不正确");
    }
    return 0;
}
```

程序运行结果如图 3-18 所示。

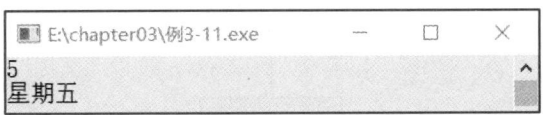

图 3-18　例 3-11 程序运行结果

程序分析：

1）将 week 值与 case 后的数值比较，若判断相等，则执行后续语句，在执行 break 后，跳出分支语句，继续执行后面程序。

2）将 week 值与 case 后的数值比较，若判断不相等，则跳过当前 case，判断下一个 case 后的数值，若相等则按照 1）执行，否则依次判断下一个 case 后的数值，直至最后执行 defaue 后的分支语句。

3）defaue 分支是当输入的数值不在 1~7 范围内时，判断为非法数据，输出错误提示信息。

说明：

1）括号内的表达式可以使用整型或字符型。

2）case 后的每个常量表达式必须各不相同。

3）case 子句和 default 子句的位置可以使任意的。

4）每个 case 之后的执行语句可以多于一个，但不必加 { }。

【**例 3-12**】商场举行满额打折的促销活动，编写一个收款程序，根据商品的单价、购买数量和收款金额，计算应收金额和找零。

假设 total 为所购商品总价，discount 为相应的折扣，折扣标准如下：

当 total<1000 时，discount=0；

1000≤total<3000 时，discount=5%；

3000≤total<6000 时，discount=10%；

6000≤total<8000 时，discount=15%；

total≥8000 时，discount=20%。

微课 3-8-2
switch 多分支
语句

解题步骤：

1）定义变量，依次保存商品单价、优惠折扣、购买数量和收款金额。

2）从键盘接收商品单价，优惠折扣，购买数量和收款金额数据。

3）计算商品总价，依照折扣标准，计算适用折扣情况。

4）计算实际应收金额和找零金额。

程序代码：

```
#include<stdio. h>
int main( )
{
    float price,pay,total,discount,income,change;
    int count;
    printf("请输入商品单价、购买数量、收款金额\n");
    scanf("%f%d%f",&price,&count,&pay);
    total=price*count;
    switch((int)total/1000)
    {
            case 0:discount=0;break;
            case 1:
            case 2:discount=0. 05;break;
            case 3:
            case 4:
            case 5:discount=0. 1;break;
            case 6:
            case 7:discount=0. 15;break;
            default:discount=0. 2;
    }
    income=total*(1-discount);
    change=pay-income;
    printf("应收金额为%f,找零%f",income,change);
    return 0;
}
```

程序运行结果如图 3-19 所示。

程序分析：

1）折扣标准是以千为单位，因此将折扣标准除以 1000，得到区间取值，例如，1000≤total<3000 范围金额，取值为 1 和 2，其他分支依次类推。

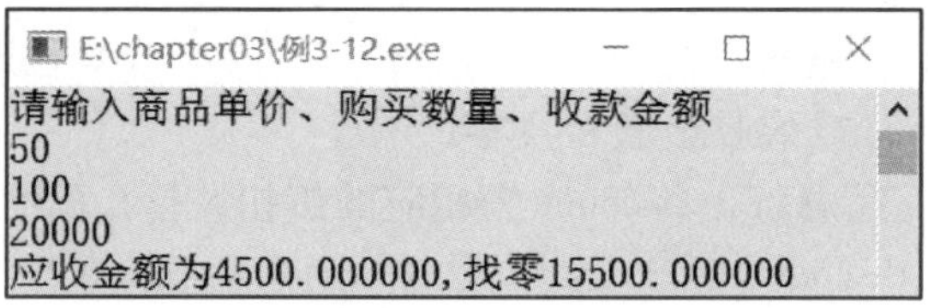

图 3-19　例 3-12 程序运行结果

2）同上述原理景商品总额除以 1000 并取整，得到总额取值，如（int）（2300/1000）结果为 2。

3）total*（1-discount）商品总额减去优惠金额，得到应付金额。

4）输出的金额数是浮点类型，使用%f 格式输出金额数。

1）switch 小括号中表达式的运算结果必须是整数类型（包括字符类型），如 long、int、short、char 等。不能是 float 等其他类型。

2）case 后面的字面量表达式运算结果也必须是整数类型。

3）switch 下面的｛｝内是一个语句块。语句块中包含多个以 case 开头、break 结尾的行、最多一个以 default 开头的行出现在语句块的结束部分，并且只能出现一次。

4）当表达式的值与 case 后面的值相等时，则执行该 case 后面的语句，接着执行下一行的 break，然后退出整个 switch 语句，不再执行 switch 中的其他语句，这一点和 if-else　if-else 语句有点类似。

5）如果表达式的值与所有 case 后面的值都不匹配时，则执行 default 后面的语句，然后退出 switch。

6）switch 中的"case 字面量"只是一个标记，一旦 switch 表达式的值与其中一个 case 后面字面量匹配时，就会从该 case 行一直执行下去，直到遇到 break 才停止，然后退出 switch 语句块。

说明：

switch 语句与 if-else　if-else 语句区别如下。

1）在 C 语言中，switch 语句和 if-else　if-else 语句均用于实现多分支选择，但它们在语法结构、效率以及使用场景上有所不同。

2）switch 语句通过将表达式的值与每个 case 后的值进行比较来选择执行路径。它使用跳转表来直接定位要执行的代码块，适用于当条件表达式是整数或字符类型，且需要匹配特定值的场景。

3）if-else　if-else 语句则是通过条件判断来确定执行哪一段代码，更适用于区间判断、逻辑运算等。

4）通常情况下，如果选择分支过多，使用 if-else　if-else 语句实现会导致代码过长，不宜阅读，可选择转换为 switch 语句实现。在实际编程中，应根据具体的条件判断需求选择合适的语句来编写代码。

PPT：
分支结构嵌套

3.3　分支结构嵌套

分支结构嵌套是在分支语句中又包含分支语句的复合型嵌套语句结构。通常有 if 语句内部嵌套 if 语句，也可以是 if 语句与 switch 语句嵌套。

（1）if 语句与 if 语句嵌套的语法结构

```
if(表达式 1)
{
        if(表达式 2)        //if 语句嵌套
        {
          语句；
        }
}
```

嵌套的 if 语句是一个 if 语句在另一个 if 语句的代码块内。嵌套的 if 语句通常用于处理更具体的条件或在满足特定条件的情况下执行特定的代码块。

【例 3-13】编写一个程序，将 3 个数字从大到小排序。

微课 3-9-1
分支结构嵌套

解题步骤：

1）输入 3 个数 a，b，c。
2）判断 3 个条件：a 和 b 的大小，a 和 c 的大小，b 和 c 的大小。
3）根据判断结果，将 3 个数从大到小输出。

程序代码：

```c
#include <stdio. h>
int main ( )
{
    int a,b,c;
    printf("请输入三位数 a,b,c:");
    scanf("%d%d%d",&a,&b,&c);
    if(a>b)
            if(a>c)
                    if(b>c)
                        printf("a>b>c");
                    else
                        printf("a>c>b");
            else
                    printf("c>a>b");
    else
            if(a>c)
                printf("b>a>c");
            else
                if(b>c)
                    printf("b>c>a");
```

```
            else
                printf("c>b>a");
        return 0;
}
```

程序运行结果如图 3-20 所示。

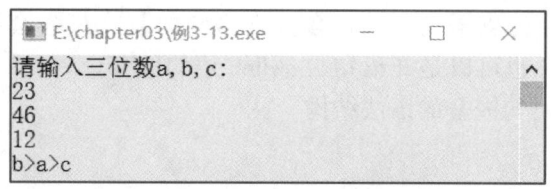

图 3-20　例 3-13 程序运行结果

程序分析：

1）定义变量 a，b，c，保存从键盘接收的 3 个数字。

2）判断 a 和 b 大小，如果 a>b，则判断 a 与 c，如果 a>c，则判断 b 与 c 的情况。

3）判断 a 和 b 大小，如果 a<b，则判断 a 与 c，如果 a<c，则判断 b 与 c 的情况。

4）输出从大到小排序。

说明：

1）if 和 else 同属于一个 if 语句，else 不能作为语句单独使用，它只是 if 语句的一部分，与 if 配对使用，因此程序中不可以没有 if 而只有 else。

2）只能执行与 if 有关的语句，或者执行与 else 有关的语句，而不可能同时执行两者。

3）如果<语句 1>和<语句 2>是非复合语句，那么该语句一定要以分号结束。

在 C 语言中，if 语句和 switch 语句可以互相嵌套使用。if 语句可以嵌套在 switch 语句内部，也可以嵌套多层 if 语句。switch 语句也可以嵌套在 if 语句内部。

（2）if 语句与 switch 语句嵌套的语法结构

```
if(表达式 1)
{
        switch(表达式 2)
        {
            语句;
        }
}
```

微课 3-9-2
分支结构嵌套

【例 3-14】编写一个程序，要求输入一个学生的考试成绩，输出其分数和对应的等级。

学生成绩分为 5 个等级：小于 60 分的为不及格；60~70 之间的为及格；70~80 之间的为中等；80~90 分之间的为良好；90 分以上的为优秀。

解题步骤：

将成绩转换为等级制时，首先要完成成绩的合法性判断，然后按照 5 个等级进行转换，因此使用嵌套结构语句。编程实现过程具体如下：

1）定义变量保存接收的成绩。

2）if 语句判断输入的成绩是否在 0~100 之间，若为真，则为合法成绩，否则为非法成绩不转换。

3）switch 多分支语句判断成绩对应等级。

4）输出等级制成绩。

例 3-14 程序执行流程如图 3-21 所示。

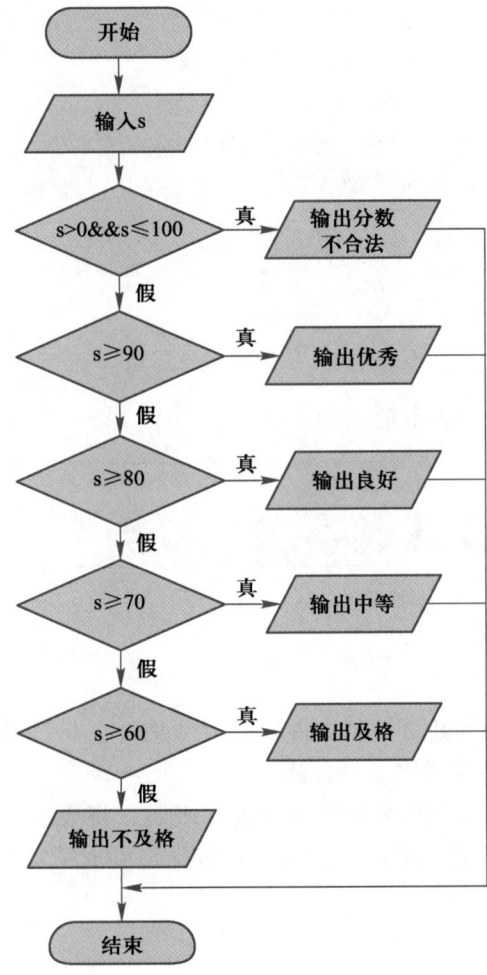

图 3-21　例 3-14 程序执行流程

程序代码：

```
#include<stdio. h>
int main( )
{
    float s;
    scanf( " %f" ,&s) ;
    if( s>=0&&s<=100)
    {
```

```
        switch((int)s/10)
        {
          case 10:
             case 9:printf("该成绩的等级为优秀");break;
             case 8:printf("该成绩的等级为良好");break;
             case 7:printf("该成绩的等级为中等");break;
             case 6:printf("该成绩的等级为及格");break;
             case 5:
             case 4:
             case 3:
             case 2:
             case 1:
             case 0:printf("该成绩的等级为不及格");break;
             default:printf("输入成绩不合法");
           }
        }
      else
          printf("输入成绩不合法");
    return 0;
    }
```

程序运行结果如图 3-22 所示。

图 3-22　例 3-14 程序运行结果

程序分析：

1）s>=0&&s<=100 判断百分制条件输入成绩是否在 0～100 之间，如果满足条件，则进行等级划分，则否则判断成绩不合法。

2）满足 0～100 范围内的分数等级划分为五级制，将成绩/10 取整数，将区间范围成绩判断转换为离散点识别，与 case 分支值比较，得到成绩对应的等级。

3）输出成绩等级制。

项目设计

某旅游景点为吸引游客，旺季和淡季门票价格不同，旺季为每年 5 到 10 月份，门票价格为 200 元，淡季门票价格是旺季的八折。不论旺季还是淡季，65 岁及以上老人免票，14 岁以下儿童半价，其余游客全价。景点门票价格具体见表 3-3。

表 3-3 景点门票价格

游客	票 价		备 注
	旺 季	淡 季	
成年	全价（200 元）	八折（160 元）	每年 5~10 月为旺季，其他时间段为淡季
儿童	半价（100 元）	半价（80 元）	含 14 岁以下
老年	免费	免费	含 65 岁及以上

项目实施

项目实施解题步骤：

在计算游客的门票价格时，首先判断是淡季还是旺季，再在淡季或旺季条件内判断游客年龄，根据淡季或旺季、游客年龄计算票价并输出，编程实现具体如下：

1）定义变量保存月份、年龄和应付款，设定门票全价为 200 元。

2）键盘接收月份、年龄数据。

3）判断月份条件，确定淡季和旺季两分支结构。

4）分别在淡季和旺季情况下，判断年龄，确定三分支结构。

5）计算折扣票价，输出门票应付款。

微课 3-10
景点门票计费
程序

项目实施程序代码：

```c
#include <stdio.h>
int main()
{
    int month,age;
    float price=200,money;
    printf("请输入游览月份:");
    scanf("%d",&month);                //输入月份
    printf("请输入游客年龄:");
    scanf("%d",&age);                  //输入游客的年龄
    if(month>=5&&month<=10)            //是旅游旺季吗？
        if(age>=65) money=0;           //年龄是 65 岁以上吗？
        else if(age<14) money=price/2; //年龄在 14 岁以下吗？
            else money=price;
    else
        if(age>=65) money=0;
        else if(age<14) money=price*0.8/2;
            else money=price*0.8;
    printf("该游客应购买门票价格为%.2f 元",money);
    return 0;
}
```

程序运行结果如图 3-23 所示。

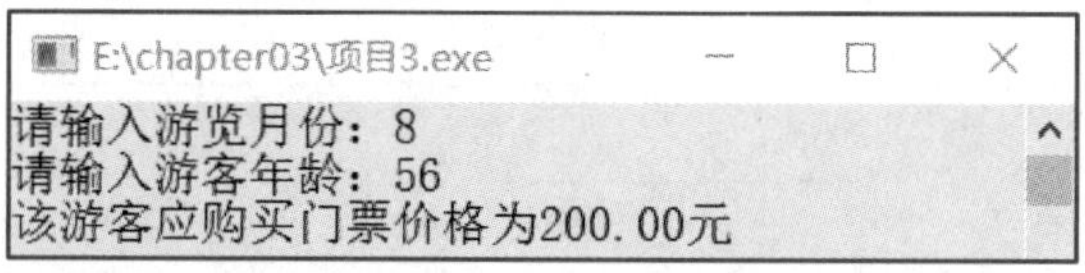

图 3-23　景点门票价格计算程序运行结果

项目实施程序分析：

1）变量 month 用于存储月份，变量 age 用于存储游客年龄，变量 price 用于存储景点门票单价。

2）判断月份条件 month>=5&&month<=10，若为真是旺季，否则是淡季。

3）旺季条件内判断游客年龄 age<14，儿童半价 price/2；age>=65，老人免费 money=0，其他全价 money=price。

4）在淡季条件内判断游客年龄 age<14，儿童半价 price*0.8/2；age>=65，老人免费 money=0，其他全价 money= price*0.8。

5）输出游客应付门票金额 money。

说明：

1）嵌套 if 语句的使用非常灵活，不仅单分支的 if 可以嵌套，其他形式的 if 语句都可以嵌套；被嵌套的 if 语句本身又可以使一个嵌套的 if 语句，称为 if 语句的多重嵌套。

2）在多重嵌套的 if 语句中，else 总是与离它最近并且没有与其他 else 配对的 if 配对。

项目小结

本项目主要讲解了选择结构的用法，选择结构用以实现条件判断，是在两种或多种情况中做出选择。简单 if 结构、if-else 结构、多重 if 结构和 switch 结构是 C 语言的选择结构语句，选择结构嵌套分支语句，包括 if 与 if 语句嵌套和 if 与 switch 语句嵌套。

本项目结合了具有代表性的实例介绍和分析了选择结构语句的用法。通过学习，读者能够了解选择结构程序设计的特点和一般规律，编写程序时应从可读性和程序效率多方面进行综合考虑，使用合适的语句结构，以提高代码质量。

通过项目案例的学习，读者应重点掌握 if 分支语句和 switch 多分支语句的使用，难点为掌握选择结构的嵌套分支语句的使用。

项目测试

一、讨论题

1. 嵌套 if 语句和多路分支 if 语句有哪些区别，举例说明在实际编程过程中，这两种选择依据能否用来解决相同的问题？

2. 体检表达式在有些情况下替换 if 语句为某个变量赋值，请问是否所有的选择结构语句均可以用条件表达式替换？如果能，举例说明如何替换。

3. 多重 if 与 switch 语言能否相互替换，举例说明其分别适用的场合。

二、选择题

1. 逻辑运算符两侧运算对象的数据类型（　　）。

A. 只能是 0 或 1　　　　　　　　B. 只能是 0 或非 0 正数

C. 只能是整型或字符型数据　　　D. 可以是任意类型的数据

2. 判断 char 型变量 ch 是否为大写字母的正确表达式是（　　）。

A. 'A'<=ch<='Z'　　　　　　　　B. （ch>='A'）&（ch<='Z'）

C. （ch>='A'）&&（ch<='Z'）　　D. （ch>='A'）AND（ch<='Z'）

3. 已知 int x=10,y=20,z=30;以下语句执行后 x、y、z 的值是（　　）。

```
if(x>y)
z=x;x=y;y=z;
```

A. x=10,y=20,z=30　　　　　　B. x=20,y=30,z=30

C. x=20,y=30,z=10　　　　　　D. x=20,y=30,z=20

4. 当 a=1,b=3,c=5,d=4 时，执行完如下的程序段后 x 的值是（　　）。

```
if(a<b)
    if(c<d)
        if(a<c)
            if(b<d) x=2;
                else x=3;
            else x=6;
    else x=7;
```

A. 1　　　　　　B. 2　　　　　　C. 3　　　　　　D. 7

5. 如下程序段的运行结果是（　　）。

```
int a,b,c;
a=10; b=50; c=30;
if(a>b)a=b,b=c;c=a;
printf("a=%d b=%d c=%d \n",a,b,c);
```

A. a=10 b=50 c=10　　　　　　B. a=10 b=50 c=30

C. a=10 b=30 c=10　　　　　　D. a=50 b=30 c=50

6. 如下程序段的运行结果是（　　）。

```
int x=1,y=2,z=3;
if(x>y)
  if(y<z)
    printf("%d",++z);
  else
    printf("%d",++y);
printf("%d\n", x++ );
```

A. 331　　　　　　B. 41　　　　　　C. 2　　　　　　D. 1

7. 分析如下程序，下列说法正确的是（   ）。

```
main( )
{
    int x=5,a=0,b=0;
    if(x=a+b)
    printf(" **** \n");
    else
    printf("####\n");
}
```

A. 有语法错，不能通过编译   B. 通过编译，但不能连接
C. 输出****   D. 输出####

8. 分析如下程序，下列说法正确的是（   ）。

```
main( )
{
    int x=5,a=0,b=3;
    if(x=a+b)
        printf(" * * * *\n");
    else
        printf("####\n");
}
```

A. 有语法错，不能通过编译   B. 通过编译，但不能连接
C. 输出****   D. 输出####

9. if 语句的基本形式：if（表达式）语句，其中"表达式"（   ）。
A. 必须是逻辑表达式   B. 必须是关系表达式
C. 必须是逻辑表达式或关系表达式   D. 可以是任意合法的表达式

10. 若 x=0，y=3，z=3，以下表达式值为 0 的是（   ）。
A. !x   B. x<y? 1:0
C. x%2&&y==z   D. y=x‖z/3

三、程序阅读题

1. 请写出下列程序的运行结果。

```
main( )
{
    int x,y,z;
    x=y=z=1;
    --x&&--y‖--z;
    printf("x=%d\ty=%d\tz=%d\n",x,y,z);
    x=y=z=-1;
    ++x‖++y‖++z;
    printf("x=%d\ty=%d\tz=%d\n",x,y,z);
    x=y=z=0;
    x--&&++y&&++z;
    printf("x=%d\ty=%d\tz=%d\n",x,y,z);
}
```

2. 请写出下列程序的运行结果。

```
main( )
{
  int a=1,b=0;
  switch(a)
  {
    case 1:
    switch(b)
    {
      case 0:printf("0");break;
      case 1: printf("1");break;
    }
    case 2: printf("2");break;
  }
}
```

四、程序设计题

1. 编写程序，判断通过从键盘输入的字符属于哪一类字符：大写字母、小写字母、数字或其他字符。

2. 假设个人收入所得税起征点为 5000 元，超过部分要征收个人所得税，超过 0~3000 元的部分征收 3%，超过 3000~12000 元的部分征收 10%，超过 12000~25000 元的部分征收 20%，超过 25000~35000 元的部分征收 25%，超过 35000~55000 元部分征收 30%，超过 55000~80000 元部分征收 35%，超过 80000 元部分征收 45%。编写程序输入个人当月收入，计算个人所得税及个人实际收入。

3. 从键盘输入 3 个数据，然后按照从小到大的顺序输出。

4. 某厂对产品进行分级，产品性能在 90 分以上，则该产品定为 A 级产品；性能在 80~89 分，则定为 B 级产品；如果性能得分为 60~79 之间，则定为 C 级；产品性能在 60 分以下，则该产品定为 D 级产品。试编写一程序实现对该厂产品的分级评定。

进阶篇

项目 *4*
九九乘法表

项目目标

【知识目标】

- 掌握循环条件和循环体的概念、while 和 do while 语句的构造和不同的应用场景。
- 掌握 for 语句、break 语句和 continue 语句的构造和不同的应用场景。
- 掌握多重循环的概念和应用。

【技能目标】

- 熟练掌握 while、do while 和 for 语句的使用。
- 熟练掌握 break 语句和 continue 语句的使用。
- 灵活应用多重循环解决问题。

【素养目标】

- 通过编程打印出九九乘法表，介绍九九乘法表的发展历史，让学生感受中华民族的智慧，树立民族自豪感和自信心，增强文化自信。
- 在编写代码的过程中，强调代码规范和代码优化，培养严谨细致、精益求精的工匠精神。

项目介绍

九九乘法表起源于中国，是中国古人的智慧结晶，春秋战国时期的《战国策》《荀子》《管子》等书中均有"六六三十六""三九二十七"等句子。

我国古代的九九乘法表与现代的九九乘法表有所不同，它没有"一一得一"这一行，并且它的排列顺序与现在的九九乘法表相反，从"九九八十一"开始，到"二二得四"结束，因为以"九九"开头，所以我国古代的九九乘法表又称为"九九表""九九歌""九因歌""小九九"。

大约在十三世纪，数学家们认为九九乘法表的排列顺序不符合数学上从小到大的逻辑，因此将其排列顺序改变为从"二二得四"到"九九八十一"排列，并且又添加了"一一得一"这一行，改变之后的九九乘法表一直沿用到现在。九九乘法表是一代又一代人经过不断地修正、完善而成，体现了我国古人严谨认真的态度。

本项目要求编写一个程序，实现如图 4-1 所示的九九乘法表。

```
1x1=1
1x2=2    2x2=4
1x3=3    2x3=6    3x3=9
1x4=4    2x4=8    3x4=12   4x4=16
1x5=5    2x5=10   3x5=15   4x5=20   5x5=25
1x6=6    2x6=12   3x6=18   4x6=24   5x6=30   6x6=36
1x7=7    2x7=14   3x7=21   4x7=28   5x7=35   6x7=42   7x7=49
1x8=8    2x8=16   3x8=24   4x8=32   5x8=40   6x8=48   7x8=56   8x8=64
1x9=9    2x9=18   3x9=27   4x9=36   5x9=45   6x9=54   7x9=63   8x9=72   9x9=81
```

图 4-1　九九乘法表

需求分析

分析图 4-1 中的九九乘法表可以得出规律：第 1 行有 1 列，第 2 行有 2 列……第 9 行有 9 列，行与列有相互作用的关系，即第 n 行，需要循环输出 n 列。

在编程输出九九乘法表时，行列都需要循环，因此需要使用两次循环。又由于列与行有对应关系，列的循环受到行的限制，所以列循环需要嵌套在行循环之内。

循环结构是 C 语言三大基本结构之一，是结构化程序设计中最重要的结构之一。循环结构程序主要使用循环语句实现（循环语句是专门用于循环程序执行流程的语句），其特点是，在给定条件成立时，反复执行某程序段，直到条件不成立为止。给定的条件称为循环条件，反复执行的程序段称为循环体。它在程序中起到了简化代码、提高效率和处理大量数据的重要作用。

【重点难点】

灵活应用三种循环语句、break 语句和 continue 语句。

使用多重循环结构解决实际问题。

知识准备

4.1 　while 语句

循环结构可以减少代码重复书写的工作量，用来描述重复执行某段算法的问题，这是程序设计中能够发挥计算机特长的程序结构。C 语言提供了多种循环语句，可以组成各种不同形式的循环结构。

1）while 语句循环结构。

2）do-while 语句循环结构。

3）用 for 语句循环结构。

4.1.1　while 语句的一般格式

while 语句是当型循环控制语句，是一种先判断循环条件，然后执行循环体的语句。多用于解决先不确定的情况。while 语句的一般形式为：

```
while(表达式)
{
执行语句;
}
```

其中表达式为循环条件，执行语句为循环体语句（要反复执行的操作）。

4.1.2　while 语句的执行过程

1）计算表达式的值，如果表达式的值为非 0（真），则转向步骤 2）；否则退出循环结构，执行循环体外的语句。

2）执行循环体语句，循环体执行完毕，重复执行步骤 1）。

4.1.3　while 语句流程图

while 语句流程图如图 4-2 所示。

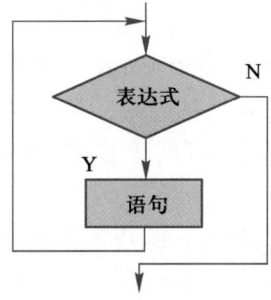

图 4-2　while 语句流程图

微课 4-1
while 语句

【例 4-1】 使用 while 语句编写程序计算 1+2+3+…+100，然后输出结果。

解题步骤：

1）定义一个累加变量 sum 并赋初值为 0，sum 存储每次累加后的结果。

2）每次累加的数 i 比前一个数增加 1。

3）将累加数 i 累加到累加变量 sum 中。

4）输出总数 sum。

程序代码：

```c
#include <stdio. h>
void main( )
{
    int i,sum;                    /* 定义循环变量和累加变量 */
    i=1;sum=0;                    /* 定义循环变量 i 的初值为 1，累加变量 sum 的初值为 0 */
    while(i<=100)                 /* 当 i>100 时，条件表达式 i<=100 的值为假，不执行循
                                     环体 */
    {                            /* 循环体开始 */
      sum=sum+i;                  /* 第 1 次累加后，sum 的值为 1 */
      i++;                       /* 进行累加完后，i 的值加 1，为下次累加做准备 */
    }                            /* 循环体结束 */
    printf(" \n the sum is %d\n", sum);  /* 输出 1+2+3+…+100 的累加和 sum */
}
```

程序运行结果如图 4-3 所示。

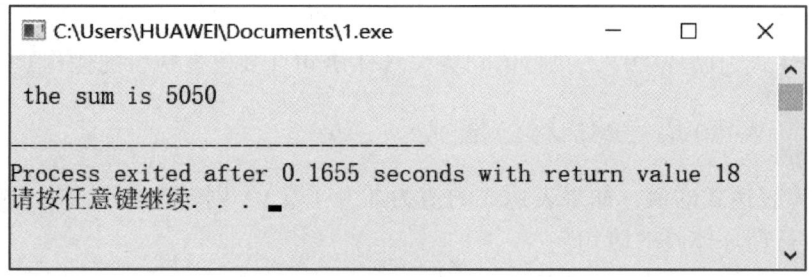

图 4-3　例 4-1 运行结果图

程序分析：

1）在进入 while 循环之前，对 i 赋初值 1，目的是设置循环的初始条件，使循环能正常开始。

2）变量 sum 的作用是存放求和时的中间值，应赋初值 0。

3）循环体中共 2 条语句，使用 { } 括起来，是重复执行的部分。每次循环都是先求和 sum，再重新计算 i 的值，然后返回循环首部"while(i<=100)"，继续判断循环条件。

4）当循环条件"i<=100"为假时，循环结束执行。

【例 4-2】 求阶乘问题。计算 n!，输入一个整数 n，求 n 的阶乘。

微课 4-2
求阶乘问题

解题步骤：

1）n! = 1 * 2 * 3 * ⋯ * （n-1）* n。程序首先输入 int 类型 n 的值。

2）这是一个累乘的问题，即从 1 开始乘，每次递增 1，一直乘到 n 即可。

3）存放乘积的变量 s 要赋初值，且初值为 1。s 存储每次累乘后的结果，循环结束后，输出 s 的值。

程序代码：

```c
#include <stdio.h>
void main( )
{
    int n,i,s;
    printf("请输入一个正整数:");
    scanf("%d",&n);
    s=1;                    /*累乘器 s 初始化为 1*/
    i=1;                    /*循环变量赋初值 1*/
    while(i<=n)
    {
        s=s*i;             /*实现累乘*/
        i++;
    }
    printf("%d!=%d\n",n,s);
}
```

程序运行结果如图 4-4 所示。

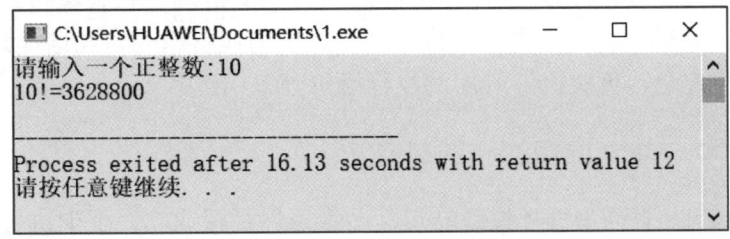

图 4-4　例 4-2 运行结果图

程序分析：

1）在进入 while 循环之前，先输入一个正整数 n 作为求 n 的阶乘数，并对 i 赋初始值 1，目的是设置循环的初始条件，使循环能正常开始。

2）变量 s 的作用是存放阶乘时的中间值，应赋初值 1。

3）程序从 1 开始往累乘器 s 上相乘，每乘完 i 后，i 自加 1，直到 i 大于 n，循环结束。

4）当输入 n 的值达到一定值时，阶乘的值可能很大，超出了 int 类型的表示范围。

4.1.4　循环的 3 个要点

在使用循环时，一定要仔细分析循环的 3 个要点，即从什么地方开始、什么情况下结束和反复做什么，即循环变量的初始值、循环条件和循环体。

1）在执行 while 语句时，首先计算表达式的值，如果为非 0（真），则执行循环体语句，然后重新计算表达式的值，并再次判断值是否为真，如为真，再执行循环体内的语句，如此循环往复；如果表达式的值为 0（假），则退出循环结构。

2）while 后面的括号()不能省略，括号内表达式可以是任意类型的表达式，如条件表达式、逻辑表达式、算术表达式和常量等，但一般是关系表达式或逻辑表达式。表达式的值是循环的控制条件。

说明：

3）如果循环体中包含两条或两条以上的语句，则两条语句形成复合语句，需要用{}将循环体括起来。如果去掉{}，则只对第 1 条语句进行循环，容易出现死循环的状况。当循环体只有一条语句时，{}可以省略；如果有多条语句，即复合语句时，就一定要加{}。

4）while（表达式）的后面不需要分号(;)，如果有分号，系统则会认为循环没有循环体语句，即为空循环，则不执行任何循环操作。

5）在循环体语句中应当有使循环趋于结束的语句，以避免"死循环"的发生。

PPT:
do-while 语句

4.2　do-while 语句

do-while 循环结构语句和 while 循环结构语句功能类似，两者的不同之处在于，while 循环结构语句先判断循环条件，再根据判断结果来决定是否执行{}中的执行语句，而 do-while 循环结构语句先要执行一次循环体的执行语句再判断循环条件，再根据判断结果来决定是否再次执行{}中的执行语句。

4.2.1　do-while 语句的一般格式

do-while 语句是直到型循环控制语句，不管条件是否成立，至少执行循环体一次。do-while 语句的一般形式为：

```
do
{
执行语句；
}while(表达式);
```

其中表达式为循环条件，执行语句为循环体语句（要反复执行的操作）。

4.2.2　do-while 语句的执行过程

先执行一次循环体语句，再计算表达式的值，如果表达式的值为非 0（真），则重复执行循环体语句，直到表达式的值为 0（假）时，退出循环结构。因此，do-while 语句将无条件先执行循环体，然后判断循环条件。

4.2.3　do-while 语句流程图

do-while 语句流程图如图 4-5 所示。

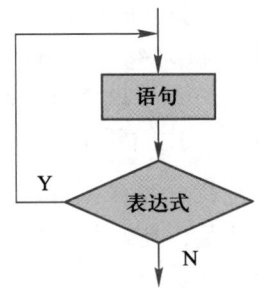

图 4-5　do-while 语句流程图

【例 4-3】 使用 do-while 语句编写程序计算 1+2+3+…+100，然后输出结果。

微课 4-3
do-while 语句

解题步骤：

1）定义一个累加变量 sum 并赋初值为 0，sum 存储每次累加后的结果。

2）每次累加的数 i 比前一个数增加 1。

3）将累加数 i 累加到累加变量 sum 中。

4）输出总数 sum。

程序代码：

```c
#include <stdio.h>
void main( )
{
    int i,sum;                  /*定义循环变量和累加变量*/
    i=1;sum=0;                  /*定义循环变量 i 的初值为 1,累加变量 sum 的初值为 0*/
    do                          /*循环体开始*/
    {
        sum=sum+i;              /*第 1 次累加后,sum 的值为 1*/
        i++;                    /*进行累加完后,i 的值加 1,为下次累加做准备*/
    } while(i<=100);            /*当 i>100,条件表达式 i<=100 的值为假,不执行循环体*/
    printf("\n the sum is %d\n", sum);         /*输出 1+2+3+…+100 的累加和 sum*/
}
```

程序运行结果如图 4-6 所示。

```
■ C:\Users\HUAWEI\Documents\1.exe          —   □   ×

the sum is 5050

_____

Process exited after 0.03766 seconds with return value 18
请按任意键继续. . . _
```

图 4-6　例 4-3 运行结果图

程序分析：

1) 从例4-1和例4-3中可以看出，同一个问题既可以使用 while 语句实现，也可以使用 do-while 语句实现。

2) 在一般情况下，使用 while 语句和 do-while 语句处理同一个问题时，两者的循环体部分相同，结果也相同。例4-1和例4-3的循环体相同，循环条件相同，结果也相同，但是如果 while 后面的表达式一开始就为 0（假）时，两种循环的结果就不同了，因为 do-while 语句要无条件执行一次循环体。

说明：

1) do-while 语句的执行过程为先执行循环体语句，再求表达式，若表达式的值为非 0，则再次执行循环体语句，如此反复，直到表达式的值为 0，结束循环，并转到下一条语句执行。

2) while 后面的括号()不能省略，括号内表达式可以是任意类型的表达式，如条件表达式、逻辑表达式、算术表达式和常量等，但一般是条件表达式或逻辑表达式，表达式的值是循环的控制条件，如果值为非 0，则执行循环体，否则转向循环的下一条语句。

3) 如果循环体中包含两条或两条以上的语句，则形成复合语句，需要用{}将循环体括起来。

4) do-while 语句中 while（表达式）语句后面的分号（;）必不可少。

4.2.4 do-while 语句与 while 语句的不同之处

1) 执行流程不同。do-while 语句先执行一次循环体，再判断表达式；而 while 语句先判断表达式，后执行循环体。

2) 执行循环体的次数可能不同。do-while 语句的循环体至少执行一次；而 while 语句的循环体可能一次也不执行。

PPT:
for 语句

4.3 for 语句

除了可以用 while 语句、do-while 语句实现循环外，C 语言还提供 for 语句实现循环，而且 for 语句更为灵活，不仅可以用于循环次数已经确定的情况，还可以用于循环次数不确定而只给出循环结束条件的情况，它完全可以代替 while 语句和 do-while 语句。

4.3.1 for 语句的一般格式

for 语句是通常用于循环次数已知情况的循环问题。for 语句的一般形式为：

```
for(表达式1;表达式2;表达式3)
{
执行语句;
}
```

常见的形式为：

```
for(初始表达式 1;循环条件表达式 2;变量增值表达式 3)
{
执行语句;
}
```

其中执行语句为循环体语句（要反复执行的操作）。

4.3.2 for 语句的执行过程

1）先求解初始表达式 1。

2）计算循环条件表达式 2，若为非 0（真），则执行循环体；若为 0（假），则结束循环。

3）计算变量增量表达式 3，然后重复执行第 2）步。

4）循环结束，执行循环体外部分。

4.3.3 for 语句流程图

for 语句流程图如图 4-7 所示。

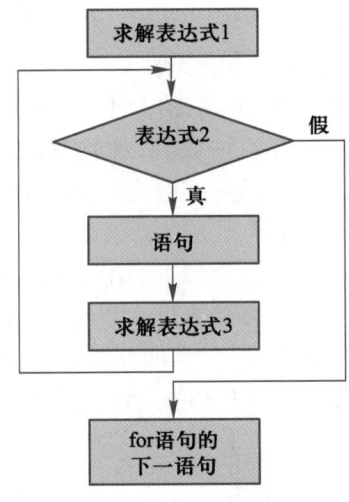

图 4-7 for 语句流程图

【例 4-4】用 for 语句编写程序计算 1+2+3+…+100，然后输出结果。

解题步骤：

1）定义一个累加变量 sum 并赋初值为 0，sum 存储每次累加后的结果。

2）每次累加的数 i 比前一个数增加 1。

3）将累加数 i 累加到累加变量 sum 中。

4）输出总数 sum。

程序代码：

```
#include<stdio. h>
void main( )
```

微课 4-4
for 语句

```
    {
        int i,sum=0;                    /*定义循环变量和累加变量*/
        for(i=1;i<=100;i++)             /*控制循环次数, i 由 1 变到 100, 共循环 100 次*/
            sum=sum+i;                  /*进行累加*/
        printf("\n the sum is %d\n", sum);/*输出 1+2+3+…+100 的累加和 sum*/
    }
```

程序运行结果如图 4-8 所示。

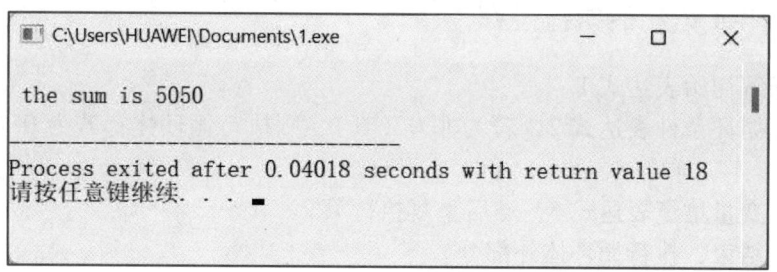

图 4-8 例 4-4 运行结果图

程序分析：

1）从例 4-1、例 4-3 和例 4-4 中可以看出，同一个问题既可以使用 while 语句实现，也可以使用 do-while 语句或 for 语句实现。

2）在 for 循环中定义并初始化变量 i 的值为 1, i=1 语句只会执行这一次。接下来判断循环条件 i<=100 是否成立，若条件成立，则执行循环体 sum+=i，执行完毕后，执行操作表达式 i++, i 的值变为 2，然后继续进行条件判断，i<=100 成立，开始下一次循环，直到 i=101 时，条件 i<=100 不成立，结束循环，执行 for 循环后面的语句。

3）由于 for 语句存在 3 个表达式，所以 for 语句可以呈现多种不同的写法，灵活多变，可减少代码行数，因此很多程序员都热衷于使用 for 语句。

【例 4-5】输出所有的"水仙花数"。水仙花数是指 1 个三位数，其各位数字的三次方和等于该数本身。例如，$153 = 1^3 + 5^3 + 3^3 = 153$，所以 153 就是水仙花数。

解题步骤：

1）根据需求，"水仙花数"一定是三位数，只需要从 100 开始，到 999 结束。依次判断每一个数是否满足条件，如果满足，则输出该数。

2）使用 for 语句实现，循环首部设计为"for(i=100;i<=999;i++)"。

3）判断某一个数是否满足"水仙花数"的条件，先分离出个位、十位和百位数字、再判断这 3 个数字的三次方和是否等于该数。

程序代码：

微课 4-5
输出所有的
"水仙花数"

```
#include <stdio.h>
void main( )
{
    int i,bai,shi,ge;
    printf("所有的水仙花数如下\n");
    for(i=100;i<=999;i++)
```

```
    {
        ge=i%10;                    /*个位上的数值*/
        shi=i/10%10;                /*十位上的数值*/
        bai=i/100;                  /*百位上的数值*/
        if(i==bai*bai*bai+shi*shi*shi+ge*ge*ge)
            printf("%5d",i);
    }
    printf("\n");
}
```

程序运行结果如图 4-9 所示。

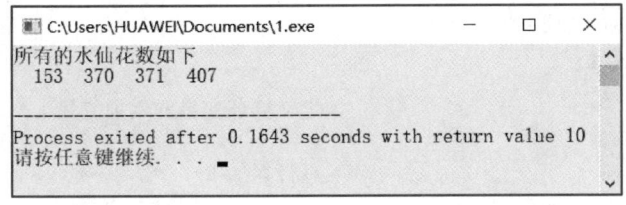

图 4-9　例 4-5 运行结果图

程序分析：

1）在 for 循环中，设置循环的初始值从 100 开始，到 999 结束，使循环能正常开始。

2）循环体中共 4 条语句，使用{}括起来，是重复执行的部分。每次循环都是先分别求出个位变量 ge、十位变量 shi 和百位变量 bai 的数值，再判断 if(i==bai*bai*bai+shi*shi*shi+ge*ge*ge)条件是否成立，若成立，则先输出该水仙数，再继续执行步骤 3)，否则直接转向步骤 3)。

3）返回到循环首部"for(i=100;i<=999;i++)"，继续判断循环条件是否继续进入下一个循环体。

4）当循环条件"i>999"为假时，循环结束执行。

说明：

1）for 循环语句的执行过程为：执行表达式 1；计算表达式 2 的值，若为非 0（真），执行循环体（若为 0（假），则结束循环）；计算表达式 3 的值，然后重复进行表达式 2 值的判断，为非 0（真）接着进行循环，否则结束循环。

2）for 是关键字，在执行程序时，表达式 1 只操作一次，而表达式 2 和表达式 3 需要重复处理。各个表达式可以是任何 C 语言的表达式，各个表达式之间用分号（;）隔开，常见的情况是：表达式 1 为赋值表达式（给循环变量赋初值），表达式 2 是关系或逻辑表达式（判断循环是否可以继续），表达式 3 是自加、自减表达式（改变循环变量的值，使循环趋于结束），常见的形式为：

```
for(初始表达式 1;循环条件表达式 2;变量增值表达式 3)
{
    循环体语句;
}
```

当循环体中只包含一条语句时，可以省略⎨⎬；如果循环体中包含两条及两条以上的语句，那么语句为复合语句，必须用 ⎨⎬ 括起来。

3）for 语句括号外面不要随意加分号（;），否则，循环体变成空语句，原来的循环体变成 for 语句的下一条语句，与原意不符。

4.3.4 for 语句的简化形式

for 语句的使用很灵活，3 个表达式都可以省略，但是中间的分号不能省略，即简化形式为 for(; ;)，省略的表达式部分的功能，可以用其他语句去完成。例如，对例 4-5 可以做以下几种修改：

1）省略表达式 1。

```
int i=1,sum=0;                      /*定义循环变量和累加变量*/
for( ;i<=100;i++)
    sum=sum+i;                      /*进行累加*/
printf(" \n the sum is %d", sum);
```

2）省略表达式 2。

```
int i,sum=0;                        /*定义循环变量和累加变量*/
for(i=1; ;i++)
{
    sum=sum+i;                      /*进行累加*/
    if(i>100)
    break;
}
printf(" \n the sum is %d", sum);
```

3）省略表达式 3。

```
int i,sum=0;                        /*定义循环变量和累加变量*/
for(i=1;i<=100; )
{
    sum=sum+i;                      /*进行累加*/
    i++;
}
printf(" \n the sum is %d", sum);
```

PPT:
循环嵌套

4.4 循环嵌套

4.4.1 循环的嵌套结构

一个循环体结构的循环体内又包含另一个完整的循环结构，称为循环的嵌套。把包含另一个循环结构的循环称为外循环，被包含的循环称为内循环。

循环嵌套在执行的过程中，外循环执行一次，内循环从头到尾执行一遍。

3 种循环结构 while 循环、do-while 循环、for 循环不仅可以自身嵌套，还可以互相嵌套，自由组合。外循环体中可以包含一个或多个循环结构，但必须完整包含，不能出现交叉现象，因此每一层循环体都应该用{ }括起来。其中，for 循环嵌套是最常见的循环嵌套，其格式如下。

```
for(初始表达式 1;循环条件表达式 2;变量增值表达式 3)
{
    for(初始表达式 1;循环条件表达式 2;变量增值表达式 3)
    {
        执行语句;
    }
}
```

在 for 循环嵌套中，外层循环每执行一次，内循环作为外循环体中的语句会完全执行一次。下面通过一个案例演示 for 循环嵌套的使用。

【例 4-6】使用 for 循环嵌套求出 1!+2!+3!+…+9!+10!的和。

微课 4-6
循环嵌套

程序代码：

```c
#include <stdio. h>
int main( )
{
    int i, j;                  /*循环变量*/
    int m = 1;                 /*用于计算每个数的阶乘*/
    unsigned long sum=0;       /*阶乘的值往往很大,将其定义为 long 型*/
    for (i=1; i<=10; ++i)
    {
        for (j=1; j<=i; ++j)   /*求一个数的阶乘*/
        {
            m = m*j;
        }
        sum = sum + m;         /*求完之后就立即把它加到 sum 中*/
        m = 1;
    }
    printf ("sum = %ld\n", sum);
    return 0;
}
```

程序运行结果如图 4-10 所示。

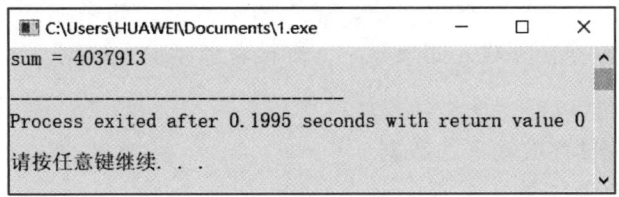

图 4-10　例 4-6 运行结果图

4.4.2　几种循环的比较

3 种循环均可以用来处理同一问题，一般情况下它们可以相互替换。

1）使用 while 循环和 do-while 循环时，循环变量初始化的操作应在 while 语句和 do- while 语句之前完成。而 for 语句可以在表达式 1 中实现循环变量的初始化。

2）在 while 循环和 do-while 循环中，只在 while 后面的括号内指定循环条件，因此为了使循环结束，应在循环体内包含使循环趋于结束的语句，如 i++等。do-while 语句至少执行一次，while 语句可能一次也不执行。这两种语句在一般情况下用于循环次数不确定的循环中。而 for 循环可以在表达式 3 中包含使循环趋于结束的表达式，甚至可以将循环体的操作全部放到表达式 3 中，因此 for 语句的功能更强大，使用 while 循环能完成的功能，用 for 循环也能实现。

3）for 语句本身除了包含循环条件之外，还可以给循环变量赋初值，也允许省略其中某些部分。如果省略前后两项成为 for（;循环条件表达式 2;）的形式时，完全与 while（循环条件）的形式等效。for 语句多用于循环次数确定的循环。

4）while 循环、do-while 循环和 for 循环，均可以用 break 语句终止本循环，用 continue 语句提前结束本次循环。

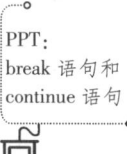

PPT：
break 语句和
continue 语句

4.5　break 语句和 continue 语句

在执行循环的过程中，往往会出现需要提前终止循环的情况，这时就需要使用 break 语句和 continue 语句来改变循环执行的状态。在 C 语言中，对于这些可以使程序跳转到其他部分执行的语句，也称为跳转语句，常用于实现循环结构、选择结构程序流程的跳转。

4.5.1　break 语句

break 语句可以在 switch 选择结构语句和循环结构语句中使用。当它出现在 switch 选择结构语句中时，其作用是终止某个 case 并跳出 switch 结构。当它出现在循环语句中，其作用是提前结束当前循环体，执行当前循环体外语句。

break 语句的一般形式为：

```
break;
```

微课 4-7
break 语句

【例 4-7】试编写一个小游戏程序，输入两个数据，如果输入数据之和为 5 的倍数，那么就算输了，停止游戏；如果赢了，则接着继续输入数据。

解题步骤：

1）定义两个变量存放输入的数据。

2）循环输入两个数据。

3）判断两个数之和是否是 5 的倍数，如果是，则输出 You lose，thanks!，退出循环；否则，输出 You win，continue!，继续游戏。

程序代码:

```c
#include <stdio. h>
 void main( )
{
    int n1,n2;
    while(1)                              /*循环条件为真,循环继续*/
    {   printf( "nplease input two number:");
        scanf("%d%d" ,&n1,&n2);
        if((n1+n2)%5!=0)                  /*判断两数之和是否为5的倍数*/
            printf("You win,continue! \n");
        else
        {
           printf("You lose,thanks! \n");
           break;
        }
    }
}
```

程序运行结果如图4-11所示。

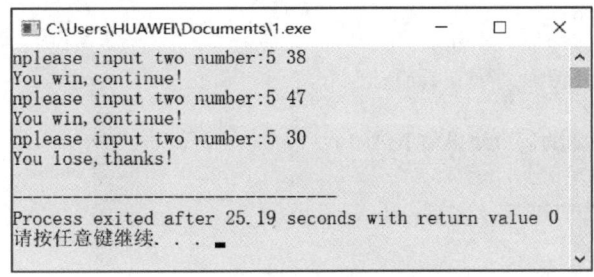

图4-11 例4-7运行结果图

程序分析:

1)如果 while(表达式)中表达式值为常量,即 while(1)表示循环条件永远为真,即不停地循环。因此在循环体中需要有强制退出循环的语句。

2)为了使循环控制更加灵活,C 语言允许在特定条件成立时,使用 break 语句强行结束循环,转向执行循环语句的下一条语句。

3)判断两个数之和是否为5的倍数,只需要对5进行求余运算,如果余数为0,则表示两数之和为5的倍数,即将求倍数的运算转化为求余数的运算。

4.5.2 continue 语句

continue 语句只适用于循环结构,其作用是提前结束本次循环,继而判断下一个循环条件,根据循环条件的判断结果决定是否要进行下一次循环。

continue 语句的一般形式为:

continue;

在实际应用中,continue 语句要与 if 语句配合使用,即当满足一定条件时,才执行 continue 语句,如果不放在 if 语句中,而单独使用,则循环体中该语句后面的语句永远也不会被执行，没有意义。因此 continue 语句的一般使用形式为：

if(...) continue;

微课 4-8
continue 语句

【例 4-8】分析以下程序中变量 n 值的变化，理解 break 语句和 continue 语句的作用。

程序代码：

```c
#include <stdio. h>
void main( )
{
    int i,n;
    /*程序段 1*/
    printf("程序段 1 的运行结果如下:\n");
    n=0;
    for(i=1;i<=10;i++)
    {
        n=n+i;
        if(n>15)
            break;
        printf("n=%d\n",n);
    }
    printf("n 的最终值为:%d\n",n);
    /*程序段 2*/
    printf("程序段 2 的运行结果如下:\n");
    n=0;
    for(i=1;i<=10;i++)
    {
        n=n+i;
        if(n>15)
            continue;
        printf("n=%d\n",n);
    }
    printf("n 的最终值为:%d\n",n);
}
```

程序运行结果如图 4-12 所示。

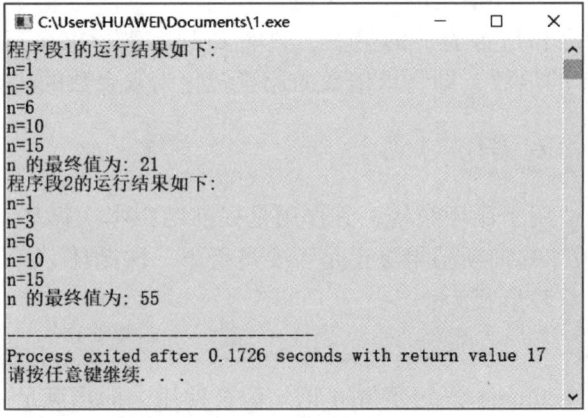

图 4-12　例 4-8 运行结果图

break 与 continue 语句使用的相关注意事项如下。

1）break 语句可以出现在 switch 语句或循环语句中，其功能是结束 break 所在层的循环体语句的执行。当程序中包含双重循环语句时，如果在内层循环中使用 break 语句，只能退出内层循环，所以如果提前结束多重循环，则需要使用多个 break 语句。

2）continue 语句只能用于循环结构。在多层循环的情况下，continue 语句只对包含它的最内层的循环语句起作用。

3）continue 语句和 break 语句区别是：continue 语句用于结束本次循环，继续执行下一次循环，但不会终止整个循环；break 语句用于终止整个循环，跳出循环体，此时将无须判断循环条件，而直接去执行该循环结构外语句部分。

4）在 while 循环和 do-while 循环中，遇到 continue 语句后，将直接判断循环条件，根据计算结果判定是否继续执行循环体。在 for 循环中，遇到 continue 语句后，将跳过该语句后其他语句，转去执行 for 语句中的表达式 3，然后执行表达式 2，根据表达式 2 的计算结果决定是否继续执行循环体。

项目设计

微课 4-9
九九乘法表

分析图 4-1 中的九九乘法表可以得出规律：第 1 行有 1 列，第 2 行有 2 列……第 9 行有 9 列，则行与列有相互作用的关系，即第 n 行，需要循环输出 n 列。

在编程输出九九乘法表时，行列都需要循环，因此需要使用两次循环。又由于列与行有对应关系，列的循环受到行的限制，所以列循环需要嵌套在行循环之内。

本项目要实现九九乘法表，通过对项目分析，可以按照下列解题思路实现。

1）设定外循环为行，内循环为列，则外循环 1~9，内循环 1~9，可以使用 for 循环语句嵌套实现。

2）使用变量 i 控制行数，则 i 的初始值为 1，循环条件为 i<=9。

3）使用变量 j 控制列数，则 j 的初始值为 1，循环条件为 j<=9。但由于每一行中，列数小于等于行数，因此其循环条件应当为 j<=i。

4）为了让九九乘法表呈现三角形状，在每一次内循环结束时换行。

5）为让每列之间保持间距，在内循环的输出语句后可以加上'\t'调整列间距。

项目实施

项目实施解题步骤：

1）本需求是一个有规律的输出问题，不需要输入量，通过循环语句控制输出即可。定义行变量、列变量。

2）共输出 9 行，但是每行要输出的信息各不相同，使用循环的嵌套来输出行乘列的值。

3）每行最后输出一个换行符。

项目实施程序代码：

```c
#include <stdio. h>
void main( )
{
    int i,j;                          /* i,j 分别控制行和列 */
    for(i=1;i<=9;i++)                 /* 控制行循环 */
    {
        for(j=1;j<=i;j++)             /* 控制列循环 */
        {
            printf("%dx%d=%3d\t",j,i,i*j);
        }
        printf("\n");                 /* 输出一行后换行 */
    }
}
```

程序运行结果如图 4-13 所示。

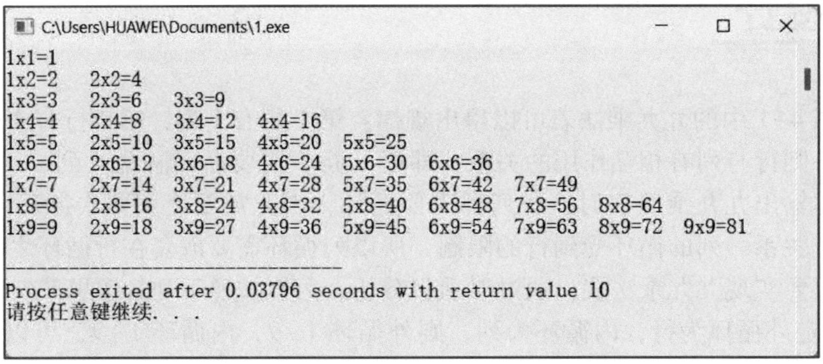

图 4-13　九九乘法表项目运行结果图

项目实施程序分析：

1）乘法表共 9 行。需要设计一个执行 9 次的 for 语句。

for(i=1;i<=9;i++){输出第 i 行}

2）输出第 i 行。每行都输出 i 个式子，以变量 j 为循环变量。

for(j=1;j<=i;j++){输出第 i 行第 j 个式子}

3）输出第 i 行第 j 个式子。

printf("%dx%d=%3d\t",j,i,i*j);

4）在输出每行的 j 个式子时，不能换行，只能再输出一行全部式子，即内循环结束后再输出一个换行符，语句为 "printf("\n");"。

项目小结

在实现本项目的过程中，主要讲解了结构化程序设计的相关知识：首先讲解了while 循环结构语句，包含 while 语句的一般格式、执行过程和流程图；接着讲解了 do-while 循环结构语句，包括 do-while 语句的一般格式、执行过程、流程图、do-while 语句与 while 语句的不同之处；然后讲解了 for 循环结构语句，包括 for 语句的一般格式、执行过程、流程图，以及 for 语句的简化形式；最后讲解了循环嵌套，包括循环的嵌套结构和几种循环的比较；还讲解了在循环体内，可以通过 break 语句和 continue 语句改变循环体的执行流程。本项目重点强调了灵活应用 3 种循环语句、break 语句和 continue 语句，难点是能够独立使用多重循环结构解决实际问题。通过本项目的学习，读者能够掌握 while、do-while 语句、for 语句、break 语句和 continue 语句的使用。

项目测试

一、选择题

1. 下列程序代码的执行结果为（　　）。

```
int y=9;
for( ;y>4;y--)
  if(y%3==0)
    printf("%d",--y);
```

A. 36　　　　　B. 85　　　　　C. 69　　　　　D. 98

2. 下列程序代码的执行结果为（　　）。

```
int k;
for(k = 2; k < 6; k++,k++)
printf("%d\n", k);
```

A. 24　　　　　B. 26　　　　　C. 2345　　　　　D. 246

3. 若 i，j 已定义为 int 类型，则以下程序段中内循环体的总执行次数是（　　）。

```
for (i=5;i;i--)
for (j=0;j<4;j++){...}
```

A. 20　　　　　B. 25　　　　　C. 24　　　　　D. 30

4. 对于程序代码 for(i=0,j=10;i<=j;i++,j--) k=i+j;设 i,j,k 均为 int 型变量，则执行完 for 循环后，k 的值为（　　）。

A. 12　　　　　B. 10　　　　　C. 11　　　　　D. 9

5. C 语言中 while 和 do-while 循环的主要区别是（　　）。

A. do-while 的循环体至少无条件执行一次

B. while 的循环控制条件比 do-while 的循环控制条件严格

C. do-while 允许从外部转到循环体内

D. do-while 的循环体不能是复合语句

6. 若输入字符串：abcde<Enter 键>，则以下 while 循环体将执行多少次（   ）。

```
while((ch=getchar())=='e') printf("*");
```

A. 5   B. 4   C. 6   D. 1

7. 下列语句中，while 循环执行的次数是（   ）。

```
int k=0;
while (k=1) k++;
```

A. 无限次   B. 有语法错误，不能执行

C. 一次也不执行   D. 执行一次

8. 下列语句中，for 循环执行的次数是（   ）。

```
for(x=0,y=0;(y!=123) && (x<4);x++)
```

A. 无限循环   B. 循环次数不定 C. 执行 4 次   D. 执行 3 次

9. 下列说法正确的是（   ）。

A. continue 语句的作用是结束整个循环的执行

B. 只能在循环体内和 switch 语句体内使用 break 语句

C. 在循环体内使用 break 语句或 continue 语句的作用相同

D. 从多层循环嵌套中退出时，只能使用 goto 语句

10. 对下列程序段，描述正确的是（   ）。

```
for(t=1;t<=100;t++)
{ scanf("%d",&x);
  if (x<0) continue;
  printf("%d\n",t);
}
```

A. 当 x<0 时，整个循环结束

B. 当 x>=0 时，无输出

C. printf 函数永远也不执行

D. 最多允许输出 100 个非负整数

二、判断题

1. 在循环过程中，使用 break 语句和 continue 语句的作用是一样的。   （   ）

2. 无论使用哪种循环语句，都必须给出循环结束条件。   （   ）

3. do-while 循环不能进行循环嵌套。   （   ）

4. 使用 break 语句直接跳出循环，不再执行循环。   （   ）

5. do-while 循环的 while 后的分号可以省略。   （   ）

6. for 循环的 3 个表达式可以任意省略，while、do-while 也是如此。   （   ）

三、程序填空题

1. 要输出下面的图形，请完善程序。

```
               1
              2 2
             3 3 3
            4 4 4 4
           5 5 5 5 5
          6 6 6 6 6 6
#include <stdio. h>
main( )
{ int i,j,k;
  for(i=1;i<=6;i++)
    {
     for(j=1;j<=20-2*i;j++)
       printf("  ");
       for(k=1;_____;k++)
         printf("%2d",i);
         _____

    }
}
```

2. 下面程序的功能是：输出 100 以内能被 3 整除且个位数为 6 的所有整数，请完善程序。

```
#include <stdio. h>
main( )
{ int i,j;
  for(i=0;_____; i++)
  { j=i*10+6;
    if (_____) continue;
    printf("%d",j);
    }
}
```

四、程序阅读题

1. 下面程序运行后，请写出运行结果。

```
#include <stdio. h>
void main( )
  { int i, j, k;
    for(i=0;i<=2;i++)
    { for(k=1;k<=i;k++) printf("  ");
      for(j=0;j<=3;j++) printf(" * ");
      printf("\n");
    }
  }
```

2. 下面程序运行后，从键盘上输入 1298，请写出运行结果。

```
#include <stdio. h>
void main( )
{ int a,b,n=0;
  scanf("%d",&a);
  while(a!=0) { b=a%10; n=n*10+b; a=a/10;}
```

```
    printf("%d\n",n);
}
```

五、程序设计题

1. 统计每位同学的平均成绩。每位同学有 3 门课成绩，请统计 n 名同学的平均成绩，n 的值由用户输入确定。

2. 输出圆的面积表。输出半径为 1~20 且面积小于 1000 的圆的面积信息。

3. 计算 1~100 之间所有含数字 6 的数的和。

4. 有一分数序列：2/1、3/2、5/3、8/5、13/8、21/13⋯求这个数列的前 20 项之和。

5. 求最大值和最小值。输入 n 个数，n 由用户输入确定，求该 n 个数的最大值与最小值。

6. 素数求和问题。输出 1~100 中所有素数，并求和。

7. 闰年问题。输出 2000~2100 年中的所有闰年年份，并统计出闰年的个数，要求每 10 个闰年放在一行输出。

8. 同构数问题。如果一个数的平方出现在该数的右边，则该数为同构数，例如，5 的平方为 25，25 的右边有数字 5，所以 25 是同构数。找出 1~99 中的全部同构数。

9. 某人摘下一些桃子，卖掉一半，又吃了一个；第 2 天卖掉剩下的一半，又吃了一个；第 3 天、第 4 天、第 5 天都如此办理，第 6 天一看，发现就剩下一个桃子了。编写一个程序，采用迭代法问某人共摘了多少个桃子。

10. 求斐波那契（Fibonacci）数列的前 20 个数。斐波那契数列的生成方法为：$F_1 = 1$，$F_2 = 1$，$F_n = F_{n-1} + F_{n-2}$（$n \geq 3$），即前两个数都为 1，从第 3 个数开始，每个数等于前 2 个数之和。

项目 *5*
扫雷游戏

项目目标

【知识目标】

- 理解数组类型的概念。
- 掌握一维数组的使用，理解多维数组的概念。
- 掌握二维数组的使用。
- 掌握字符数组的使用及字符串处理。

【技能目标】

- 熟练掌握一维、二维数组的定义、初始化赋值等技能。
- 熟练使用字符数组的定义与初始化赋值以及字符串处理技能。
- 灵活应用多重循环解决问题。

【素养目标】

- 培养编程思维和解决问题的能力：通过数组的学习和实践，培养逻辑思维、抽象思维和解决问题的能力。学会分析问题、设计算法、编写代码和调试程序，提高编程素养和综合能力。
- 培养编程代码规范和可读性：注重代码规范，包括变量命名、注释、缩进等。提高代码的可读性和可维护性，方便他人阅读和理解代码。
- 培养分析问题和解决问题的能力：通过不断地试错、调整和优化，逐渐培养分析问题和解决问题的能力。

项目介绍

扫雷游戏是一款经典益智类游戏，其核心玩法简单而富有挑战性：游戏区域由一系列方块组成，其中部分方块下隐藏着地雷，玩家的目标是在不触碰到地雷的前提下，通过点击方块来揭示周围地雷的数量，并最终找出所有安全区域。在这一过程中，玩家需要运用逻辑思维、推理能力和耐心，逐步解开游戏区域的谜团。

扫雷游戏的设计和分析涉及使用控制台来实现经典扫雷游戏、通过菜单实现继续玩或退出游戏、使用二维数组来存储信息等。为了防止在排查地雷时越界，设计时会将数组扩大一圈，中间部分用于布置地雷，周围一圈不布置地雷。

本项目要求结合数组等相关知识，实现扫雷游戏程序的编写。

需求分析

根据对扫雷游戏项目的分析和了解，关于扫雷游戏项目的需求可分为：功能需求与非功能需求。

（1）功能需求

1）当运行 test.c 文件时，则表明进入扫雷游戏。

2）通过在运行终端选择输入"0"或"1"数字，实现"开始"或"结束"游戏功能。

3）通过在终端输入两位数网格坐标确定排雷位置，按回车键完成坐标确定。

4）确定所有雷位置后游戏显示"游戏胜利"，一旦出现排雷错误，则显示"游戏失败"界面。

（2）非功能需求

1）游戏界面需要简洁、直观、易于操作，并且能够适配不同分辨率的屏幕，同时游戏需要提供操作指引，帮助用户快速上手。

2）游戏需要在合理的时间内响应用户的操作，不应该出现明显的卡顿或延迟，同时游戏应该能够快速地进行地雷的生成和分布。

3）游戏的代码结构要清晰、模块化，便于后续的功能扩展和维护。

知识准备

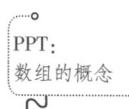
PPT:
数组的概念

5.1 数组的概念

数组是一种构造数据类型，顺序存放了一批相同数据类型的数据，这些数据不仅数据类型相同，而且在计算机内存里连续存放，地址编号最低的存储单元存放数组的起始元素，地址编号最高的存储单元存放数组的最后一个元素。数组元素中不仅可以存放整数、浮点数，还可以存放字符、指针、结构等类型数据。

C 语言编译系统在编译时，会为数组分配连续的内存空间，空间大小 = sizeof（数组元素）＊数组元素个数。数组名代表数组的起始地址，是地址常量。通过"数组名［下标］"可以引用这些数组元素，下标从 0 开始。

5.2　一维数组

一维数组是编程中非常基础且重要的数据结构，允许存储一系列相同类型的数据元素，并可以通过索引来访问这些元素。以下是对一维数组的定义、初始化和元素的引用形式的详细讲解，并附带相关实践案例。

5.2.1　一维数组的定义

在 C 语言中，一个一维数组的定义格式如下：

```
类型说明符 数组名［整型常量表达式］;
示例:int a［10］;          // 整型数组
```

其中：

1）类型说明符可以是 char、int 等基本数据类型或构造数据类型，可表示该数组元素的数据类型。

2）数组名是程序员根据命名规则指定的数组名称。

3）方括号中的整型常量表达式常常直接使用自然数表示，整型常量的值要大于 0，表示数组长度。

注意:

1）C 语言不允许对数组的大小做动态定义（方括号中的整型常量表达式不得包含变量）。

2）C 语言编译系统为数组分配内存时，由于数组元素未赋初值，不能参加运算。

5.2.2　一维数组的初始化

一维数组的初始化赋值形式一般为：

```
类型说明符 数组名［常量表达式］={初值 1,初值 2,…,初值 i};
示例:int a［10］={5,10,15,20,25,30,35,40,45,50};
```

其中，初值列表将依次给各数组元素赋初值，各初值之间用逗号间隔。

一维数组的初始化赋值有如下几种形式：

（1）数组长度由初始化数据个数确定，例如：

```
int a［］={5,10,15,20,25,30,35,40,45,50};
```

（2）当初始化数据不足时，编译器使用 0 元素填充，例如：

```
int a［10］={5,10,15};等同于:int a［10］={5,10,15,0,0,0,0,0,0,0};
```

（3）当初始化数据都为 0 时，其形式为：int a[10] = {0}。

5.2.3　一维数组元素的引用形式

一维数组元素的一般引用形式为：数组名 [下标]，例如：

a[0],a[1],a[2],a[3],a[4],a[5],a[6],a[7],a[3],a[9];

其中的数字称为索引。需要注意的是：

1）首元素索引是 0 不是 1，尾元素索引是 9 不是 10，比数组长度少 1。

2）数组元素只能通过下标逐个引用，不能一次引用整个数组。

3）下标可以是常量、变量、函数或表达式。

4）如果下标带有小数，C 语言编译系统将自动对其取整。

【例 5-1】定义一个一维数组，并通过冒泡排序法完成数组的排序问题。

微课 5-1
一维数组

解题步骤：

1）定义一维数组并进行初始化赋值，用于后续冒泡排序的数据存储。

2）进入第 1 个循环并打印输出排序前的数组。

3）进入第 2 个循环，选定数组中的元素 i，在选定元素 i 后进入第 3 个循环中与元素 i+1 到数组中的最后一个元素进行数值对比，如果前者比后者大，则进行位置交换，如此循环直到完成当前元素的冒泡后的位置选定。

4）反复循环步骤 3），完成数组中所有元素的冒泡后的位置选定。

程序代码：

```c
#include<stdio. h>
int main( )
{
    int a[10] = {3,1,5,7,2,4,9,6,10,8};    /*一维数组 a 的定义 */
    int i,j,temp;                          /*循环变量的定义 */
    printf("排序前: ");
    for(i = 0;i < 10;i++)
    {
        printf("%d ",a[i]);                /*打印排序前的数组 */
    }
    printf("\n");
    for(i = 0;i < 10;i++)                   /*开始进行冒泡排序 */
    {
        for(j = i + 1;j < 10;j++)
        {
            if(a[i] > a[j])
            {
                temp = a[i];
                a[i] = a[j];
                a[j] = temp;
            }
        }
    }
```

```
        printf("排序后: ");
        for(i = 0;i < 10;i++)
        {
            printf("%d ",a[i]);                    /*打印排序后的数组*/
        }
        printf("\n");
        return 0;
    }
```

程序运行结果如图 5-1 所示。

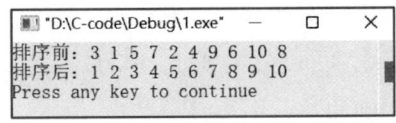

图 5-1　例 5-1 的运行结果

程序分析：

冒泡排序（Bubble Sort）是一种简单的排序算法，它重复地遍历要排序的数列，一次比较两个元素，如果它们的顺序错误，则把它们交换过来。遍历数列的工作是重复地进行比较，直到不再需要交换，即该数列已经排序完成。

5.3　二维数组

PPT：
二维数组

二维数组是编程中另一个重要的数据结构，允许用户存储和操作一个矩形的表格数据。下面将详细讲解二维数组的定义、初始化和元素的引用形式，并通过相关实践案例来加深理解。

5.3.1　二维数组的定义

一维数组是一个线性表，若要表示一个平面、行列式或者矩阵，就要用到二维数组，为此定义二维数组的一般格式如下：

类型标识符 数组名［常量表达式 1］［常量表达式 2］；
示例：int array［3］［4］；

其中：

① 常量表达式 1 表示数组第 1 维下标的长度，又称行数。行下标的变化范围为 0 ~（行数-1）。

② 常量表达式 2 表示数组第 2 维下标的长度，又称列数。列下标的变化范围为 0 ~（列数-1）。

5.3.2　二维数组的初始化

二维数组的初始化赋值形式一般为：

类型说明符 数组名［常量表达式1］［常量表达式2］=｛｛初值1,初值2,…,初值i｝｛初值1,初值2,…,初值j｝…｝;

其具体形式如下：

1）按行逐个全部初始化，例如：

int array［3］［4］= ｛｛0, 1, 2, 3｝, ｛4, 5, 6, 7｝, ｛8, 9, 10, 11｝｝;

2）按行逐个部分初始化，例如：

int array［3］［4］= ｛｛0, 1, 2,｝, ｛4, 5, 6｝, ｛8, 9, 10｝｝;

3）按顺序逐个全部初始化，例如：

int array［3］［4］= ｛0, 1, 2, 3, 4, 5, 6, 7, 8, 9, 10, 11｝;

4）按顺序部分初始化，例如：

int array［3］［4］= ｛0, 1, 2, 3, 4, 5, 6｝;

注意： 二维数组的初始化不仅可以在定义时按行列顺序依次给各数组元素赋初值，还可按行分段赋值，同时初始化全部行时可省略行数，编译系统会自动根据行的个数确定数组行数。

5.3.3 二维数组元素的引用形式

引用二维数组元素的一般形式为数组名［行索引值］［列索引值］，例如：

a［0］［1］,a［1］［2］,a［2］［3］,a［3］［4］,a［4］［5］;

需要注意的事项与一维数组引用的注意事项内容相似，在这里就不进行重复赘述，同时二维数组的指针索引会在后续项目中进一步介绍。

【例5-2】杨辉三角问题的解决。

解题步骤：

1）确定杨辉三角的行数并通过定义一个二维数组用于存储杨辉三角的数据。

2）使用两层循环将数组中的所有元素初始化为1。

3）通过两层循环计算杨辉三角的其他元素，从第3行开始每个元素的值等于它上方的两个相邻元素的和（具体程序代码：array［i］［j］= array［i-1］［j-1］+ array［i-1］［j］;）。

4）使用两层循环打印出杨辉三角。外层循环控制行数，内层循环分别控制每行的空格和数字。

程序代码：

```c
#include <stdio. h>
#define LINE_MAXIMUM 10                    //行数
int main( )
{
    int i = 0, j = 0;
    int array[LINE_MAXIMUM][LINE_MAXIMUM] = {0};
    int k = 0;
```

微课 5-2
二维数组

```
    for(i = 0; i < LINE_MAXIMUM; i++)          //行数
    {
        for(j = 0; j <= i; j++)                 //每行的列数(第 n 行的数字有 n 项)
        {
            if(j == 0 || j == i)                //每行第一列和最后一列为 1
                array[i][j] = 1;
            else                                //每个数等于它上方两数之和
                array[i][j] = array[i - 1][j - 1] \+ array[i - 1][j];
        }
    }
    for(i = 0; i < LINE_MAXIMUM; i++)          //打印杨辉三角
    {
        //在数字前打印空格,最后一行空格数为 0
        for(k = 1; k < LINE_MAXIMUM - i; k++)
            printf("   ");
        for(j = 0; j <= i; j++)
            printf("%3d ", array[i][j]);
        printf("\n");
    }
    printf("\n");
return 0;
}
```

程序运行结果如图 5-2 所示。

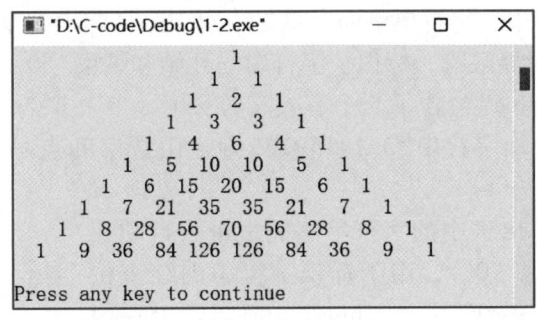

图 5-2　杨辉三角程序的运行结果

程序分析:

　　杨辉三角(Pascal's Triangle)是由数字构成的三角形,其中的每个数字等于它上方两个数字之和。将第 1 行视为只有一个数字 1 的三角形,然后按照规则逐行构造,使每个数字等于它上方两个数字之和。

5.4　字符数组与字符串处理

　　字符数组和字符串是 C 语言(以及许多其他编程语言)中非常重要的概念,经常

PPT:
字符数组与字符串处理

用于存储和操作文本数据。下面将详细介绍字符数组、字符串以及相关的处理函数，并给出相关实践案例加深对字符数组的掌握。

5.4.1 字符数组

在 C 语言中，字符串是通过字符数组来实现的，它是一系列连续存储的字符，并且以'\0'（空字符）作为终止符。这种表示方式使得 C 语言能够处理可变长度的字符串，并且允许程序员直接访问和操作字符串中的每个字符。

字符数组的定义格式、引用格式、初始化格式与其他类型没有什么区别，只是初始化时可以用字符串。例如：

> char ArrayStr [ ] = {" ABCDE "};或者 char ArrayStr [ ] = " ABCDE " ;

注意：

1）每个字符数组元素存放一个字符 ASCII 值；一维数组存放一个字符串；二维数组存放行数个字符串。

2）可以用字符串常量直接初始化数组。

5.4.2 字符串

字符串是由系统允许使用的有效字符所组成的一个序列，这些有效字符包括大小写字母、数字、特定的符号（如标点符号）以及转义字符（如'\n'表示换行，'\t'表示制表符等）。在 C 语言中，字符串字面常量是由双引号括起来的字符序列，用于表示字符串的值。双引号作为界限符，标识了字符串的开始和结束。

例如，字符串"China"包含了 5 个有效字符：'C'、'h'、'i'、'n'和'a'。字符串"a=b+c;"包括字母和符号。而字符串"3.1415926"则是由数字和点号组成的有效数字字符序列。

需要注意的是，C 语言中的字符串字面常量会自动在末尾添加一个空字符（'\0'），用于标识字符串的结束位置。因此，虽然在代码中只写了"China"，但实际上在内存中存储的是"China\0"，如图 5-3 所示。

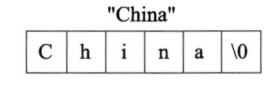

图 5-3　字符串常量示例

注意：

1）字符串的长度是指字符串中有效字符的个数，这个计数不包括字符串末尾的结束符（即空字符'\0'）。

2）在 C 语言中，对字符串的基本操作并不是语言本身直接提供的，而是由标准库文件 string.h 中的一系列函数来实现。这些函数提供了诸如复制字符串、连接字符串、比较字符串、查找子串等操作的功能。

字符串中应用最为广泛的有效字符有 128 个，被称为标准字符集。这些标准字符构成了字符型数据，其类型标记为 char。在内存中，字符型对象占据一个字节的空间，并以整数格式存储其值。这意味着字符在计算机内部是以其对应的整数代码来表示的。

　　字符型字面常量使用单引号作为界限符，如'A'、'6'等。这里需要注意的是，'6'和 6 在 C 语言中有本质的区别：'6'是一个字符型字面常量，表示数字字符'6'；而 6 是一个整型字面常量，表示整数值 6。每一个标准字符都与一个唯一的整数代码相对应，该整数代码用于在内存中表示该字符。

　　标准字符集共有 128 个字符，它们的代码范围从 0 到 127，这些字符与它们的代码是一一对应的，构成了 ASCII 字符集（American Standard Code for Information Interchange）。ASCII 字符集包含了英文字母（大小写）、数字、标点符号、控制字符等常用字符，是计算机处理文本信息的基础。

　　简而言之，字符串是由字符型数据组成的，字符型数据以整数形式存储在内存中，每个字符都与一个唯一的代码对应，这些字符和代码共同构成了 ASCII 字符集。部分 ASCII 字符集见表 5-1。

表 5-1　部分 ASCII 字符集

ASCII 值	控制字符	ASCII 值	控制字符	ASCII 值	控制字符	ASCII 值	控制字符
0	NUL	11	VT	22	SYN	33	!
1	SOH	12	FF	23	ETB	34	"
2	STX	13	CR	24	CAN	35	#
3	ETX	14	SO	25	EM	36	$
4	EOT	15	SI	26	SUB	37	%
5	ENQ	16	DLE	27	ESC	38	&
6	ACK	17	DC1	28	FS	39	'
7	BEL	18	DC2	29	GS	40	(
8	BS	19	DC3	30	RS	41	)
9	HT	20	DC4	31	US	42	*
10	LF	21	NAK	32	空格	43	+

5.4.3　字符串处理函数与使用

常用字符串库函数的功能与用法。

（1）puts( )函数

该函数用于将指定的字符串输出到显示器上，并在输出完毕后自动换行。其函数原型是 int puts(const char *str)，其中 str 是指向要输出的字符串的指针。

（2）gets( )函数

该函数用于从键盘读取一行字符串，直到遇到回车符为止。读取的字符串将被存放到指定的字符数组中，并在字符串末尾自动添加空字符（'\0'）作为结束标记。其函数原型是 char *gets(char *str)，其中 str 是指向用于存储输入字符串的字符数组的指针。

（3）strcat( )函数

该函数用于将两个字符串连接起来。它将第 2 个字符串（str2）的内容添加到第 1 个字符串（str1）的末尾，并覆盖掉 str1 原有的结束标记（'\0'）。连接后的新字符串仍以空字符作为结束标记。其函数原型是 char *strcat(char *str1, const char *str2)。

（4）strcpy( )函数

该函数用于将一个字符串的内容复制到另一个字符串中。它将源字符串（str2）的内容完全复制到目标字符串（str1）中，包括源字符串的结束标记（'\0'）。其函数原型是 char *strcpy(char *str1, const char *str2)。

（5）strcmp( )函数

该函数用于比较两个字符串的内容是否相同。按照字符的 ASCII 码值大小，从左向右逐个比较两个字符串中的字符。如果两个字符串完全相同，则返回 0；如果第 1 个字符串小于第 2 个字符串，则返回负数；如果第 1 个字符串大于第 2 个字符串，则返回正数。其函数原型是 int strcmp(const char *str1, const char *str2)。

（6）strlen( )函数

该函数用于计算一个字符串的长度，即字符串中有效字符的个数（不包括结束标记'\0'）。它返回的是一个整数，表示字符串的长度。其函数原型是 int strlen(const char *str)。

【例 5-3】定义字符数组，完成以下字符串操作应用。

解题步骤：

1）定义 str1 和 str2 两个长度为 10 的字符数组并进行了部分初始化，通过 strcat 函数将 str2 字符数组附加到 str1 中，并打印输出附加结果。

2）定义 str1 和 str2 两个长度为 10 的字符数组并进行了部分初始化，通过 strcpy 函数将 str2 字符数组复制到 str1 中，并打印输出复制结果。

3）定义一个字符数组并进行了部分初始化，通过 strlen 函数计算字符数组的实际数组长度，并打印输出复制结果。

4）定义 3 个字符数组并进行了部分初始化，通过 strcmp 函数完成 3 个字符数组的两两对比，依据字典顺序完成最终的数组对比并得到最终结果。首先，将 str2 与 str1 进行对比，若 str2 大于 str1，则返回逻辑值 1，否则返回逻辑值 0，并送入判断语句中进行判断输出；接着将 str2 与 str3 进行对比，若 str2 大于 str3，则返回逻辑值 1，否则返回逻辑值 0，并送入判断语句中进行判断输出；最后完成全部数组的比较。

程序代码：

（1）使用 strcat(p, p1)附加字符串

微课 5-3
字符数组与
字符串处理

```
#include <stdio. h>
#include <string. h>
int main( )
{
```

```
    char str1[10] = { "ABC"};
    char str2[10] = { "ab"};
    printf("%s", strcat (str1,str2));
    printf("\n");
}
```

（2）使用 strcpy（p，p1）复制字符串

```
#include <stdio. h>
#include <string. h>
int main( )
{
    char str1[10] = { "ABC "};
    char str2[10] = { "ab"};
    printf("%s",strcpy(str1,str2));
    printf("\n");
}
```

（3）使用 strlen(p)取字符串长度

```
#include <stdio. h>
#include <string. h>
int main( )
{
    char str1[10] = { "ABC"};
    printf("%d", strlen (str1));
    printf("\n");
}
```

（4）使用 strcmp(p，p1)比较字符串

```
#include <stdio. h>
#include <string. h>
int main( )
{
    char str1[ ] = "aaa";
    char str2[ ] = "bbb";
    char str3[ ] = "ccc";
    int ptr;
    ptr = strcmp(str2,str1);
    if( ptr > 0)
        printf("str2 is greater than str1\n");
    else
        printf("str2 is less than str1\n");
    ptr = strcmp(str2,str3);
    if( ptr > 0)
        printf("str2 is greater than str3\n");
    else
        printf("str2 is less than str3\n");
}
```

程序运行结果如图 5-4~图 5-7 所示。

1）使用 strcat(p，p1)附加字符串，其运行结果如图 5-4 所示。

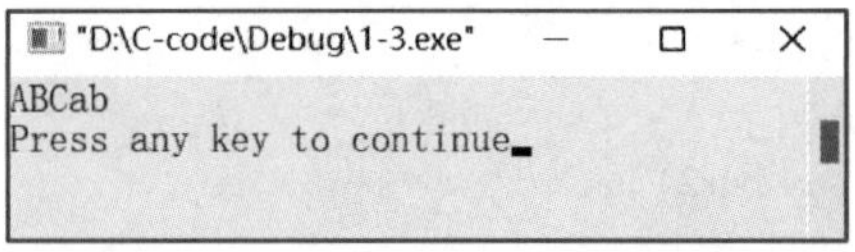

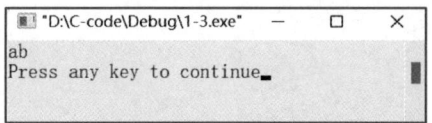

图 5-4　使用 strcat 附加字符串的运行结果

2）使用 strcpy（p，p1）复制字符串，其运行结果如图 5-5 所示。

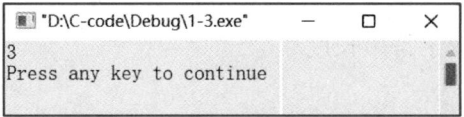

图 5-5　使用 strcpy 复制字符串的运行结果

3）使用 strlen（p）获取字符串长度，其运行结果如图 5-6 所示。

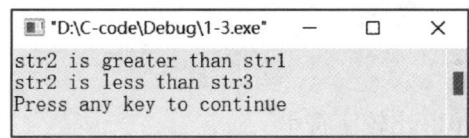

图 5-6　使用 strlen 获取字符串长度的运行结果

4）使用 strcmp（p，p1）比较字符串，其运行结果如图 5-7 所示。

图 5-7　使用 strcmp 比较字符串的运行结果

程序分析：

定义字符数组，完成 strcat、strcpy、strlen 以及 strcmp 函数的使用。

项目设计

采用 C 语言来完成扫雷游戏的开发流程包括扫雷棋盘的生成、随机布雷、排雷方式（通过输入坐标完成排雷）、显示周围雷的数量、触雷后游戏结束、排列成功，具体的设计如下：

1）定义两个数组，用于存储棋盘本身的数据与展示界面数据。

2）创建一个 9 * 9 的数组来存放信息。如果这个位置布置雷，则存放 1；没有布置雷，则存放 0，完成 9 * 9 的棋盘上布置雷的信息和排查雷。

3）创建一个 11 * 11 的数组并初始化，用于解决当要排查的坐标处于数组的边缘时，计算周围雷的数量并防止产生越界和出错。

4) 对初始界面暂且全部设置为' * '，每次排查一个坐标时，就将该位置改为周围一圈雷的数量；

5) 判断用户是否踩到雷或成功扫清所有非雷区域，并给出相应的提示。

项目实施

项目实施解题步骤：

1) 游戏的框架——主函数的实现：进入程序首先要出现菜单以及对游戏的说明，这里使用一个函数封装来实现。

2) 创建一个整型变量来存储用户的输入值，并做出反应，使用 switch 语句来实现，在输入数字 1 的时候开始游戏，输入数字 0 的时候结束游戏，在输入其他值时完成出错提醒。

3) 首先是数组的创建和初始化，在进入游戏内部后，需要先完成数据结构的构建，分别是对存储棋盘数据的数组和对外展示的数组，出于对安全的考虑，创建了11 * 11，但实际使用范围是 9 * 9 的对外展示数组；其次是数组的初始化，要实现数组的初始化，最简单的方法就是使用两个 for 循环嵌套，依次对每一行每一列进行赋值；最后是数组的输出打印，需要注意的是在打印完每一行后需要换行。

项目实施程序代码：

game. h 文件（项目头文件）：

微课 5-4
扫雷游戏
程序

```
#include<stdio. h>
#include<stdlib. h>
#include<time. h>
#define ROW 9              //实际使用的变量大小
#define COL 9
#define ROWS 11            //创建数组的变量大小
#define COLS 11
#define SET_COUNT 10
void menu( );              //游戏菜单
void game( );              //游戏控制函数
void initarr( char arr[ROWS][COLS], int rows, int cols, char set);   //初始化函数
void printarr( char arr[ROWS][COLS], int row, int col);              //棋盘打印函数
void setmine( char arr[ROWS][COLS], int row, int col);               //随机布置雷
void findmine( char arr1[ROWS][COLS], char arr2[ROWS][COLS], int row, int col);   //排雷
函数
int getmine( char arr[ROWS][COLS], int x, int y);                    //计算周围的雷的数量
```

game. c 文件（项目函数封装）：

```
#define _CRT_SECURE_NO_WARNINGS 1
#include" game. h"
void menu( )
```

```
{
    printf("*********扫雷游戏***********\n");
    printf("*****输入数字1开始游戏*****\n");
    printf("*****输入数字0结束游戏*****\n");
    printf("*********游戏说明***********\n");
    printf("*开始游戏后,输入两位数坐标*\n");
    printf("*并按回车确认您要排雷的位置*\n");
}
void game()                                    //游戏过程实现函数
{
    char mine[ROWS][COLS];                     //存放棋盘雷的数据
    char show[ROWS][COLS];                     //对外展示的扫雷界面
    initarr(mine, ROWS, COLS, '0');            //初始化mine数组
    initarr(show, ROWS, COLS, '*');            //初始化show数组
    //printarr(mine, ROW, COL);                //打印mine数组
    printarr(show, ROW, COL);                  //打印show数组
    setmine(mine, ROW, COL);                   //布置雷
    findmine(mine, show, ROW, COL);            //排查雷

}
void initarr(char arr[ROWS][COLS],int rows, int cols, char set)   //棋盘初始化函数
{
    for (int i = 0; i < rows; i++)
    {
        for (int j = 0; j < cols; j++)
        {
            arr[i][j] = set;
        }
    }
}
void printarr(char arr[ROWS][COLS], int row, int col)   //棋盘打印函数
{
    printf("—————扫雷游戏—————-\n");
    for (int i = 0; i <= row; i++)
    {
        printf("%d ", i);
    }
    printf("\n");
    for (int i = 1; i <= row; i++)
    {
        printf("%d ", i);
        for (int j = 1; j <= col; j++)
        {
            printf("%c ", arr[i][j]);
        }
        printf("\n");
    }
}
void setmine(char arr[ROWS][COLS], int row, int col)   //布置雷
```

```
{
    int count = SET_COUNT;
    while（count）
    {
        int x = rand（） % ROW + 1;
        int y = rand（） % COL + 1;
        if（arr[x][y] == '0'）
        {
            arr[x][y] = '1';
            count--;
        }
    }
}
void findmine（char arr1[ROWS][COLS], char arr2[ROWS][COLS], int row, int col）
{
    int win = row * col - SET_COUNT;
    while（win）
    {
        int x = 0;
        int y = 0;
        printf("请输入要排查的位置，按回车键确认\n");
        scanf("%d %d", &x, &y);
        if（（x >= 1）&&（x <= ROW）&&（y >= 1）&&（y <= COL））
        {
            if（arr1[x][y] == '1'）
            {
                printf("很遗憾，地雷被引爆，游戏失败\n");
                printf("正确位置如下\n");
                printarr（arr1, ROW, COL）;
                break;
            }
            else
            {
                int count = getmine（arr1, x, y）;
                arr2[x][y] = count + '0';
                printarr（arr2, ROW, COL）;
                win--;
            }
        }
        else
        {
            printf("输入的值不正确，请重新输入\n");
        }
    }
    if（win == 0）
    {
        printf("恭喜您，排雷成功，游戏胜利\n");
        printarr（arr1, ROW, COL）;
    }
}
```

```c
int getmine( char arr[ ROWS][ COLS], int x, int y)   //计算周围雷的数量
{
    int count = 0;
    for (int i = x - 1; i <= x + 1; i++)
    {
        for (int j = y - 1; j <= y + 1; j++)
        {
            if (arr[i][j] == '1')
            {
                count++;
            }
        }
    }
    return count;
}
```

test. c 文件（主函数）：

```c
#include" game. h"
int main( )
{
    srand( ( unsigned int) time( NULL) );
    int a = 0;
    do
    {
        menu( );
        scanf( "%d", &a); switch (a)
        {
        case 1:
            game( );
            break;
        case 0:
            printf( "结束游戏\n");
            break;
        default:
            printf( "输入的值错误，请重新输入\n");
            break;
        }
    } while (a);
    return 0;
}
```

程序运行结果如图 5-8 所示。

项目实施程序分析：

1）使用 h 文件完成实际雷区大小与所需雷区大小的数组创建、完成游戏菜单与控制函数的函数声明、完成初始化函数，棋盘函数与随机布雷函数的函数声明等。

2）使用 c 文件完成数组定义、循环语句等知识完成游戏过程中所需实现的函数开发。

3）完成主函数中的函数调用。

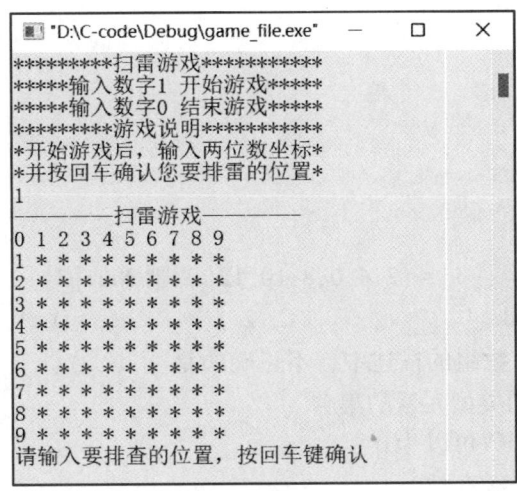

图 5-8 扫雷游戏项目的运行结果图

项目小结

本项目主要讲解了一维数组、二维数组以及字符数组的定义、初始化以及引用的相关内容，其中关于一维数组、二维数组以及字符数组的定义、初始化以及引用是本项目的重点内容。同时关于字符数组的引用是本项目的难点内容，需要结合相关案例进行深入学习。

1）数组的定义与初始化：数组是通过指定类型、数组名和数组大小来定义的。例如，int arr[10]定义了一个包含 10 个整数的数组。同时在定义时可初始化数组，如 int arr[5] = {1，2，3，4，5}。也可以部分初始化，未初始化的元素将自动赋值为 0。

2）数组的访问与修改：通过索引访问数组元素，索引从 0 开始。例如，arr[0]访问数组的第 1 个元素。

3）数组的长度：在 C 语言中，数组的长度是固定的，一旦定义了就不能改变。可以使用 strlen()函数来获取数组的长度，从而得到数组的元素个数。

4）数组的遍历：通常使用循环（如 for 循环）来遍历数组，访问数组中的每个元素。

5）数组的应用：通过扫雷游戏项目体现了数组在解决实际问题中的用处。

6）同时需要注意数组越界访问是常见的错误，可能会导致程序崩溃或不可预测的行为。当传递数组到函数时，实际上传递的是数组首元素的地址，而不是整个数组。因此，在函数内部可以通过指针来访问和修改数组元素。

项目测试

一、选择题

1. 若定义 short um[ ][3]={2,4,6,8,10,12}；则 Num[1][1]的值是（　　）。

A. 8　　　　　　　B. 4　　　　　　　C. 2　　　　　　　D. 10

2. 下列关于 C 语言数组的描述中，不正确的是（　　）。

A. 数组是一组相同类型元素的集合

B. 数组中的元素个数可以为 0

C. 数组在内存中连续存放

D. 数组的大小在定义后不能改变

3. 下列对一维数组 a 进行正确初始化的是（　　）。

A. int a[10]=(0,0,0,0,0)；

B. int a[10]={ }；

C. int a[ ]={0}；

D. int a[10]={ 10*2}；

4. 下列语句中，可以声明一个包含 10 个整数的数组，并初始化第 1 个元素为 1 的是（　　）。

A. int a[10] = {1}；

B. int a[10] = 1；

C. int a = {1, 0, 0, 0, 0, 0, 0, 0, 0, 0}；

D. int a[10] = (1)；

5. 下列关于二维数组的描述中，正确的是（　　）。

A. 二维数组是行优先存储的

B. 二维数组是列优先存储的

C. 二维数组是按照元素在内存中的地址顺序连续存储的

D. 二维数组是按照元素在内存中的地址顺序交错存储的

6. 假设有一个二维数组 int a[3][4]，则以下（　　）元素表示的是数组中的第 2 行第 3 列的元素。

A. a[2][3]　　　　B. a[1][2]　　　　C. a[2][2]　　　　D. a[1][3]

7. 下列选项中可以正确初始化一个 3 行 2 列的二维数组，并将所有元素初始化为 0 的是（　　）。

A. int a[3][2] = {0}；

B. int a[3][2] = {{0}}；

C. int a[3][2] = {0, 0, 0, 0, 0, 0}；

D. int a[3][2] = {0, 0}；

8. 在 C 语言中，字符数组和字符串的关系是（　　）。

A. 字符数组就是字符串

B. 字符串就是字符数组

C. 字符数组可以用来存储字符串

D. 字符串和字符数组没有任何关系

9. 下列关于字符数组初始化的描述中，正确的是（　　　）。

A. 字符数组可以直接用字符串常量进行初始化

B. 字符数组必须对逐个字符进行初始化

C. 字符数组初始化时不能指定大小

D. 字符数组初始化后不能再修改其内容

10. 下列语句中正确地声明并初始化了一个包含字符串" Hello" 的字符数组的是
（　　　）。

A. char str[ ] = " Hello" ;

B. char str = " Hello" ;

C. char str[5] = " Hello" ;

D. char str(5) = " Hello" ;

二、判断题

1. 在 C 语言中，一维数组的所有元素在内存中都是连续存放的。　　　（　　　）

2. 可以通过赋值运算符将一个数组直接赋值给另一个数组。　　　（　　　）

3. 在定义二维数组时，可以省略行数，但不可以省略列数。　　　（　　　）

4. 二维数组的每个元素都可以看作是一个一维数组。　　　（　　　）

5. 字符数组中的每个元素都可以存储一个字符。　　　（　　　）

6. 可以用赋值语句给字符数组名赋字符串。　　　（　　　）

三、程序填空题

1. 使用循环输出包含 5 个整数的一维数组的所有元素，请补充以下代码。

```
#include <stdio. h>
int main( ) {
    int array[ ] = {1, 2, 3, 4, 5} ;
    int i;
    for (i = 0; i < _____ ; i++) {
        printf(" %d " , array[ i]);
    }
    return 0;
}
```

2. 使用嵌套循环输出 4 行 3 列的二维数组的所有元素，请补充以下代码。

```
#include <stdio. h>
  int main( ) {
    int array[ 4][ 3] = { {1, 2, 3}, {4, 5, 6}, {7, 8, 9}, {10, 11, 12} };
    int i, j;
    for (i = 0; i < _____ ; i++) {
        for (j = 0; j < _____ ; j++) {
            printf(" %d " , array[ i][ j]);
```

```c
        }
        printf("\n");
    }
    return 0;
}
```

四、程序阅读题

1. 下面的程序试图将两个字符串连接起来，但有一个错误，请找出并改正。

```c
#include <stdio.h>
#include <string.h>
int main() {
    char str1[50] = "Hello";
    char str2[] = " World";
    //试图连接两个字符串
    strcat(str2, str1);
    printf("%s\n", str2);
    return 0;
}
```

2. 请阅读以下程序，并回答相关问题。

```c
#include <stdio.h>
int main() {
    int array[] = {9, 7, 5, 3, 1};
    int i, temp;
    for (i = 0; i < 4; i++) {
        temp = array[i];
        array[i] = array[i + 1];
        array[i + 1] = temp;
    }
    for (i = 0; i < 5; i++) {
        printf("%d ", array[i]);
    }
    printf("\n");
    return 0;
}
```

问题：

（1）数组 array 的初始内容是什么？

（2）第 1 个循环的作用是什么？

（3）第 1 个循环执行完后，数组 array 的内容变成了什么？

（4）程序输出的结果是什么？

3. 请阅读以下程序，并回答相关问题。

```c
#include <stdio.h>
int main() {
    int matrix[2][3] = {0};
    int i, j, sum = 0;
    for (i = 0; i < 2; i++) {
        for (j = 0; j < 3; j++) {
```

```
            matrix[i][j] = i + j;
            sum += matrix[i][j];
        }
    }
    printf("Sum of all elements: %d\n", sum);
    return 0;
}
```

问题:

(1) 数组 matrix 是如何初始化的?

(2) 数组 matrix 的每个元素是如何赋值的?

(3) 变量 sum 用来做什么?

(4) 程序输出的结果是什么?

4. 请阅读以下程序, 并回答相关问题。

```
#include <stdio.h>
    int main() {
        char str[100] = "abc";
        str[1] = 'X';
        printf("Modified string: %s\n", str);
        return 0;
}
```

问题:

(1) 字符数组 str 的初始内容是什么?

(2) 字符数组 str 的长度是多少?

(3) str[1] = 'X';这行代码的作用是什么?

(4) 修改后字符串的内容是什么?

五、程序设计题

1. 编写一个程序, 定义一个一维数组, 输入若干数, 找出数组中的最大值和最小值, 并输出。

2. 编写一个程序, 将一个一维数组的元素逆序排列, 并输出逆序排列后的数组。

3. 编写一个程序, 使用冒泡排序算法对一个一维数组进行排序, 并输出排序后的数组。

4. 编写一个程序, 读取一个 n×n 矩阵, 计算其转置矩阵, 并输出转置后的矩阵。

5. 编写一个程序, 读取两个 n×n 矩阵, 计算它们的和, 并输出相加后的矩阵。

6. 编写一个程序, 输入一个字符串, 然后将该字符串反转输出。

7. 编写一个程序, 输入两个字符串, 然后将这两个字符串连接起来并输出。

项目 **6**
简易日历

项目目标

【知识目标】
- 了解函数的概念。
- 熟悉返回语句和函数参数的作用。
- 了解内部函数和外部函数的概念。

【技能目标】
- 掌握函数的定义方式。
- 掌握函数的调用。
- 区分局部变量和全局变量。
- 灵活应用函数解决问题。

【素养目标】
- 培养新质生产力需要的数字意识和创新精神。
- 培养科学思维和逻辑思维能力。
- 培养能运用函数解决实际问题的能力，激发对程序设计的兴趣。

项目介绍

日历显示程序的基本规则是：输入指定的年度和月份，程序计算所在月份的天数，每天对应在一周中的哪一天，最后打印按照星期排列的日历，使用的知识点如下：

1）函数的定义、调用、返回值计算。

2）系统提供的函数调用、外部函数所在的头文件的处理。

3）函数间的逻辑关系设计，模块化实现。

本项目要求编写一个程序，实现如图 6-1 所示的简易日历打印。

```
请输入年度和月份：
2024，04
2024年04月
SUN MON TUE WED THU FRI SAT
             1   2   3   4   5   6
 7   8   9  10  11  12  13
14  15  16  17  18  19  20
21  22  23  24  25  26  27
28  29  30
press any key to continue
```

图 6-1　简易日历

需求分析

本项目的目标是用 C 语言实现一个简单的日历程序，该程序应具备显示当前日期、月份切换、闰年处理等功能。本项目重点和难点：遵循模块化思想，通过函数方式组织代码，以提高代码的可读性和可维护性。

日历计算过程：

1）根据指定的年度和月份，计算当月的天数。

2）计算指定年份开始日期星期数，并计算到指定月份间隔天数。

3）按照间隔天数计算当月开始的星期数。

利用模块化思想，灵活应用函数实现复杂系统，使用多重循环结构解决实际问题。

知识准备

PPT:
函数的定义

6.1　函数的定义

函数是 C 程序的基本构建单元，是一段封装了特定功能的代码块。通过函数，可以将代码模块化，实现代码的重用和逻辑的封装。

函数的定义包含一个函数头（function head，或称为声明符（declarator））和一个函数体。函数头指定了函数的名称、返回值的类型以及参数的类型和名称（如果有参数）。函数体中的语句明确了该函数的功能。函数定义的一般格式如下：

```
返回值类型 函数名(参数列表)
{
    函数体(函数实现特定功能的过程);
}
```

6.1.1　函数头

函数头用来标志一个函数定义的开始，函数头分成返回值类型、函数名和参数列

表 3 个部分。

1）返回值类型：返回值可以是某个 C 语言的数据类型。

2）函数名：即函数的标识符，函数名在程序中必须是唯一的。因为是标识符，所以函数名也要遵守标识符命名规则。

3）参数列表：可以为空或有限个参数，在进行函数调用时，实际参数将被复制到这些变量中，参数列表为空的函数为无参函数。

微课 6-1
函数的定义

6.1.2　函数体

函数体包含函数要实现的特定功能代码，位于函数头的下方位置，由一对大括号括起来，大括号决定了函数体的范围。

函数体包括函数内部局部变量的声明和函数的可执行代码。

所有的 C 程序都必须有一个 main 函数，该函数是程序的主控模块，在开始运行程序时由系统自动调用。main 函数的返回值为整型，当 main 函数结束返回时，系统接收 main 函数的返回值。main 函数的参数列表中的参数可以有两个：一个是整数，另一个是指向字符数组的指针。虽然在调用时有参数传递给 main 函数，但是在定义 main 函数时可以不带任何参数，在前面的所有实例中，main 函数没有带任何参数。除了 main 函数外，其他函数在定义和调用时，参数都必须是匹配的。

为了让读者习惯 main 函数的返回值，可以看到本书所有实例中的 main 函数都定义为如下形式：

```
int main( )
{
  ......
    return 0;
}
```

【例 6-1】用子函数显示输入的整数。

通过本例的代码了解函数声明与函数定义的位置，及其在程序中的作用。

程序代码：

```
#include<stdio.h>
/ * 函数的声明 * /
void ShowNumber( int iNumber) ;
int main( )
{
    int iShowNumber;                                    / * 定义整型变量 * /
    printf( "What Number do you wanna Display? \n") ;   / * 输出提示信息 * /
    scanf( "%d",&iShowNumber) ;                         / * 输入整数 * /
    DispNumber( iShowNumber) ;                          / * 调用函数 * /
    return 0;
}/ * 程序结束 * /
/ * 函数的定义 * /
void DispNumber( int iNumber)
{
    printf( "You wanna to Display the Number is:%d\n",iNumber) ;  / * 输出整数 * /
}
```

说明:

1) 观察上面的程序，可以看到在 main 函数的开头进行了 ShowNumber 函数的声明，声明的作用是告知其函数将在后面进行定义。

2) 在 main 函数体中，首先定义一个整型的变量 iShowNumber，然后输出一条提示消息。

3) 在消息提示下输入整型变量，调用 ShowNumber 函数进行输出操作，最后在 main 函数的定义之后就可以看到 ShowNumber 函数的定义。

程序运行结果如图 6-2 所示。

```
 D:\Dev-Cpp\ConsolePauser.exe                                    —    □    ×
What Number do you wanna Display?
80
You wanna to Display the Number is:80

--------------------------------
Process exited with return value 0
Press any key to continue . . .
```

图 6-2 例 6-1 运行结果图

微课 6-2
函数的调用
与返回

6.1.3　从函数返回

从函数返回是返回语句的第一个主要用途。在程序中，有两种方法可以终止函数的执行，并返回到调用函数的位置。第一种方法是在函数体中，从第一句一直执行到最后一句，当所有语句都执行完，程序遇到结束符号"}"后返回。

【例 6-2】从函数返回。

在本例中，通过一个简单的函数，在函数的适当位置输出提示信息，进而观察函数的返回过程。

```c
#include<stdio.h>
int fun();                                    /*声明函数*/
int main()
{
    printf("this step is before the Function\n");   /*输出提示信息*/
    fun();                                    /*调用函数*/
    printf("this step is end of the Function\n");    /*输出提示信息*/
    return 0;
}
int fun()                                     /*定义函数*/
{
    printf("this step is in the Function\n");   /*输出提示信息*/
    /*函数结束*/
}
```

说明：
　　1）在程序代码中，首先程序声明了一个 fun 函数，在主函数 main 中，使用 printf 函数进行输出显示也调用了 fun 函数。

　　2）在主函数 main 外定义了 fun 函数，其函数体输出一条信息后返回。

运行程序，显示效果如图 6-3 所示。

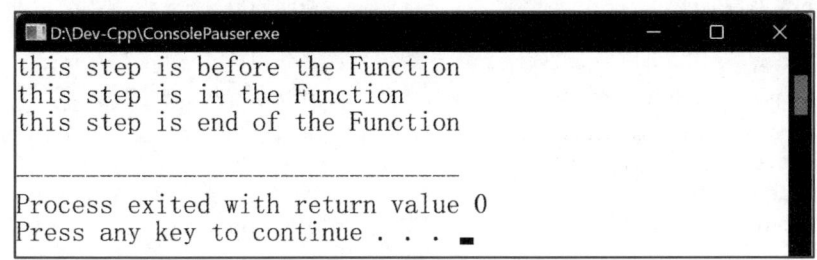

图 6-3　返回值类型与 return 值类型

PPT：
函数参数

6.2　函数参数

在调用函数时，大多数情况下，主调函数和被调用函数之间有数据传递关系，这就是前面提到的有参数的函数形式。函数参数的作用是传递数据给函数使用，函数利用接收到的数据进行具体的操作处理。

函数参数在定义函数时放在函数名称的后面，如图 6-4 所示。

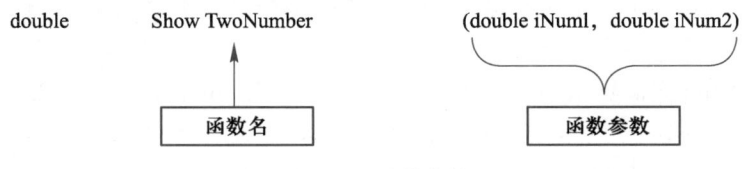

图 6-4　函数参数

在使用函数时，经常会用到形式参数和实际参数。两者都称为参数，那么就需要了解二者有什么关系、二者之间的区别，以及两种参数分别起到的作用。接下来通过形式参数与实际参数的名称和作用来进行理解，再通过一个比喻和实例深入理解。

1. 通过名称理解

形式参数：顾名思义，就是形式上存在的参数。

实际参数：即实际存在的参数。

2. 通过作用理解

形式参数：在定义函数时，函数名后面括号中的变量名称为"形式参数"。在函数调用之前，传递给函数的值将被复制到这些形式参数中。

实际参数：在调用一个函数时，也就是真正使用一个函数时，函数名后面括号中的参数为"实际参数"。实际参数是表达式计算的结果，并且被复制给函数的形式参数。

【例 6-3】 形式参数与实际参数的比喻程序。

```
#include<stdio. h>
void DrinkMilk( char* cBottle);                    /* 声明函数 */
int main( )
{
    char cPoke[ ] = " " ;                          /* 定义字符数组变量 */
    printf( " Mother wanna give the baby:" );      /* 输出信息提示 */
    scanf( " %s" ,&cPoke);                         /* 输入字符串 */
    DrinkMilk( cPoke);                             /* 将实际参数传递给形式参数 */
    return 0;                                       /* 程序结束 */
}
/* 喝牛奶的动作 */
void DrinkMilk( char* cBottle)                     /* cBottle 为形式参数 */
{
    printf( " The Baby drink the %s\n" ,cBottle);  /* 输出提示，进行喝牛奶动作 */
}
```

说明：

1）首先声明程序中要用到的函数 DrinkMilk，在声明函数时 cBottle 变量称为形式参数，这就相当于之前母亲为孩子准备好的一袋牛奶。

2）在主函数 main 中，定义一个字符数组变量用来保存用户输入的字符。

3）通过 printf 库函数显示信息，表示此时孩子饿了，妈妈应该喂孩子吃东西。

4）使用 scanf 库函数在控制台上输入字符串，将其字符串保存在 cPoke 变量中。

5）cPoke 获得数据之后，调用 DrinkMilk 函数，将 cPoke 变量作为 DrinkMilk 函数的参数传递。此时的 cPoke 变量就是实际参数，而传递的对象就是形式参数。这就相当于妈妈把牛奶袋打开后，将牛奶放入空奶瓶中。

6）当调用 DrinkMilk 函数时，程序就会调转到 DrinkMilk 函数的定义处。在函数定义的函数参数 cBottle 为形式参数，不过此时 cBottle 已经得到了 cPoke 变量传递给它的值。这样，在使用输出语句 printf 输出 cBottle 变量时，显示的数据就是 cPoke 变量保存的数据。此时就相当于使用灌满牛奶的奶瓶喂宝宝喝牛奶一样。

7）DrinkMilk 函数执行完，返回主函数 main 中，return 语句返回 0，程序结束。此时就相当于宝宝已经喝饱了，妈妈就可以安心地做其他事情。

运行程序，显示效果如图 6-5 所示。

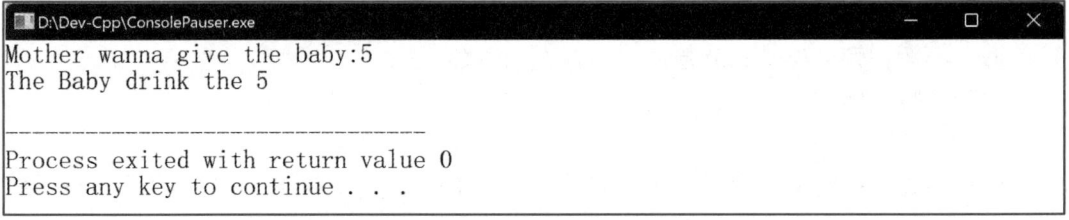

图 6-5　形式参数与实际参数的比喻程序

本例中，将上面的比喻进行了模拟，希望读者可以通过动手操作，领悟上面的比喻，对形式参数和实际参数加深理解，更好地掌握知识点。

6.3 数组作为函数参数

PPT:
数组作为函数
参数

本节将讨论数组作为实参传递给函数的这种特殊情况。将数组作为函数参数进行传递，不同于标准的赋值调用的参数传递方法。

当数组作为函数的实参时，只传递数组的地址，而不是将整个数组赋值到函数中。当用数组名作为实参调用函数时，指向该数组的第 1 个元素的指针就被传递到函数中。

注意： C 语言中没有任何下标的数组名，而是一个指向该数组第 1 个元素的指针。例如，定义一个具有 10 个元素的整型数组：

```
int Count[10];                                    /*定义整数数组*/
```

其中的代码没有下标的数组名 Count 与指向第 1 个元素的指针 *Count 是相同的。

声明函数参数时必须具有相同的类型，根据这一点，下面将对使用数组作为函数参数的各种情况进行详细的讲解。

1. 数组元素作为函数参数

由于实参可以是表达式形式，数组元素可以是表达式的组成部分，因此数组元素可以作为函数的实参，与用变量作为函数实参一样，是单向传递。

【例 6-4】 数组元素作为函数参数。

```c
#include<stdio.h>
void ShowMember( int iMember) ;                  /*声明函数*/
int main( )
{
    int iCount[10];                              /*定义一个整型的数组"/
    for( int i=0;i<10;i++)
    iCount[i]=i;                                 /*进行赋值循环*/
    for( int i=0;i<10;i++)
    ShowMember(iCount[i]):                       /*为数组中的元素进行赋值操作*/
    return 0;
}
void ShowMember( int iMember)                    /*函数定义*/
{
    printf("Show the member is%d \n",iMember);   /*输出数据*/
}
```

微课 6-4
数组元素作
为函数的参数

说明：

1）在源文件的开始处为了下面要使用的函数进行声明，在主函数 main 的开始处首先定义一个整型数组和一个整型变量 i，变量 i 用于下面要使用的循环语句。

2）变量定义完成之后要对数组中的元素进行赋值，在这里使用 for 循环语句，变量 i 作为循环语句的循环条件，并且作为数组的下标指定数组元素位置。

3）通过一个循环语句调用 ShowMember 函数显示数据，其中可以看到 i 作为参数中数组的下标，表示指定要输出的数组元素。

运行程序，显示效果如图 6-6 所示。

```
D:\Dev-Cpp\ConsolePauser.exe                              —    □    ×
Show the member is -1984236471
Show the member is -2
Show the member is 6356712
Show the member is 1962639981
Show the member is 4200784
Show the member is 6356868
Show the member is 4200878
Show the member is 4200784
Show the member is 4136960
Show the member is 48

--------------------------------
Process exited with return value 0
Press any key to continue . . .
```

图 6-6 数组元素作为函数参数

2. 数组名作为函数的参数

可以用数组名作为函数的参数，此时实参与形参都应使用数组名。

【例 6-5】数组名作为函数的参数。

微课 6-5
数组名作为
函数的参数

```c
#include<stdio. h>
void Evaluate( int iArrayName[10]);       /*声明赋值函数*/
void Display( int iArrayName[10]);        /*声明显示函数*/
int main( )
{
    int iArray[10];                       /*定义一个具有 10 个元素的整型数组*/
    Evaluate(iArray);                     /*调用函数进行赋值操作，将数组名作为参数*/
    Display(iArray);                      /*调用函数进行赋值操作，将数组名作为参数*/
    return 0;
}
    /*数组元素的显示*/
void Display( int iArrayNamel[10])
{
    int i;                                /*定义整型变量*/
    for(i=0;i<10;i++)                     /*执行循环语句*/
    {   /*在循环语句中执行输出操作*/
        printf( "the member number is %d\n", iArrayName[i]);
    }
}
```

```
void Evaluate(int iArrayName[10])
{
    int i;                      /*定义整型变量*/
    for(i=0;i<10;i++)           /*执行循环语句*/
    {
        iArrayName[i]=i;        /*在循环语句中执行赋值操作*/
    }
}
```

说明：

1）首先对程序中将要使用的函数进行声明操作，在声明语句中可以看到函数参数中使用数组名作为参数名。

2）在主函数 main 中，定义一个具有 10 个元素的整型数组 iArray。

3）定义整型数组之后，调用 Evaluate 函数，这时可以看到 iArray 作为函数参数传递数组的地址。在 Evaluate 的定义中可以看到，通过使用形参 iArrayName 对数组进行了赋值操作。

4）调用 Evaluate 函数后，整型数组已经被赋值，此时又调用 Display 函数将其数组进行输出，可以看到在函数参数中使用的也是数组名称。

运行程序，显示效果如图 6-7 所示。

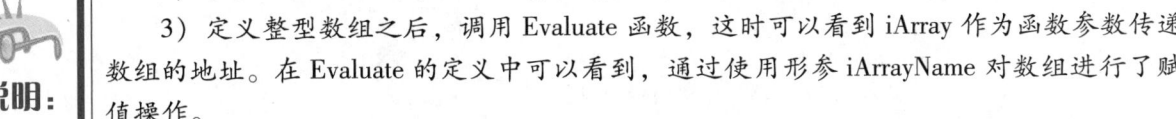

```
D:\Dev-Cpp\ConsolePauser.exe
the member number is 0
the member number is 1
the member number is 2
the member number is 3
the member number is 4
the member number is 5
the member number is 6
the member number is 7
the member number is 8
the member number is 9

--------------------------------
Process exited with return value 0
Press any key to continue . . .
```

图 6-7　数组名作为函数参数

3. 可变长度数组作为函数的参数

可以将函数的参数声明成长度可变的数组，在此基础上利用上面的程序进行修改。声明方式的代码如下：

```
void Function(int *arr, int size);      /*声明赋值函数*/
void Function(int arr[]);               /*声明显示函数*/
```

微课 6-6
可变长度数
组作为函数
的参数

从上面的代码中可以看到，在定义和声明一个函数时，将数组作为函数参数，并且没有指明数组此时的大小，即可将函数参数声明为数组长度可变的数组。

【例 6-6】可变长度数组作为函数参数。

在本例中，修改例 6-5，使其参数为可变长度数组，通过比较两个程序，使读者对此加深印象。

```c
#include<stdio. h>
void Evaluate(int iArrayName[]);           /*声明赋值函数*/
void Display(int iArrayName[]);            /*声明显示函数*/
int main()
{
    int iArray[10];                        /*定义一个具有 10 个元素的整型数组*/
    Evaluate(iArray);                      /*调用函数进行赋值操作,将数组名作为参数*/
    Display(iArray);                       /*调用函数进行赋值操作,将数组名作为参数*/
    return 0;
}
/*数组元素的显示*/
void Display(int iArrayName[])
{
    int i;                                 /*定义整型变量*/
    for(i=0;i<10;i++)                      /*执行循环语句*/
    {   /*在循环语句中执行输出操作*/
        printf("the member number is %d\n",iArrayName[i]);
    }
}
void Evaluate(int iArrayName[])
{
    int i;                                 /*定义整型变量*/
    for(i=0;i<10;i++)                      /*执行循环语句*/
    {
        iArrayName[i]=i;                   /*在循环语句中执行赋值操作*/
    }
}
```

本程序的执行过程与例 6-5 相似,只是在声明和定义函数参数时,使用的是可变长度数组的形式。

运行程序,显示效果如图 6-8 所示。

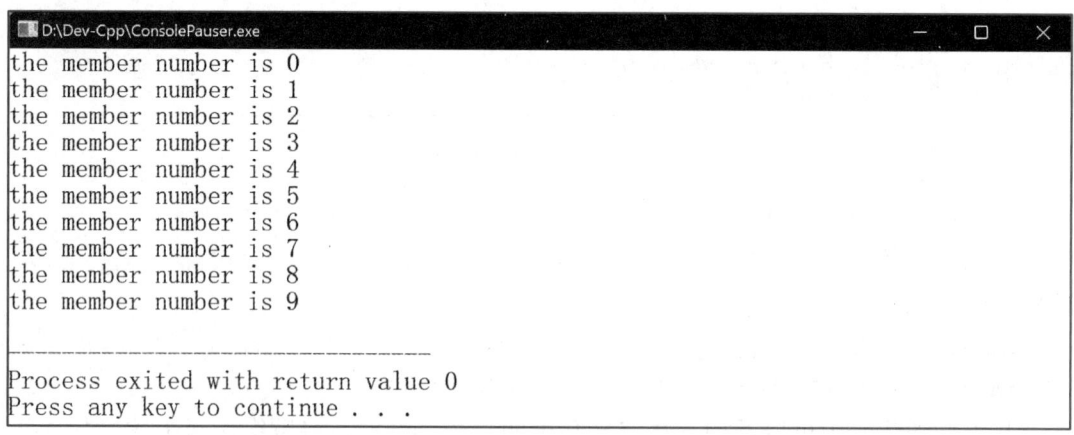

图 6-8　可变长度数组作为函数参数

4. 使用指针作为函数参数

最后一种方式是将函数参数声明为一个指针。当数组作为函数的实参时,只传递数组的地址，而不是将整个数组赋值到函数中去。当用数组名作为实参调用函数时，指向该数组的第 1 个元素的指针就会被传递到函数中。

说明：

将函数参数声明为一个指针，也是 C 语言程序比较常用的用法。

例如，声明一个函数参数为指针时，传递数组的方法如下：

```
void Function(int* point);          /*声明函数*/
int iArray[5];                      /*定义整型数组*/
Function(iArray);                   /*将数组名作为实参进行传递*/
```

从上面的代码中可以看到，指针在声明 Function 时作为函数参数。在调用函数时，可以将数组名作为函数的实参进行传递。

【例 6-7】 使用指针作为函数的参数。

在本例中，仍然实现与前面案例相同的功能。在之前实例程序的基础上进行修改，使之满足新的情况。

```
void Function(int* pPoint);         /*声明函数*/
int iArray[10];                     /*定义整型数组*/
Function(iArray);                   /*将数组名作为实参进行传递*/
```

微课 6-7
使用指针作为函数的参数

从上面的代码中可以看到，指针在声明 Function 时作为函数参数。在调用函数时，可以将数组名作为函数的实参进行传递。

```c
#include<stdio.h>
void Evaluate(int* pPoint);         /*声明函数，参数为可变长度数组*/
void Display(int* pPoint);          /*声明函数，参数为可变长度数组*/
int main()
{
    int iArray[10];                 /*定义一个具有 10 个元素的整型数组*/
    Evaluate(iArray);               /*调用函数进行赋值操作，将数组名作为参数*/
    Display(iArray);                /*调用函数进行赋值操作，将数组名作为参数*/
    return 0;
}
void Display(int* pPoint)           /*数组元素的显示*/
{
    int i;                          /*定义整型变量*/
    for(i=0;i<10;i++)
    {                               /*在循环语句中执行输出操作*/
        printf("the member number is %d\n",pPoint[i]);
    }
}
void Evaluate(int* pPoint)          /*进行数组元素的赋值*/
{
    int i;                          /*定义整型变量*/
    for(i=0;i<10;i++)               /*执行循环语句*/
    {
        pPoint[i]=i;                /*在循环语句中执行赋值操作*/
    }
}
```

说明：

1）在程序的开始处声明函数时，将指针声明为函数参数。

2）在主函数 main 中，首先定义一个具有 10 个元素的数组。

3）将数组名作为 Evaluate 函数的参数。在 Evaluate 函数的定义中，可以看到定义函数参数也为指针。在 Evaluate 函数体内，通过循环对数组进行赋值操作。可以看到虽然 pPoint 是指针，但也可以使用数组的形式进行表示。

4）在主函数 main 中调用 Display 函数，进行显示输出操作。

运行程序，显示效果如图 6-9 所示。

```
D:\Dev-Cpp\ConsolePauser.exe                           —    □    ×
the member number is 0
the member number is 1
the member number is 2
the member number is 3
the member number is 4
the member number is 5
the member number is 6
the member number is 7
the member number is 8
the member number is 9

------------------------------------
Process exited with return value 0
Press any key to continue . . .
```

图 6-9　指针作为函数参数

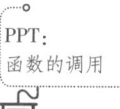

PPT:
函数的调用

6.4　函数的调用

在实际工作中，为了能完成某项特殊的任务，需要使用特定功能的工具，首先需要去制作这个工具，工具制作完成后，就要进行使用。函数就像要完成某项任务的工具，而使用函数的过程就是函数的调用。

6.4.1　函数的调用方式

一种工具不止有一种使用方式，函数的调用也是如此。函数的调用方式有 3 种，包括函数语句调用、函数表达式调用和函数参数调用。

1. 函数语句调用

把函数的调用作为一个语句就称为函数语句调用。函数语句调用是最常用的函数调用方式，如下所示：

```c
#include<stdio. h>
int add( int a, int b) {        /*定义函数，用于计算两个数的和*/
    return a + b;
}
```

```
int main( ) {
    int result;
    result = add(5, 10);                    /*调用 add 函数，并将结果存储在 result 变量中*/
    printf("The sum is：%d\n", result);  /*打印结果 */
    return 0;
}
```

这个函数的功能是在函数的内部显示一条消息，这时不要求函数带返回值，只要求完成一定的操作。

【例 6-8】 函数语句调用。

本例使用函数语句调用方式，通过调用函数完成显示一条信息的功能，进而观察函数语句调用的使用方式。

```
#include<stdio. h>
void Display( )                              /*定义函数*/
{
    printf("Just show this message. ");      /*实现显示一条信息的功能*/
}
int main( )
{
    Display( );                              /*函数语句调用*/
    return 0;
}
```

说明： 在介绍定义与声明时曾介绍过，如果在使用函数之前定义函数，那么此时的函数定义包含函数声明。

运行程序，显示效果如图 6-10 所示。

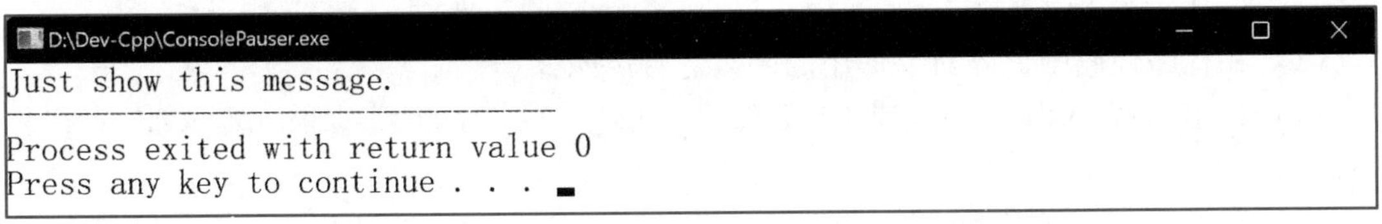

```
D:\Dev-Cpp\ConsolePauser.exe                                    —    □    ×
Just show this message.
-----------------------------------
Process exited with return value 0
Press any key to continue . . . ▄
```

图 6-10　函数语句调用

2. 函数表达式调用

函数出现在一个表达式中，这时要求函数必须返回一个确定的值，而这个值则作为参加表达式运算的一部分，如下所示：

```
#include<stdio. h>
int AddTwoNum( int iNum1, int iNum2)        /*定义函数*/
{
    int iTempResult;                         /*定义整型变量*/
    iTempResult=iNum1+iNum2:                 /*进行加法计算，并将结果赋值给 TempResult*/
    return   iTempResult;                    /*返回计算结果*/
```

```
    }
    int main( )
    {
        int iResult;                        /*定义变量,用来存储计算结果*/
        int iNum3 = 10;                     /*定义变量,赋值为 10*/
        iResult = iNum3 * AddTwoNum(3,5);   /*在表达式中调用 AddTwoNum 函数*/
        printf("The result is : %d\n",iResult);  /*将计算结果进行输出*/
        return 0;
    }
```

可以看到,函数 AddTwoNum 的功能是使两个数相加。在表达式中,AddTwoNum 将相加的结果与 iNum3 变量执行乘法,将得到的结果赋值给 iResult 变量。

【例 6-9】 函数表达式调用。

在本例中,定义一个函数,其功能是进行加法计算,并在表达式中调用该函数,使得函数的返回值参加运算,得到新的结果。

微课 6-8
函数实参的
形式与处理

```
#include<stdio. h>
int AddTwoNum( int iNum1 , int iNum2)       /*定义函数*/
{
    int iTempResult;                        /*定义整型变量*/
    iTempResult = iNum1+iNum2:               /*进行加法计算,并将结果赋值给 TempResult*/
    return    iTempResult;                  /*返回计算结果*/
}
int main( )
{
    int iResult;                            /*定义变量,用来存储计算结果*/
    int iNum3 = 10;                         /*定义变量,赋值为 10*/
    iResult = iNum3 * AddTwoNum(3,5);       /*在表达式中调用 AddTwoNum 函数*/
    printf("The result is : %d\n",iResult); /*将计算结果进行输出*/
    return 0;
}
```

1) 在程序代码中,先对要使用的函数进行声明操作。

2) 在主函数 main 中,首先定义整型变量用来保存计算结果。定义整型变量 iNum3,为其赋值 10。

3) 在表达式中调用 AddTwoNum 函数来计算数值 3 和 5 的加法,并且将运算结果赋值给表达式中的元素。iNum3 变量乘以函数返回的值,最后将结果赋值给 iResult 变量。

4) 使用 printf 函数对所得到的结果进行输出显示。

运行程序,显示效果如图 6-11 所示。

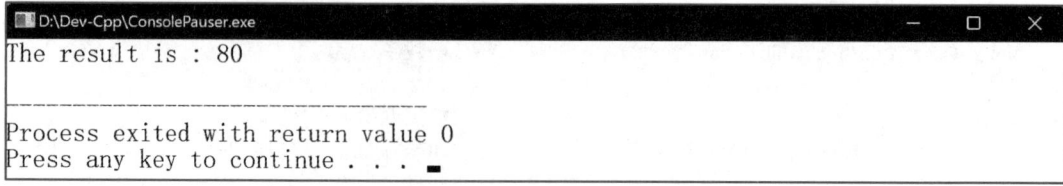

图 6-11 函数表达式调用

3. 函数参数调用

函数调用作为一个函数的实参，也就是将函数返回值作为实参，传递到函数中使用。

函数出现在一个表达式中，这时要求函数返回一个确定的值，这个值用于参加表达式的运算，如下所示：

```
iResult = AddTwoNum(10,AddTwoNum(3,5));        /* 函数在参数中 */
```

在这条语句中，AddTwoNum 函数的功能还是进行两个数相加，然后将相加的结果作为函数的参数，继续进行计算。

【例 6-10】 函数参数调用。

本例在前面程序的基础上进行修改，进行连续加法的操作。

```c
#include<stdio.h>
/* 声明函数，函数进行加法计算 */
int AddTwoNum(int iNum1, int iNum2);
int main()
{
    int iResult;                                /* 定义变量用来存储计算结果 */
    iResult = AddTwoNum(10,AddTwoNum(3,5));      /* 在参数中调研 AddTwoNum 函数 */
    printf("The result is : %dn",iResult);       /* 将计算结果进行输出 */
    return 0 ;
}
int AddTwoNum(int iNum1, int iNum2)             /* 定义函数 */
{
    int iTempResult;                           /* 定义整型变量 */
    iTempResult = iNum1+iNum2;                  /* 进行加法计算，并将结果赋值给 TempResult */
    return   iTempResult;                       /* 返回计算结果 */
}
```

6.4.2　嵌套调用

在 C 语言中，函数的定义都是互相平行、独立的。也就是说，在定义函数时，一个函数体内不能包含定义的另一个函数，这一点和 Pascal 语言是不同的（Pascal 允许在定义一个函数时，在其函数体内包含另一个函数的定义，而这种形式称为嵌套定义）。例如，下面的代码是错误的：

```c
int main()                   /* 错误!!!不能在函数内定义函数 */
{
    void Display()
    {
        printf("l want to show the Nesting function");
    }
    return 0;
}
```

从上面的代码中可以看到，在主函数 main 中定义了一个 Display 函数，目的是输出一句提示。但 C 语言是不允许进行嵌套定义的，因此进行编译时就会出现如图 6-12 所示的错误提示。

```
error C2143: syntax error : missing ';' before '{'
```

图 6-12　错误提示

虽然 C 语言不允许进行嵌套定义，但是可以嵌套调用函数，也就是说，在一个函数体内可以调用另外一个函数。例如，使用下面代码进行函数的嵌套调用：

```
void ShowMessage( )          /*在函数外面定义函数*/
{
    printf( "The ShowMessage function" );
}
void Display( )
{
    ShowMessage( );          /*正确，在函数体内进行函数的嵌套调用*/
}
```

例如，某公司的首席执行官（CEO）决定该公司要完成某个目标，但是要完成这个目标就需要将其讲给公司的经理们听，公司的经理们再将要做的内容传递给下级的副经理们听，副经理再讲给下属的职员听，职员按照上级的指示进行工作，最终完成目标，其过程如图 6-13 所示。

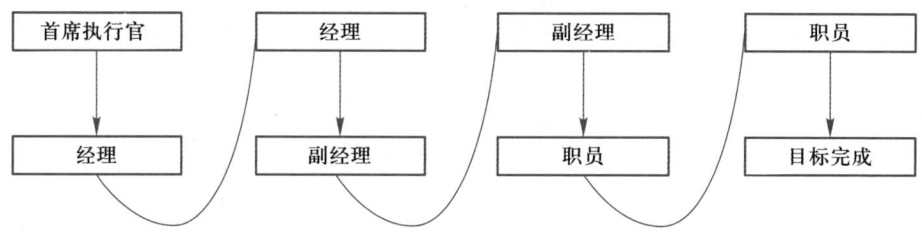

图 6-13　嵌套过程图

微课 6-9
函数的嵌套
调用

【例 6-11】 函数的嵌套调用。

在本例中，利用嵌套函数模拟上述比喻中描述的过程，其中将不同层面的人要做的事情封装成不同的函数，通过调用函数完成最终目标。

```
#include<stdio. h>
void CEO( );                    /*声明函数*/
void Manager( );
void AssistantManager( );
void Clerk( );
int main( )
{
    CEO( );                     /*调用 CEO 的功能函数*/
    return   0;
}
void CEO( )
{
    printf( "The CEO's working is telling Manager\n" );    /*输出信息，表示调用 CEO 函数进行
相应的操作*/
    Manager( );                 /*调用 Manager 的功能函数*/
```

```
    }
    void Manager( )
    {
        printf("The Manager's working's work is telling AssistantManager\n");  /*输出信息，表示调用
Manager 函数进行相应的操作*/
        AssistantManager( );              /*调用 AssistantManager 的功能函数*/
    }
    void AssistantManager( )
    {
        printf("The AssistantManager's work is telling Clerk\n");  /*输出信息，表示调用 Assistant-
Manager 函数进行相应的操作*/
        Clerk( );                        /*调用 Clerk 的功能函数*/
    }
    void Clerk( )
    {
        printf("The Clerk's work is making it\n");  /*输出信息，表示调用 Clerk 函数进行相应的
操作*/
    }
```

1）首先在程序中声明将要使用的函数，其中的 CEO 代表公司首席执行官，Manager 代表经理，AssistantManager 代表副经理，Clerk 代表职员。

2）main 函数的下面是有关函数的定义。CEO 函数通过输出一条信息来表示该函数的功能和作用，最后在函数体中嵌套调用了 Manager 函数。Manager 和 CEO 函数运行的步骤是相似的，只是最后又在其函数体内调用了 AssistantManager 函数。在 AssistantManager 函数中调用了 Clerk 函数。

3）在主函数 main 中，调用了 CEO 函数，于是程序的整个流程按照步骤 2）进行，直到 return 0 语句返回，程序结束。

运行程序，显示效果如图 6-14 所示。

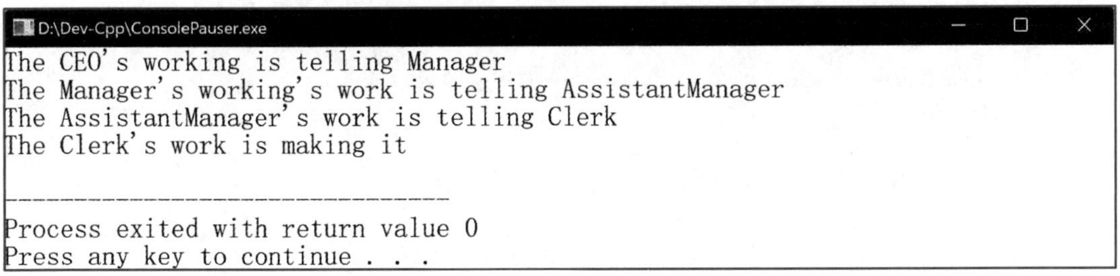

```
The CEO's working is telling Manager
The Manager's working's work is telling AssistantManager
The AssistantManager's work is telling Clerk
The Clerk's work is making it

--------------------------------
Process exited with return value 0
Press any key to continue . . .
```

图 6-14　函数的嵌套调用

6.4.3　递归调用

C 语言的函数都支持递归，也就是说，每个函数都可以直接或者间接地调用自己。所谓的间接调用，是指在递归函数调用的下层函数中再调用自己。递归调用过程如图 6-15 所示。

递归之所以能实现，是因为函数的每个执行过程在栈中都有自己的形参和局部变量的副本，这些副本和该函数的其他执行过程不发生关系。

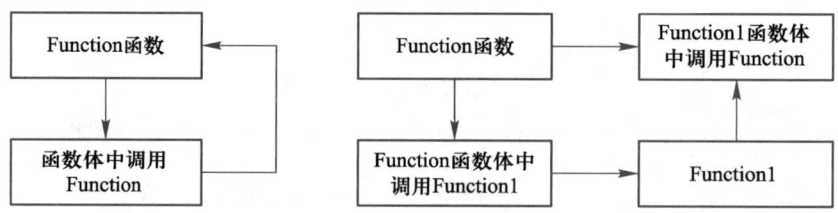

图 6-15　递归调用过程

这种机制是当代大多数程序设计语言实现子程序结构的基础，也使得递归成为可能。假定某个调用函数调用了一个被调用函数，再假定被调用函数又反过来调用了调用函数，那么第 2 个调用就称为调用函数的递归，因为它发生在调用函数的当前执行过程运行完毕之前。而且，因为原先的调用函数、现在的被调用函数在栈中较低的位置有它独立的一组参数和自变量，原先的参数和变量将不受任何影响，所以递归能正常工作。

【例 6-12】函数的递归调用。

在本例中，定义一个字符串数组，为其赋值一系列的名称，通过递归函数的调用，最后实现逆序显示排列的名单。

微课 6-10
函数的递归
调用

```c
#include<stdio. h>
void DisplayNames( char** cNameArray) ;          /*声明函数*/
char* cNames[ ] =                                /*定义字符串数组*/
{
    "Aaron",
    "Jim",
    "Charles",
    "Sam",
    "Ken",
    "end"
};                                               /*设定结束标志*/
int main( )
{
    DisplayNames( cNames) ;                      /*调用递归函数*/
    return 0;
}
void DisplayNames( char** cNameArray)
{
    if( *cNameArray = ="end" )                   /*判断结束标志*/
    {
        return;                                  /*函数结束返回*/
    }
    else
    {
        DisplayNames( cNameArray+1) ;            /*调用递归函数*/
        printf( "%s\n", *cNameArray) ;           /*输出字符串*/
    }
}
```

如图 6-16 所示为程序的流程，通过图 6-16 先了解一下程序流程后再进行讲解，会使读者对程序有一个更清晰的认识。

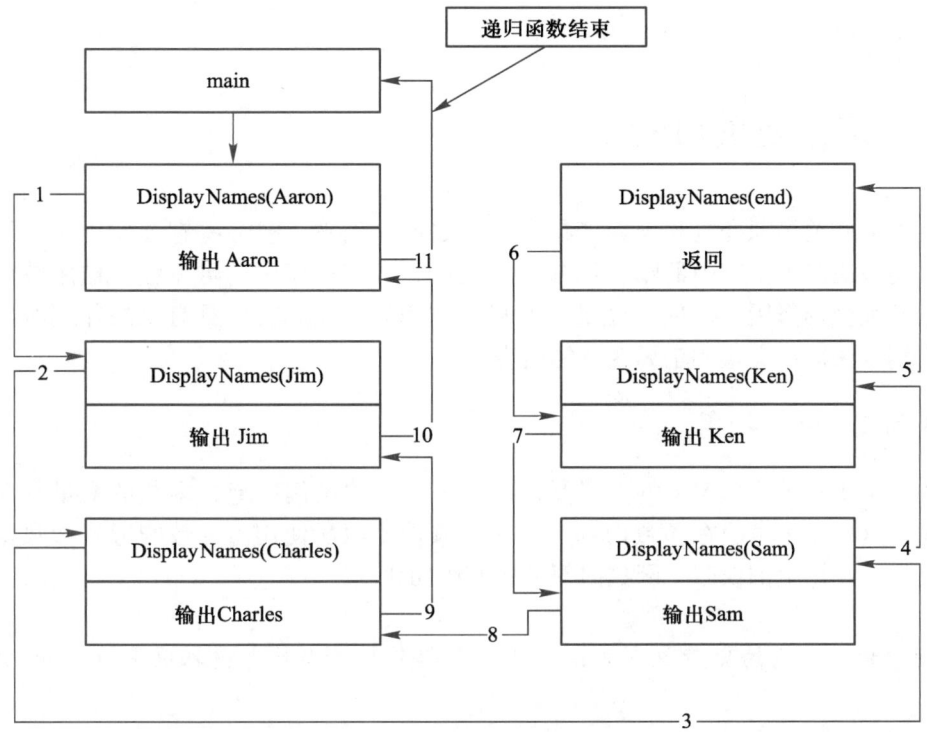

图 6-16　程序调用流程图

对程序进行分析：

1）源文件中首先声明要用到的递归函数，递归函数的参数声明为指针的指针。

2）定义一个全局字符串数组，并且为其进行赋值。其中的一个字符串数组元素"end"作为字符串数组的结尾标志。

3）在主函数 main 中调用递归函数 DisplayNames。

4）在源文件的下面是有关 DisplayNames 函数的定义。在 DisplayNames 的函数体中，通过一个 if 语句判断此时要输出的字符串是否是结束字符，如果是结束标志"end"字符，那么使用 return 语句进行返回。如果不满足要求，则执行下面的 else 语句，在语句块中先调用的是递归函数，在函数参数处可以看到传递的字符串数组元素发生改变，传递下一个数组元素。如果调用递归函数，则又开始判断传递进来的字符串是否是数组的结束标志。最后输出字符串数组的元素。

运行程序，显示效果如图 6-17 所示。

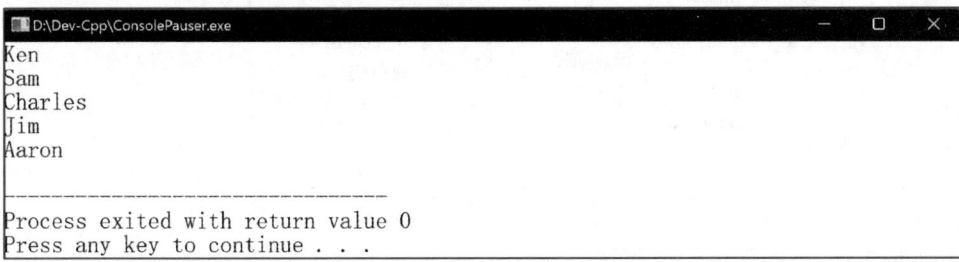

图 6-17　函数的递归调用

PPT:
局部变量和全
局变量

6.5 局部变量和全局变量

在讲解有关局部变量和全局变量的知识之前，先来了解一些有关作用域方面的知识。作用域决定了程序中的哪些语句是可用的，即在程序中的可见性。作用域包括局部作用域和全局作用域，局部变量具有局部作用域，全局变量具有全局作用域。下面具体讲解有关局部变量和全局变量的内容。

6.5.1 局部变量

在一个函数的内部定义的变量是局部变量。上述实例中绝大多数的变量都只是局部变量，这些变量声明在函数内部，无法被其他函数所使用。函数的形式参数也属于局部变量，作用范围仅限于函数内部的所有语句块。

说明：

在语句块内声明的变量仅在该语句块内部起作用，当然也包括嵌套在其中的子语句块。

如图 6-18 所示是不同情况下局部变量的作用域范围。

```
int Function1(int iA)
{
        ...                              iA的作用域范围
}

float Function2(int iB)
{
        float fB1,fB2;                   iB、fB1和fB2
        ...                              的作用域范围
}

int main()
{
        int iC;
        float fC1,fC2;                   iC、fC1和fC2
        ...                              的作用域范围
        return 0;
}

int main()
{
        int iD;
        for(iD=1;iD<10;iD++)                               iD的作用
        {                                cD的作用          域范围
                char cD;                 域范围
                ...
        }
        return 0;
}
```

图 6-18　局部变量的作用域范围

【例 6-13】局部变量的作用域。
本例在不同的位置定义一些变量，并为其赋值来表示变量的所在位置，最后输出

显示其变量值，通过输出的信息来观察局部变量的作用范围。

```
#include<stdio. h>
int main( )
{
    int iNumber1 = 1;                      / * iNumber1 的作用域在整个 main 函数中 * /
    if( iNumber1>0)
    {
        int iNumber2 = 2;
        if( iNumber2>0) {
            int iNumber3 = 3;              / * iNumber3 的作用域在 if 语句块中 * /
            printf( " All three number are in scope here   %d %d %d\n" ,
            iNumber1 ,iNumber2 ,iNumber3) ;    / * 将 3 个都在此作用域的函数进行输出 * /
        }
    }
    return 0;
}
```

程序中有 3 个作用域范围，主函数 main 是其中最大的作用域范围，因为定义变量 iNumber1 在 main 函数中，所以 iNumber1 的范围是在整个 main 函数体中。而 iNumber2 定义在第一个 if 语句块中，因此它的使用范围就是在第一个 if 语句块内。变量 iNumber3 在最内部的嵌套层，因此使用范围只在最里面的 if 语句块中。

从上面的描述中可知，一个局部变量的作用范围可以由包含变量的一对大括号所限定，这样就可以更好地观察局部变量的作用域。

运行程序，显示效果如图 6-19 所示。

```
D:\Dev-Cpp\ConsolePauser.exe                                    —    □    ×
All three number are in scope here 1 2 3

--------------------------------
Process exited with return value 0
Press any key to continue . . .
```

图 6-19　局部变量的作用域

在 C 语言中，位于不同作用域的变量可以使用相同的标识符，也就是可以为变量起相同的名称。如果内层作用域中定义的变量和已经声明的某个外层作用域中的变量具有相同的名称，在内层中使用这个变量名，那么此时该变量名表示的是外层变量还是内层变量呢？答案是：内层作用域中的变量将屏蔽外层作用域中的那个变量，直到结束内层作用域为止。这就是局部变量的屏蔽作用。

【例 6-14】局部变量的屏蔽作用。

在本例中，不同的语句块定义了 3 个相同名称的变量，通过输出变量值来演示有关局部变量的屏蔽作用效果。

```
#include<stdio. h>
int main( )
{
    int iNumber1 = 1;                      / * 在第 1 个 iNumber1 定义变量 * /
    printf( " %d\n" ,iNumber1 ) ;          / * 输出变量值 * /
```

```
        if( iNumber1>0)
        {
            int iNumber1 = 2;                /*在第 2 个 iNumber1 定义变量*/
            printf("%d\n",iNumber1 );        /*输出变量值*/

            if( iNumber1>0)
            {
                int iNumber1 = 3;            /*在第 3 个 iNumber1 定义变量*/
                printf("%d\n",iNumber1);     /*输出变量值/
            }
          printf("%d\n",iNumber1 );
        }
        printf("%d'\n",iNumber1 );           /*输出变量值*/
        return 0;
    }
```

通过运行程序对得到的显示结果进行分析：

1）在主函数 main 中，定义了第 1 个整型变量 iNumber1，将其赋值为 1，赋值之后使用 printf 函数进行输出变量 iNumber1。在程序的运行结果中可以看到，此时 iNumber1 的值为 1。

2）使用 if 语句进行判断，这里使用 if 语句的目的在于划分出一段语句块。因为位于不同作用域的变量可以使用相同的标识符，所以在 if 语句块中也定义一个 iNumber1 变量，并将其赋值为 2。再次使用 printf 函数输出变量 iNumber1 的操作，观察程序的运行结果，发现第 2 个输出的值为 2。此时值为 2 的变量在此作用域中就将值为 1 的变量屏蔽掉。

3）在 if 语句中再次进行嵌套，其嵌套语句中定义相同标识符的 iNumber1 变量，为了进行区分，将其赋值为 3。调用 printf 函数输出变量 iNumber1，从程序运行的结果可以看出显示结果为 3。由此看出值为 3 的变量将值为 2 与 1 的两个变量都进行了屏蔽。

4）在最深层嵌套的 if 语句结束之后，使用 printf 函数进行输出，发现此时显示的值为 2。由此说明此时已经不在值为 3 的变量作用域范围，而在值为 2 的作用域范围。

5）当 if 语句结束之后，输出变量值，此时显示的变量值为 1，说明离开了值为 2 的作用域范围，不再对值为 1 的变量产生变量的屏蔽作用。

运行程序，显示效果如图 6-20 所示。

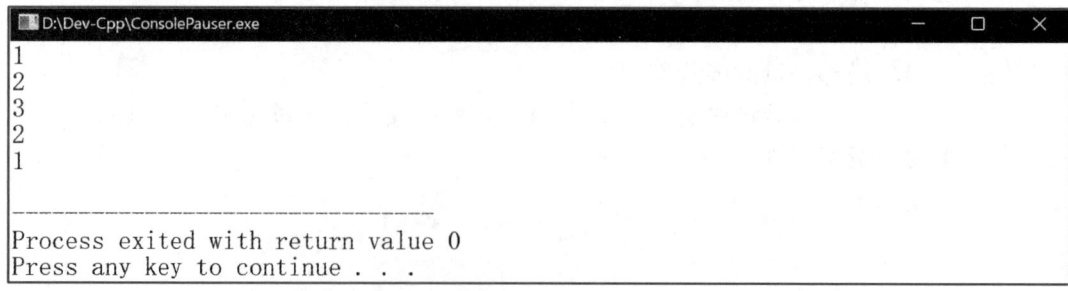

图 6-20　局部变量的屏蔽作用

6.5.2　全局变量

程序的编译单位是源文件，通过上文的介绍可以了解到在函数中定义的变量称为局部变量。如果一个变量在所有函数的外部声明，该变量就是全局变量。顾名思义，全局变量是可以在程序的任何位置进行访问的变量。

注意: 　全局变量不属于某个函数，而属于整个源文件。如果外部文件要进行使用，则要用 extern 关键字进行引用修饰。

定义全局变量的作用是增加函数间数据联系的渠道。由于同一个文件中的所有函数都能引用全局变量的值，因此如果在一个函数中改变了全局变量的值，就会影响到其他函数，相当于各个函数间有直接的传递通道。

例如，有一家全国连锁商店机构，商店所使用的价格是全国统一的。全国各地有很多这样的连锁商店，当进行价格调整时，应该确保每一家连锁商店的价格是相同的。全局变量就像其中所要设定的价格，而函数就像每一家连锁店，当全局变量进行修改时，那么函数中使用的该变量都将被更改。

为了使读者更为清楚地掌握其概念，使用下面的实例模拟上面的比喻。

【**例 6-15**】使用全局变量模拟价格调整。

在本程序中，使用全局变量模拟连锁店的全国价格调整，使用函数表示连锁店，并在函数中输出一条消息，表示连锁店中的价格。

```c
#include<stdio.h>
int iGlobalPrice=100;                              /*设定商店的初始价格*/
void Store1Price();                                /*声明函数，代表1号连锁店*/
void Store2Price();                                /*声明函数，代表2号连锁店*/
void Store3Price();                                /*声明函数，代表3号连锁店*/
void ChangePrice();                                /*更改连锁店的统一价格*/

int main()
{
    printf("the chain store's original price is :%d\n",iGlobalPrice);  /*显示1号连锁店的价格*/
    Store2Price();                                 /*显示2号连锁店的价格*/
    Store3Price();                                 /*显示3号连锁店的价格*/
    ChangePrice();                                 /*调用函数，改变连锁店的价格*/
    printf("the chain store's present price is :%d\n",iGlobalPrice);
                                                   /*显示提示，显示修改后的价格*/
    Store1Price();                                 /*显示1号连锁店的价格*/
    Store2Price();                                 /*显示2号连锁店的价格*/
    Store3Price();                                 /*显示3号连锁店的价格*/
    return 0;
}
void Store1Price()                                 /*定义1号连锁店的价格函数*/
```

```
    {
        printf("store1's price is : %dn",iGlobalPrice);
    }
    void Store2Price()                      /*定义 2 号连锁店的价格函数*/
    {
        printf("store2's price is : %d\n",iGlobalPrice);
    }
    void Store3Price()                      /*定义 3 号连锁店的价格函数*/
    {
        printf("store3's price is : %dn",iGlobalPrice);
    }
    void ChangePrice()                      /*定义更改连锁店价格函数*/
    {
        printf("What price do you want to change? the price is: \n");
        scanf("%d",&iGlobalPrice);
    }
```

1）在程序中，定义了一个全局变量 iGlobalPrice 来表示所有连锁店的价格，为了可以形成对比，初始化值为 100。定义一个函数代表连锁店的价格，如 Store1Price 代表 1 号连锁店；定义另一个函数用来改变全局变量的值，也就代表了对所有连锁店进行调价。

2）在主函数 main 中，首先是将连锁店的先前价格进行显示，然后通过一条信息提示更改 iGlobal 变量。当全局变量被修改后，将所有连锁店当前的价格再次进行输出和对比。

3）通过程序的运行结果可以看出，全局变量增加了函数间数据联系的渠道，当修改一个全局变量时，所有函数中的该变量都会发生改变。

运行程序，显示效果如图 6-21 所示。

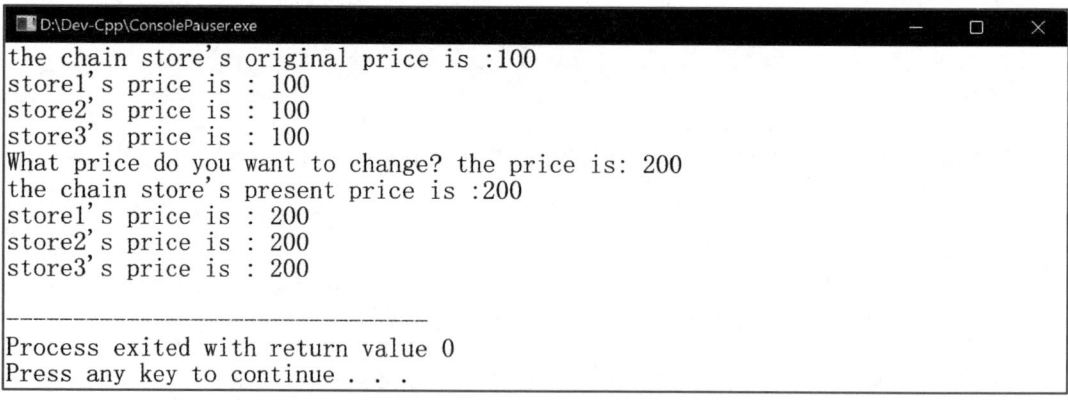

图 6-21　使用全局变量模拟价格调整

项目设计

1. 主函数设计流程（图 6-22）

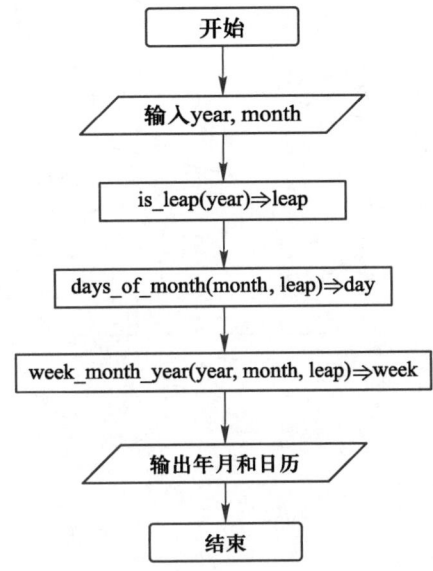

图 6-22   主函数设计流程

2. 判断闰年函数设计流程（图 6-23）

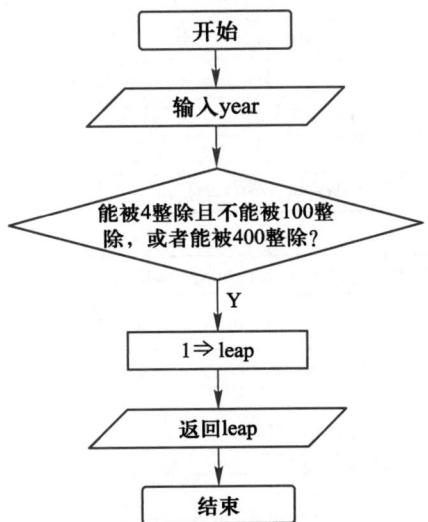

图 6-23   判断闰年函数设计流程

3. 每月天数计算流程（图6-24）

days_of_month(int month,int leap) //每月天数计算

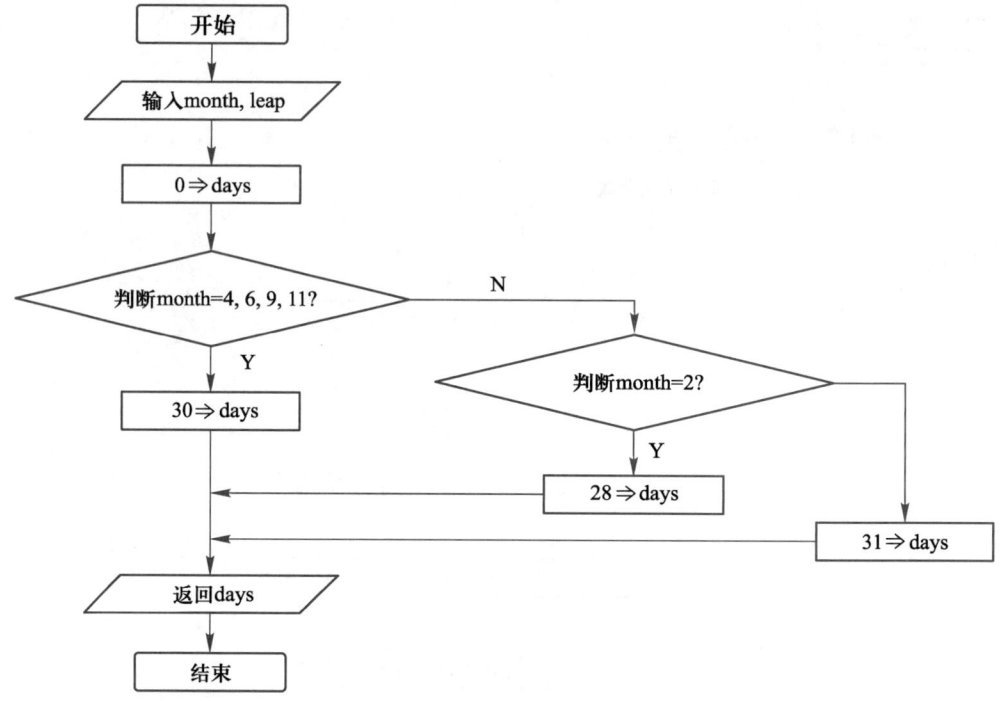

图 6-24　每月天数计算流程

4. 星期计算函数设计流程（图6-25）

week_month_year(int year, int month, int leap): //星期计算

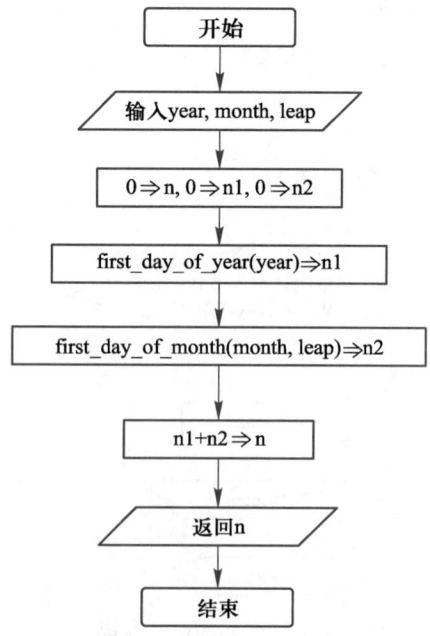

图 6-25　星期计算函数设计流程

5. 相对于每月第一天的计算流程（图 6-26）

first_day_of_month(int month,int leap)//相对每月第一天的计算

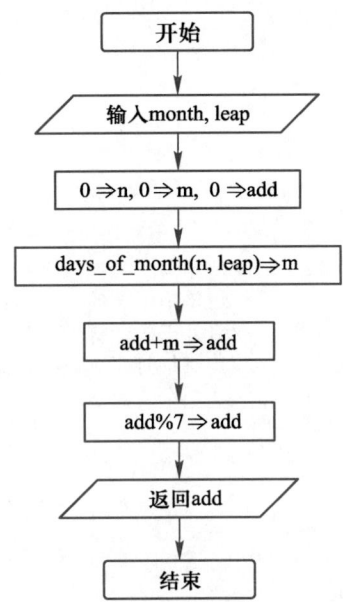

图 6-26　相对每月第 1 天的计算流程

6. 每年第 1 天的星期数计算流程（图 6-27）

first_day_of_year(int year)//每年第一天的星期数计算

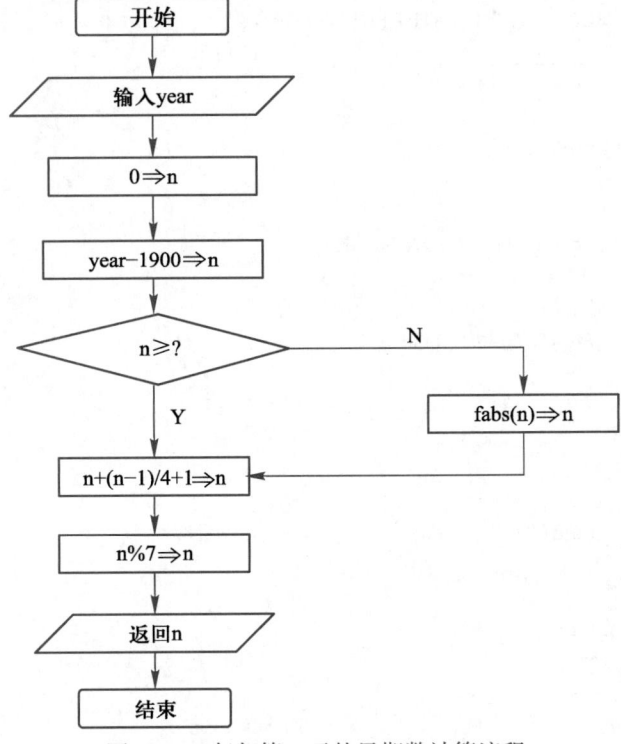

图 6-27　每年第一天的星期数计算流程

微课 6-13
简易日历程
序的设计与
实现

项目实施

项目实施程序代码：

```c
#include<stdio. h>
#include<math. h>
int is_leap(int year);                          //闰年
int first_day_of_year(int year);                //每年第 1 天的星期数计算
int days_of_month(int month,int leap);          //每月天数计算
int first_day_of_month(int month,int leap);     //相对每月第 1 天的计算
int week_month_year(int year,int month,int leap);
char date[6][7]={0};
void main()
{
    int year,month,week,day,i,j,k=1,leap;
    printf("请输入年份和月份: \n");
    scanf("%d,%d",&year,&month);
    leap=is_leap(year);
    day=days_of_month(month,leap);

    week=week_month_year(year,month,leap);
    printf("%d 年%d 月\n",year,month);
    printf("SUN MON TUE WED THU FRI SAT\n");
    printf("_____ \n");
    for(j=0;j<6;j++)
    {
            for(i=0;i<7;i++)
        {

            if((i>=week||j!=0)&&k<=day)
            {
                date[j][i]=k;
                printf("%3d ",date[j][i]);
                k++;
            }
            else
            {
                date[j][i]=' ';
                printf("%3c ",date[j][i]);
            }
        }
        printf("\n");
    }
}
int is_leap(int year)                           //闰年
```

```
{
    int leap=0;
    if((year%4==0&&year%100!=0)||year%400==0)
        {
            leap=1;
        }
    return leap;
}
int first_day_of_year(int year)              //每年第1天的星期数计算
{
    int n=0;
    n=year-1900;
    if(n>=0)
    {
        n=n+(n-1)/4+1;
        n=n%7;
    }
    else
    {
        n=fabs(n);
        n=n+(n-1)/4+1;
        n=7-n%7;
    }
    return n;
}
int days_of_month(int month,int leap)        //每月天数计算
{
    int days=0;
    if(month==4||month==6||month==9||month==11)
        {
            days=30;
        }
    else if(month==2)
        {
            if(leap) days=29;
            else days=28;
        }
    else days=31;
    return days;
}
int first_day_of_month(int month,int leap)   //相对每月第1天的计算
{
    int add=0,m=0,n=1;
    for(n;n<month;n++)
        {
            m=days_of_month(n,leap);
            add+=m;
        }
    add=add%7;
```

```
        return add;
    }
int week_month_year(int year,int month,int leap)//

    {
        int n1 = 0,n2 = 0,n = 0;

        n1 = first_day_of_year(year);
        n2 = first_day_of_month(month,leap);
        n = n1+n2;
        return n;
    }
```

项目小结

本项目在使用 C 语言设计简单日历的过程中，充分利用了 C 语言中模块化思想，同时使用了数组和循环判断的知识，通过设计简单日历的实践，使读者加深对 C 语言程序设计的理解。

1. 日历显示逻辑

日历显示逻辑封装在一个函数中，该函数根据当前的日期信息，计算并显示指定月份的日历。通过循环和条件判断，实现了日历的逐行逐列打印。

2. 闰年处理逻辑

在处理不同月份的天数时，特别考虑了闰年的情况。将闰年的判断逻辑封装在一个函数中，以方便在需要的地方调用。

3. 模块化思想的应用

整个程序遵循模块化思想，将不同的功能封装成独立的函数。这种组织方式提高了代码的可读性和可维护性，也方便了后续的功能扩展。

4. 代码注释和文档

为了提高代码的可读性和可维护性，项目中添加了必要的注释和文档。注释解释了代码的功能和实现逻辑，文档则提供了程序的使用说明和注意事项。

5. 未来展望

本项目虽然实现了基本的日历功能，但仍有很多可以改进和扩展的地方。例如，可以添加节日提醒功能、支持农历显示、优化用户界面等。未来的工作将围绕这些方面进行。

本项目通过模块化思想和函数方式实现了一个简单而功能完备的日历程序。通过本项目，不仅锻炼了编程技能，也加深了对模块化思想和函数式编程的理解。

项目测试

一、选择题

1. 下列程序执行后的结果是（　　　）。

```
#include <stdio. h>
f( int a)
{
    int b=0;
    static c=3;
    a=c++,b++;
    return(a);
}
int main( )
{
    int a=2,i,k;
    for(i=0;i<2;i++)
        k=f(a++);
    printf("%d\n",k);
Return 0;
}
```

A. 3　　　　　　　　B. 0　　　　　　　　C. 5　　　　　　　　D. 4

2. 下列程序执行后的结果是（　　　）。

```
int w=3;
fun( int k);
main( )
{
    int w=10;
    printf("%d\n",fun(5) * w);
}
fun( int k)
{   if (k==0)
        return(w);
    return(fun(k-1) * k);
}
```

A. 360　　　　　　　　B. 3600　　　　　　C. 1080　　　　　D. 1200

3. 下列程序执行后的结果是（　　　）。

```
#include <stdio. h>
int abc( int u,int v);
int main( )
{
    int a=24,b=16,c;
    c=abc(a,b);
    printf("%d\n",c);
```

```
    return 0;
}
int abc(int u,int v)
{
    int w;
    while(v)
    {   w=u%v;
        u=v;
        v=w;
    }
    return(u);
}
```

A. 6   B. 7   C. 8   D. 9

4. 下列程序执行后的结果是（　　）。

```
int d=1;
fun(int p)
{   int d=5;
    d+=p++;
    printf("%d",d);
}
int main()
{
    int a=3;
    fun(a);
    d+=a++;
    printf("%d\n",d);
return 0;
}
```

A. 8　4   B. 9　9   C. 9　5   D. 4　4

5. 下列程序执行后的结果是（　　）。

```
int d=1;
fun(int p)
{    static int d=5;
    d+=p;
    printf("%d",d);
    return(d);
}
int main()
{
    int a=3;
    printf("%d\n",fun(a+fun(d)));
    return 0;
}
```

A. 699   B. 669   C. 61515   D. 6615

6. 有如下函数调用语句：

```
func(rec1,rec2+rec3,(rec4,rec5));
```

该函数调用语句中，含有的实参个数是（　　　）。

A. 3　　　　　　　B. 4　　　　　　　C. 5　　　　　　　D. 有语法错

7. 下列程序执行后的结果是（　　　）。

```
int a,b;
void fun()
{
    a=100;
    b=200;
}
int main()
{
    int a=5,b=7;
    fun();
    printf("%d%d\n",a,b);
    return 0;
}
```

A. 100200　　　B. 57　　　　　C. 200100　　　D. 75

8. 下列程序执行后的结果是（　　　）。

```
int f()
{   static int i=0;
    int s=1;
    s+=i;
    i++;
    return s;
}
int main()
{
    int i,a=0;
    for (i=0;i<5;i++)
        a+=f();
    printf("%d\n",a);
    return 0;
}
```

A. 20　　　　　　B. 24　　　　　C. 25　　　　　　D. 15

9. 下列程序执行后的结果是（　　　）。

```
f(int b[],int m,int n)
{   int i,s=0;
    for (i=m;i<n;i=i+2)
        s=s+b[i];
    return(s);
}
int main()
{
    int x,a[]={1,2,3,4,5,6,7,8,9};
    x=f(a,3,7);
    printf("%d\n",x);
```

```
    return 0;
}
```

A. 10   B. 18   C. 8   D. 15

10. 下列程序执行后的结果是 (   )。

```
int f( int n)
{    if ( n= = 1)
         return(1);
     else
         return(f( n-1)+1);
}
int   main( )
{
     int i,j=0;
     for  (i=1;i<3;i++)
         j+=f(i);
     printf( "%d\n",j);
     return 0;
}
```

A. 4   B. 3   C. 2   D. 1

11. 下列程序执行后的结果是 (   )。

```
void f( int x ,int y)
{    int t;
     if (x<y)
     {
         t=x;
         x=y;
         y=t;
     }
}
int main( )
{
     int a=4,b=3,c=5;
     f(a,b);
     f(a,c);
     f(b,c);
     printf( "%d,%d,%d\n",a,b,c);
     return 0;
}
```

A. 3,4,5   B. 5,3,4   C. 5,4,3   D. 4,3,5

12. 下列函数定义中, 会出现编译错误的是 (   )。

A. max(int x, int y, int *z)
   { *z=x>y?x:y;}

B. int max(int x,y)
   { int z;
       z=x>y?x:y;
       return z;
   }

C. max(int x, int y)
   { int z;

     z=x>y?x:y;

     return(z);

   }

D. int max(int x, int y)
   { return(x>y?x:y);}

二、程序填空题

1. 下列程序通过函数 average 计算数组中各元素的平均值，请填空。

```
float average(int pa[ ],int n)
{
    int i;
    float avg=0.0;
    for (i=0;i<n;i++)
        avg=avg+    【1】    ;
    avg=    【2】    ;
    return(avg);
}
int main()
{
    int i,a[5]={2,4,6,8,10};
    float mean;
    mean=average(a,5);
    printf("mean=%f\n",mean);
    return 0;
}
```

2. 若函数 fun 的类型为 void，且有以下定义和调用语句：

```
#define M 50
int main()
{
    int a[M];
    fun(a);
    return 0;
}
```

定义 fun 函数的首部可以用 3 种不同的形式，请写出这 3 种形式：　　【1】　　、
　　【2】　　、　　【3】　　（注意：形参的名字请用 q；使用同一种风格）。

3. 以下程序的输出结果为_____。

```
#include <stdio.h>
int fun(int x,int y)
{
    static int m=0,i=2;
    i+=m+1;
    m=i+x+y;
    return m;
}
int main()
{
```

```
    int j=4,m=1,k;
    k=fun(j,m);
    printf("%d",k);
    k=fun(j,m);
    printf("%d\n",k);
    return 0;
}
```

4. 下列程序中输出的最后一个值是_____。

```
int ff(int n)
{
    static int f=1;
    f=f*n;
    return f;
}
int main()
{
    int i;
    for (i=1;i<=5;i++)
        printf("%d\n",ff(i));
    return 0;
}
```

5. 若变量 n 中的值为 24，则 prnt 函数共输出___【1】___行，最后一行有___【2】___个数。

```
void prnt(int n,int aa[])
{
    int i;
    for(i=1;i<=n;i++)
    {
        printf("%6d",aa[i]);
        if (!(i%5))
            printf("\n");
    }
    printf("\n");
}
```

6. 若已定义：int a[10],i;以下 fun 函数的功能是：在第 1 个循环中给前 10 个数组元素依次赋 1,2,3,4,5,6,7,8,9,10；在第 2 个循环中使 a 数组前 10 个元素中的值对称折叠，变成 1,2,3,4,5,5,4,3,2,1。请填空。

```
fun (int a[])
{
    int i;
    for (i=1;i<=10;i++)
        ___【1】___=i;
    for (i=0;i<5;i++)
        ___【2】___=a[i];
}
```

7. 若有以下程序

```
float fun(int x,int y)
{
    return(x+y);
}
int main()
{
    int a=2,b=5,c=8;
    printf("%3.0f\n",fun((int)fun(a+c,b),a-c));
    return 0;
}
```

程序运行后的输出结果是_____。

8. 若有以下程序

```
int f(int x,int y)
{
    return(y-x)*x;
}
int main()
{
        int a=3,b=4,c=5,d;
    d=f(f(3,4),f(3,5));
    printf("%d\n",d);
    return 0;
}
```

程序运行后的输出结果是_____。

9. 函数 YangHui 的功能是把杨辉三角形的数据赋给二维数组的下半三角，形式如下：

1

1 1

1 2 1

1 3 3 1

1 4 6 4 1

其构成规律是：

（1）第 0 列元素和主对角线元素均为 1。

（2）其余元素为其左上方和正上方元素之和。

（3）数据的个数每行递增 1。

请将程序补充完整。

```
#define N 6
void yanghui(int x[N][N])
{
    int i,j;
    x[0][0]=1;
    for(i=1;i<N;i++)
    {
        x[i][0]=____【1】____=1;
```

```
        for(j=1;j<i;j++)
            x[i][j]=_____【2】_____;
    }
}
```

10. 下列程序的功能是调用函数 fun 计算：m = 1−2+3−4+⋯+9−10，并输出结果。请填空。

```
int fun( int n)
{
    int m=0,f=1,i;
    for(i=1; i<=n; i++)
    {   m+=i*f;
        f=_____【1】_____;
    }
    return m;
}
int main( )
{
    printf("m=%d\n",_____【2】_____);
    return 0;
}
```

三、程序设计题

1. 定义一个标识符为 Max 的函数，其函数功能是判断两个整数的大小，并将较大的整数显示出来。

2. 定义一个一维数组 Score，用于存放 10 个元素，代表 10 个学生的成绩。要求设计函数，将数组名作为函数的参数，函数功能是求出这 10 个学生的平均成绩。

高级篇

项目 *7*
五子棋

项目目标

【知识目标】

- 理解指针和指针变量的概念，能描述二者的区别和联系。
- 理解指针变量与数组以及字符串之间的关系。
- 理解并掌握声明和使用指向函数的指针变量的原理和方法。
- 掌握声明、定义和使用指针函数的方法。
- 理解指针数组的概念并能掌握指针数组的声明和初始化方法，理解指针数组与函数的关系。
- 理解多重指针的概念及其与函数的关系，掌握多重指针的声明和初始化方法，能区分不同级别的多重指针。
- 理解动态内存分配的概念并掌握如何动态分配、使用和管理内存的方法。

【技能目标】

- 能使用指针变量进行数组及字符串的访问、修改、遍历。
- 能够通过指针变量动态调用不同的函数实现高级编程功能。
- 能根据不同应用场景正确使用指针数组、多重指针。
- 能够使用指针变量来管理和操作动态分配的内存。

【素养目标】

- 通过本项目的实践锻炼，激发学生的探索欲和创造力，使其不仅能够细致入微地分析复杂问题，还应具备突破常规、勇于创新的意识和能力。
- 培养学生的实践操作能力和技术创新能力，使学生在解决实际问题的过程中深入理解指针等编程核心概念，同时激发其对程序设计的浓厚兴趣，为建设网络强国、数字中国提供坚实的人才支撑。

项目介绍

五子棋，亦称作连珠、五子连线等，是一种古老的两人对弈的棋类游戏，如今已经成为我国智力运动会的一项竞技项目，吸引了广大棋类爱好者的参与。五子棋的起源虽然充满了神秘和传说，但无疑它是中国古代智慧的结晶。

五子棋的基本规则极为简单：在一个标有线格的棋盘上（传统是 15×15 的线格），两位玩家轮流放置自己颜色的棋子（传统是黑白两色），黑方先行，白方后行。将棋子放置在尚未有棋子的交点上，一经放置便不能被移动或吃掉。任一方向（横、竖、斜）先形成连续且无间断的 5 个棋子，便判定为胜利。五子棋的游戏规则虽然简单，但其内含的策略和技巧却十分丰富，因而需要玩家具备深厚的策略性和预判能力。而规则的简洁和普适性强使得五子棋跨越文化和语言的界限，成为世界范围内广受欢迎的棋艺游戏之一。

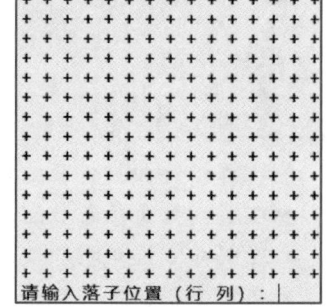

图 7-1 五子棋项目程序

五子棋的魅力在于它既能锻炼人的思维能力，又能提高人的专注力和耐心。无论是与朋友休闲娱乐，还是参加正式比赛，五子棋都是一种极好的选择。

本项目要求使用 C 语言编写一个五子棋程序，程序主界面如图 7-1 所示。

需求分析

图 7-1 是一个基于命令行界面的简单五子棋游戏程序，支持两位玩家轮流落子，直到一方形成连续的 5 个同色棋子连线，判定为胜者。根据五子棋的游戏规则，该游戏程序需要满足以下功能需求：

1）棋盘管理功能，创建一个 15×15 的五子棋棋盘结构，使用字符数组表示，其中"+"代表空位；提供初始化棋盘功能，将整个棋盘初始化为空位状态。

2）用户交互功能，显示当前棋盘状态，以字符形式描述棋盘上的棋子分布。接收玩家输入的行和列坐标，允许玩家在空位上放置棋子（"X"或"O"）。

3）落子功能，实现落子逻辑，检查玩家输入的位置是否为空位，如果是则放置棋子，否则提示玩家重新输入；落子后程序能自动切换为当前下棋玩家。

4）胜负判定功能，设计实现检查胜利条件的函数，检查每一轮落子后棋盘上是否有任意一个方向（水平、垂直、两条对角线）形成了连续的 5 个同色棋子，若有，则判定该玩家获胜，游戏结束。

5）游戏循环功能，游戏持续进行，直到有一方获胜。

在 C 语言中，指针是一种特殊的数据类型，被用于存储内存地址，而指针变量是存放内存地址的变量。利用指针，程序可以实现对内存中数据的间接访问和管理，动态分配和释放内存，遍历、修改数组、字符串等数据结构以及在函数间高效传递大型数据和实现复杂数据结构（如链表、树等）。指针在程序中起到了对内存的操作与高效管理，提升数据访问速度、降低函数调用开销、构建复杂数据结构以及实现高级算法的重要作用，能有效提高程序的运行效率和灵活性。

【重点难点】

灵活运用多种类型指针，可实现指针变量操作数组、字符串，函数指针调用函数，正确理解和使用函数返回的指针值，指针数组及多重指针。

使用指针解决实际问题。

知识准备

PPT:
指针与指针
变量

7.1　指针与指针变量

指针和指针变量是 C 语言中两个非常重要的概念，它们之间的关系密切且相互依存。准确理解并掌握好这两个概念，对于提高编程能力和写出高效、安全的代码至关重要。熟练掌握指针变量的使用方法是 C 语言编程的基础要求之一，同时为是否真正掌握 C 语言的标志之一。

7.1.1　指针

计算机的内存是以字节为单位的连续的存储空间，每一个字节都有一个编号，这个编号就称为内存地址。由于内存的存储空间是连续的，因此内存中的地址号也是连续的，并且使用二进制数来表示。

指针就是地址，根据地址可以直接找到对应的内存空间，形象地称为指针。指针是 C 语言中重要的数据类型，它赋予了 C 程序直接访问和修改内存中数据的能力。C 语言中的指针不仅可以指向变量，还可以指向函数、数组、字符串等，为 C 语言提供了灵活性和高效率，这使得指针在 C 语言中具有非常广泛的应用。

指针的出现极大地丰富了 C 语言的功能，它允许程序员直接操作内存地址。运用指针编程是 C 语言最主要的风格之一，学习指针是学习 C 语言中重要的一环。当然，指针也是 C 语言中学习难度比较大的一部分，在编程实践中用好指针，要求程序员具备较高的编程和内存管理能力。

7.1.2　指针变量

内存中用来唯一标识和区别内存存储单元的就是"地址"。一般情况下，在程序中只需指出变量名，无须知道每个变量在内存中的具体地址。程序中对变量进行存取操作，实际上也就是对某个地址的存储单元进行操作。这种直接按变量的地址存取变量值的方式称为"直接存取"方式。

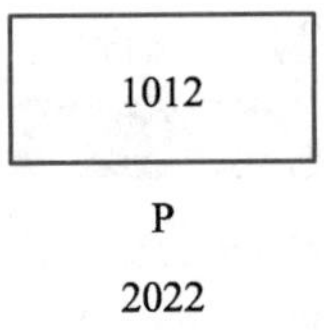

在 C 语言中，还可以定义一种特殊的变量，这种变量是用来存放内存地址的。如图 7-2 所示，假设定义了一个变量 P，它也有自己的地址（2002）；若将变量 a 的内存地址（1012）存放到变量 P 中，这时要访问变量 a 所代表的存储单元，可以先找到变

1012
P
2022

图 7-2　"间接存取"方式示意图

量 P 的地址（2002），从中取出 a 的地址（1012），然后再去访问以 1012 为首地址的存储单元。这种通过变量 P 间接得到变量 a 的地址，然后再存取变量 a 的值的方式称为"间接存取"方式。

在"间接存取"方式中，变量的地址是变量与指针二者之间连接的纽带，如图 7-3 所示，指针是指向一个变量的地址，存放变量地址的变量就是指针变量，是专门用来存放内存单元地址的变量类型。

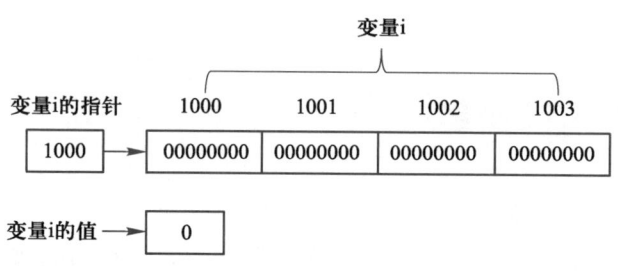

图 7-3　指针、变量与指针变量关系示意图

在上述情况下，通常称变量 P 指向了变量 a，变量 a 是变量 P 所指向的对象；它们之间的关系可用图 7-4 表示。这种"指向"关系是通过地址建立的。上述变量 P 就是一个指针变量。所以"变量 P 指向了变量 a"的含义就是指针变量 P 中存放了变量 a 的地址。

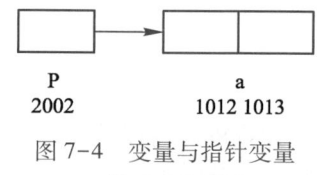

图 7-4　变量与指针变量关系示意图

在 C 语言中，定义一个指针变量需要首先声明指针变量的类型，然后给出标识符（变量名），定义指针变量的基本语法如下：

```
type * p_name;
```

其中 type 是指针所指向的数据类型，＊表示这是一个指针，p_name 是指针变量选择的名称。

例如，定义一个指向整数的指针变量：

```
int * int_p;
```

【例 7-1】在定义并初始化一个整型变量后，定义一个整型指针并指向该变量，打印出该整型变量的值、地址以及指针的地址和值。

解题步骤：

1）定义一个整型变量 num 并将其赋值为 10。
2）定义一个整型指针变量 ptr，并将 num 的地址赋给了 ptr，使 ptr 指向 num。
3）分别打印 num 的值、地址以及 ptr 指向的地址和值。

程序代码：

微课 7-1
正确使用
指针变量

```
#include <stdio. h>
int main( ) {
    int num = 10;              //定义一个整型变量 num，并赋值为 10
    int * ptr;                 //定义一个整型指针变量 ptr
```

```
        ptr = &num;                //将 num 的地址赋给 ptr，使 ptr 指向 num
        printf("num 的值是：%d\n", num);
        printf("num 的地址是：%p\n", &num);
        printf("ptr 指向的地址是：%p\n", ptr);
        printf("ptr 指向的值是：%d\n", *ptr);
        return 0;
    }
```

程序运行结果如图 7-5 所示。

图 7-5　例 7-1 运行结果图

程序分析：

1）定义了一个整型变量 num，并初始化为 10。

2）定义了一个名为 ptr 的整型指针变量，其存储的是内存地址，而不是直接存储值。

3）获取 num 变量的地址（使用 & 操作符）并将这个地址赋值给 ptr，ptr 指向 num 变量所在的内存位置。

4）printf 函数输出 num 的值及地址、指针的值及地址。其中%d 是一个格式说明符，用于输出整数，而%p 用于输出指针，即内存地址。

7.2　通过指针变量引用数组

PPT：
通过指针变量
引用数组

在 C 语言中，当定义一个数组时，系统会在内存中为数组分配一段连续的内存空间，数组名就是这段内存空间的首地址。如果把数据的首地址赋给指针变量，就可以通过指针变量遍历整个数组，通过指针引用数组就是利用指针来访问和操作数组的元素。

7.2.1　指针变量与一维数组

将一维数组首地址赋给一个指针变量，该指针变量就会指向一个一维数组，通过这个指针变量就可以引用一维数组中的每个元素。在 C 语言中，通过指针引用一维数组通常涉及如下操作：

1）定义或声明指针变量及一维数组，需要注意的是：指针变量的类型应该与数组元素的类型相匹配，例如：

```
int *p;
int arr[] = {1, 2, 3, 4, 5};
```

2）初始化指针变量，将指针初始化为指向数组的第 1 个元素，例如：

```
p = arr;
```

3）通过指针变量访问数组元素，指针变量可以访问数组中的任一元素，只需要给指针加上一个整数偏移量就可以实现。偏移量等于要访问的数组元素与数组第 1 个元素之间的位置差，例如：

```
int firstNum = *p;
int secondNum = *(p + 1);
int thirdNum = *(p+ 2);
```

4）遍历数组，通过循环结构和指针算术运算可以实现对数组的遍历。例如，可用 for 循环语句遍历数组：

```
for (p = arr; p < arr + sizeof(arr) / sizeof(arr[0]); p++)
{
    printf("%d ", *p);
}
```

也可用 while 循环语句遍历数组：

```
int i = 0;
while (i < sizeof(arr) / sizeof(arr[0])) {
    printf("%d ", *(ptr + i));
    i++;
}
```

【例 7-2】使用指针变量遍历一个一维数组。

解题步骤：

1）定义一个整型一维数组和一个整型指针变量。
2）将指针变量指向数组的首地址。
3）使用指针变量访问数组元素。
4）通过指针变量遍历数组。

程序代码：

微课 7-2
指针变量与
一维数组

```
#include <stdio.h>
int main()
{
    int array[] = {1, 2, 3, 4, 5};
    int *ptr;
    ptr = array;
    printf("数组的第一个元素是：%d\n", *ptr);
    for (int i = 0; i < 5; i++) {
        printf("数组的第%d 个元素是：%d\n", i+1, *(ptr+i));
    }
    return 0;
}
```

程序运行结果如图 7-6 所示。

程序分析：

1）声明并初始化了一个包含 5 个整数的一维数组 array。然后声明一个名为 ptr 的指针变量并将其初始化为指向数组的首地址。

2）使用 *ptr 来访问数组的第 1 个元素，并通过 printf 函数打印出来。

```
┌─────────────────────────────────────┐
│ 📠 Microsoft Visual Studio 调试k  ×  │
├─────────────────────────────────────┤
│ 数组的第一个元素是：1               │
│ 数组的第1个元素是：1                │
│ 数组的第2个元素是：2                │
│ 数组的第3个元素是：3                │
│ 数组的第4个元素是：4                │
│ 数组的第5个元素是：5                │
└─────────────────────────────────────┘
```

图 7-6 例 7-2 运行结果图

3）通过一个 for 循环语句，使用指针变量 ptr 遍历数组。在每次循环中，使用 *（ptr+i）来访问数组的第 i+1 个元素，并打印出来。

7.2.2 指针变量与二维数组

在 C 语言中，使用指针变量引用二维数组的关键在于两点：一是要确认二维数组元素在内存中的存储顺序；二是在此基础之上掌握使用指针运算定位到指定数组元素的方法。

二维数组在内存中是按照行优先（也称为行主序）的方式进行存储。因此数组的第 1 个元素是数组的第 1 行的第 1 个元素，然后是第 1 行的第 2 个元素，依此类推，直至第 1 行的最后一个元素，然后是第 2 行、第 3 行直至第 n 行，每行元素的存储顺序与第 1 行相同。

使用指针变量引用二维数组通常会涉及如下操作：

（1）定义二维数组，例如：

```
int rows = 3;
int cols = 4;
int arr[rows][cols] = { / *初始化数组 */ };
```

（2）定义或声明指针变量并初始化

根据需要可以定义或声明指向数组元素的指针或指向行的指针并进行初始化，例如：

```
int *p;
int (*p_row)[cols];
p = &arr[0][0];              //指向二维数组的第一个元素
p_row = arr;                 //指向二维数组的第一行
```

（3）使用指针访问数组元素

```
//指向数组元素的指针
for (int i = 0; i < rows; i++) {
    for (int j = 0; j < cols; j++) {
        printf("%d ", *(p + i * cols + j));
    }
    printf("\n");
```

（4）使用指针访问数组行

```
//指向数组行的指针
for (int i = 0; i < rows; i++) {
```

```
        for (int j = 0; j < cols; j++) {
            printf("%d ", (*p_row)[j]);
        }
        printf("\n");
        p_row++;              //移动到下一行
    }
```

【例 7-3】 使用指针变量遍历一个二维数组。

解题步骤:

1) 定义一个 3×3 的二维数组并初始化。

2) 声明一个指向整型的指针变量并将指针变量指向二维数组的第 1 个元素 (即第 1 行第 1 列的元素)。

3) 通过移动指针来遍历数组。

程序代码:

```
#include <stdio. h>
int main()
{
    int array[3][3] = {
        {1, 2, 3},
        {4, 5, 6},
        {7, 8, 9}
    };
    int *ptr;
    ptr = &array[0][0];
    for (int i = 0; i < 3; i++) {
        for (int j = 0; j < 3; j++) {
            //访问当前位置的元素并打印
            printf("二维数组的第%d 行第%d 列的元素是: %d\n", i + 1, j + 1, *(ptr + i *
3 + j));
        }
    }
    return 0;
}
```

程序运行结果如图 7-7 所示。

程序分析:

1) 程序首先定义了一个 3×3 的二维数组 array, 并进行了初始化。

2) 定义一个名为 ptr 的指针变量, 其类型是 int *, 表示它指向一个整型变量。

3) 将 ptr 初始化为 &array[0][0], 即二维数组第 1 个元素的地址。此时, ptr 指向二维数组的第 1 个元素。

图 7-7 例 7-3 运行结果图

4) 使用两个嵌套的 for 循环语句来遍历二维数组。外层循环变量 i 表示行数, 内层

循环变量 j 表示列数。使用 $*(ptr + i * 3 + j)$ 来访问当前位置的元素，这里 $i * 3$ 表示跳过前面的 i 行元素，因为每一行有 3 个元素，j 表示在当前行内的偏移量。

PPT：
通过指针引用
字符串

7.3   通过指针引用字符串

在 C 语言中，通过指针引用字符串是一种非常重要的基础操作方法，它允许程序员以更灵活和高效的方式操作字符串。字符串的实质是字符数组，其包含一系列字符，并以空字符（'\0'）作为结束标记。因此可用指针变量存储字符数组的首地址，即第 1 个字符的地址，然后通过解引用和指针运算来访问和操作字符串。

在 C 语言编程中，使用指针变量引用字符串通常会涉及如下操作：

（1）定义或声明字符串及用来引用字符串的指针变量

```
char str[ ] = "Hello, World";
char *p = str;
```

（2）通过指针变量访问字符串中的字符

由于指针变量 p 已经指向字符串首地址，因此可以通过 * 运算符来访问字符串中的首字符，也可以通过给指针变量加偏移量来访问字符串中的其他字符。例如：

```
printf("%c\n", *p);
p++; printf("%c\n", *p);
```

（3）通过指针变量遍历字符串直至遇到空字符（'\0'）

```
while (*p != '\0')
{
    printf("%c", *p);
    p++;
}
```

（4）修改字符串内容，在指针变量指向的位置赋值一个新字符

```
*p = 'a';
printf("%s\n", str);
```

【例 7-4】使用指针变量引用字符串后，先打印该字符串，再遍历并打印字符串的每一个字符。

微课 7-4
通过指针引
用字符串

解题步骤：

1）定义一个字符数组并初始化，该数组存储了一个字符串。

2）定义一个字符指针变量并将其指向字符数组的首地址。

3）使用字符指针变量引用字符串并打印。

4）使用字符指针变量遍历字符串并逐个字符打印。

程序代码：

```
#include <stdio.h>
```

```
int main()
{
    char str[] = "Hello, world!";
    char* ptr;
    ptr = str;
    printf("通过字符指针变量引用字符串：%s\n", ptr);
    printf("遍历字符串中的每个字符：\n");
    while (*ptr != '\0') {
        printf("%c", *ptr);
        printf("\n");
        ptr++;
    }
    return 0;
}
```

程序运行结果如图 7-8 所示。

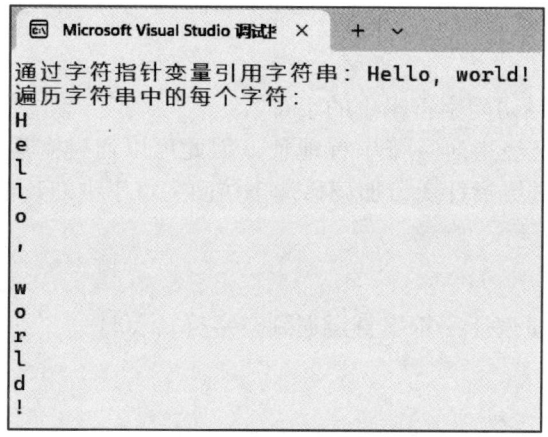

图 7-8　例 7-4 运行结果图

程序分析：

1）定义一个字符数组 str 并初始化为字符串"Hello, world!"。需注意字符数组在内存中存储了一个以空字符'\0'结尾的字符序列。

2）定义一个字符指针变量 ptr 用于存储字符类型数据的地址，将 ptr 指向 str 数组的首地址，即字符串"Hello, world!"的起始位置。

3）使用 printf 函数和格式说明符%s 来打印字符串。ptr 作为参数传递给 printf 函数，因为 ptr 指向字符串的首地址，所以%s 会从该地址开始打印字符，直到遇到字符串结束符'\0'。

4）while 循环语句用于遍历字符串中的每个字符。循环条件是 *ptr != '\0'，即当前指针指向的字符不是字符串结束符。在循环体内，printf("%c", *ptr);打印当前字符，然后 ptr++将指针移动到下一个字符的位置。

7.4　指向函数的指针变量

函数就是实现一个任务的一组指令的集合。在使用 C 语言编写的程序中，当定义了一个函数后，在编译阶段会为函数代码分配一段存储空间，函数名本身就可以代表存储空间的起始地址，也被称为入口地址。为了增加代码的可读性和可维护性，通常使用指针变量来存储函数的地址。

7.4.1　指向函数指针变量的定义

如果定义一个指向函数的指针变量来存放函数的入口地址，就可以用指针变量来调用函数。指向函数的指针变量，其定义的一般形式为：

类型标识符（*指针变量名）（类型标识符 1,类型标识符 2,…）；

其中第 1 个"类型标识符"表示被指函数返回值的类型，圆括号内的类型标识符用以说明所指函数的参数个数和参数的类型，这些类型标识符应与所指函数参数的类型一一对应。

例如：

int（*p）（int,int）；

其中，p 是指向函数的指针变量，它可以指向类型为整型且有两个整型参数的函数。p 的类型用 int（*）（int,int）表示。

7.4.2　指向函数指针变量的使用

在学习 C 语言程序设计的过程中，掌握使用指向函数指针变量的方法时，需要重点把握的关键步骤：根据指向函数明确指向函数指针类型，创建指向函数指针变量，将函数地址赋值给指向函数指针变量，通过指向函数指针变量调用函数。

（1）根据指向函数明确指向函数指针变量类型，主要是确定指向函数的返回类型和参数。例如如下函数，则可确定指向函数的返回类型为整型且有两个整型参数：

```
int add( int a, int b)
{
    return a + b;
}
```

（2）创建指向函数指针变量，由指向函数的返回类型为整型且有两个整型参数可定义指向函数指针变量，如下所示：

int（*func_ptr）（int, int）；

（3）将函数地址赋值给指向函数指针变量，通常是通过将函数名赋给函数指针变量来完成。

func_p = add；

（4）通过指向函数指针调用函数，其调用方法与普通函数相同。

```
int sum = func_p(3, 4);
```

7.4.3 指向函数的指针变量作函数参数

指向函数的指针变量的一个重要用途是把函数的地址作为参数传递给其他函数。指向函数的指针变量可以作为函数参数，把函数的入口地址传递给形参，这样就能够在被调用的函数中调用此函数。由于使用指向函数的指针变量作为函数参数可以提高代码的灵活性、可维护性、可扩展性、可重用性，因此在 C 语言程序设计中该方法得到了广泛应用。下面介绍指向函数的指针变量作函数参数的实现过程。

（1）定义指向函数

```
void func1( )
{
    printf("Function 1 called\n");
}
void func2( )
{
    printf("Function 2 called\n");
}
```

（2）由指向函数定义指向该函数的指针变量并将函数地址赋值给指向函数指针变量

```
typedef void ( * FuncP)( );
FuncP p1 = func1;
FuncP p2 = func2;
```

（3）定义一个参数为此指针变量的函数

```
void reaFunction(FuncP fp)
{
    fp( );              //通过函数指针变量调用函数
}
reaFunction(p1);
reaFunction(p2);
```

【例 7-5】以指向函数的指针变量为参数，通过在一个函数中调用另一个函数实现对整数的打印。

解题步骤：

1）定义一个函数，用于打印整数。

2）定义一个函数，它接受一个函数指针变量作为参数，并使用该函数指针变量调用函数。

3）使用指向 printInt 函数的指针变量作为参数调用 callFunction 函数。

程序代码：

```
#include <stdio.h>
void printInt(int num) {
    printf("整数是：%d\n", num);
}
```

```
void callFunction( void ( *funcPtr)( int) ) {
    int value = 42;
    funcPtr( value);              //调用传入的函数
}
int main( ) {
    callFunction( printInt);
    return 0;
}
```

程序运行结果如图 7-9 所示。

程序分析:

1) 定义一个函数 printInt,它以整型变量为参数并能将其打印出来。

2) 定义一个函数 callFunction,它接受一个函数指针变量 funcPtr 作为参数。这个函数指针变量指向一个接受整数参数且没有返回值的函数。在函数体内部,callFunction 使用 funcPtr 调用传入的函数,并传递一个整数值 42。

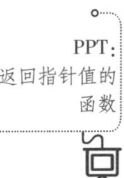

图 7-9　例 7-5 运行结果图

3) 在 main 函数中调用 callFunction 函数,并将 printInt 函数的地址作为参数传递。当 callFunction 内部执行 funcPtr(value);语句时,实际上调用的是 printInt 函数。

7.5　返回指针值的函数

一个函数可以返回一个整型值、字符值、实型值等,也可以返回指针型的数据,即地址。在 C 语言中,指针用来表示内存地址,因此返回指针值的函数可以用于返回某个变量或对象的地址。在使用 C 语言编程的过程中,定义并使用返回指针值的函数为程序设计提供了灵活性和高效性,尤其是在处理大型数据或需要动态内存管理的情况下,是提升代码组织性、提高程序运行效率的有效手段。

定义返回指针值的函数的一般形式为:

```
类型 *函数名(参数列表)
{
    //函数体,其中包含返回指针的逻辑
    // ...
    return 指针;
}
```

其中,返回类型是指函数返回指针所指向的数据类型,参数列表是函数的参数(可以为空)。

例如:

```
int * getAddr( )
{
    int num = 10;
```

PPT:
返回指针值的
函数

```
        return &num;
    }
```

微课 7-6
返回指针值
的函数

【例 7-6】定义一个能够创建并初始化整型数组的函数，其返回值为指针，利用该指针打印函数生成的数组。

解题步骤：

1）定义一个函数，它能够定义并初始化一个整型数组并返回一个 int 类型指针。

2）在主函数中调用该函数。

3）利用函数返回的指针遍历并打印数组的每一个元素。

程序代码：

```c
#include <stdio. h>
#include <stdlib. h>
int * createIntArray(int size)
{
    int * array = (int *)malloc(size * sizeof(int));
    if (array == NULL) {
        printf("内存分配失败! \n");
        exit(1);
    }
    for (int i = 0; i < size; i++) {
        array[i] = i;
    }
    return array;
}
int main() {
    int * myArray = createIntArray(5);
    if (myArray != NULL) {
        for (int i = 0; i < 5; i++) {
            printf("myArray[%d] = %d\n", i, myArray[i]);
        }
        free(myArray);
    }
    return 0;
}
```

程序运行结果如图 7-10 所示。

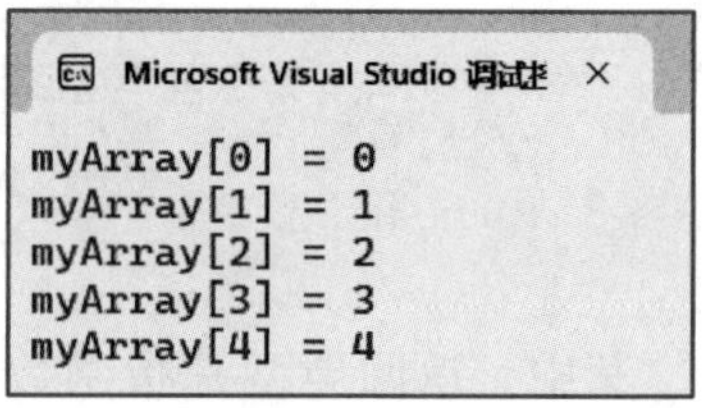

程序分析：

1）定义一个函数 createIntArray，它接受一个整数 size 作为参数，并返回一个指向 int 类型的指针。

2）在 main 函数中调用 createIntArray 函数，创建一个包含 5 个元素的数组，并将返回的指针存储在 myArray 中。

```
Microsoft Visual Studio 调试控
myArray[0] = 0
myArray[1] = 1
myArray[2] = 2
myArray[3] = 3
myArray[4] = 4
```

图 7-10 例 7-6 运行结果图

3）利用 createIntArray 函数返回的指针 myArray 遍历并打印字符数组的每一个元素。

7.6　指针数组和多重指针

PPT：
指针数组和多
重指针

7.6.1　指针数组

一个数组若其元素均为相同类型的指针，则称该数组被称为指针数组，也就是说，指针数组中存储了一组地址，每个地址都指向某种类型的数据。

定义一维指针数组的一般形式为：

数据类型 *数组名[数组长度]；

例如：int *p[4]；

在该定义中，int *表示指向整数的指针类型，而 p[4]表示这是一个具有 4 个元素的数组。由于方括号［］的优先级高于星号 *，所以 p 首先与［4］结合形成数组的形式，*表示这个数组的每个元素都是指针类型。

指针数组是 C 语言中处理地址和动态数据结构的强大工具。指针数组的一个重要应用是作为函数的参数，它们可以用来传递多个地址。指针数组还比较适合用于指向多个字符串，这将使得对于字符串的处理更加方便、灵活。例如，可以分别定义一些字符串，然后用指针数组中的元素分别指向各字符串。

需要注意：指针数组和数组指针是两个不同的概念。指针数组是一个数组，其元素是指针；而数组指针是指向数组的指针。例如，int *array[10]是一个指针数组，而 int (*p)[10]是一个指向有 10 个整数的数组的指针。在理解和使用它们时必须加以区分。

7.6.2　多重指针

多重指针也称多级指针，即指向指针的指针，它是指在一个指针变量中存放另一个指针变量的地址。简单来说，如果定义了一个指针并指向一个数据变量，一般称之为一级指针；如果又定义一个指针引用前一个指针的地址，则可称之为二级指针，以此类推便可形成具有多个层次的指针，就构成了多重指针。

在 C 语言中，多重指针的定义形式是通过在类型名称后添加多个星号（*）来实现的。每一个星号代表一个指针的级别。例如：

一级指针：

```
int num = 42;
int *p1 = &num;
```

二级指针：

```
int **p2 = &p1;
```

三级指针：

int *** p3 = &p2;

多重指针在 C 语言编程中应用广泛，主要用于：

1）动态内存管理，例如，通过使用多重指针，可以动态地创建和管理二维甚至更高维度的数组。

2）复杂数据结构操作，例如，在链表或树等复杂数据结构中，节点通常包含数据和指向下一个（或子）节点的指针，而多重指针可被用于直接访问和操作这些节点。

3）函数参数传递，例如，当需要在函数内部修改传入参数所指向的数据时，可以使用多重指针作为参数，使得函数可以直接修改原数据。

4）回调函数与函数指针，例如，当函数指针作为参数时，多重指针可以用于存储和传递函数指针，尤其是在事件处理、信号处理、库函数注册回调等场景中。

【例 7-7】分别使用指针数组、多重指针遍历一个数组并将数组元素打印出来。

微课 7-7
指针数组和
多重指针

解题步骤：

1）定义并初始化一个整型数组。

2）定义一个指针数组并将指针数组的每个元素初始化为指向整型数组的每个元素。

3）使用指针数组来访问和打印整型数组的元素。

4）定义一个多重指针，指向指针数组的第一个元素。

5）使用多重指针来遍历并打印整数数组的所有元素。

程序代码：

```c
#include <stdio.h>
int main( ) {
    int arr[ ] = { 10, 20, 30, 40, 50 };
    int* ptrArray[5];
    for (int i = 0; i < 5; i++) {
        ptrArray[i] = &arr[i];
    }
    for (int i = 0; i < 5; i++) {
        printf("arr[%d]通过指针数组访问：%d\n", i, *ptrArray[i]);
    }
    int** ptrToPtrArray = &ptrArray[0];
    printf("arr[0]通过多级指针访问：%d\n", **ptrToPtrArray);
    for (int i = 0; i < 5; i++) {
        printf("arr[%d]通过多级指针访问：%d\n", i, *(*ptrToPtrArray + i));
    }
    return 0;
}
```

程序运行结果如图 7-11 所示。

程序分析：

1）定义一个包含 5 个整数的数组 arr，定义一个包含 5 个元素的指针数组 ptrArray。

2）通过 for 循环，将 ptrArray 的每个元素初始化为指向 arr 数组的每个元素的指针。

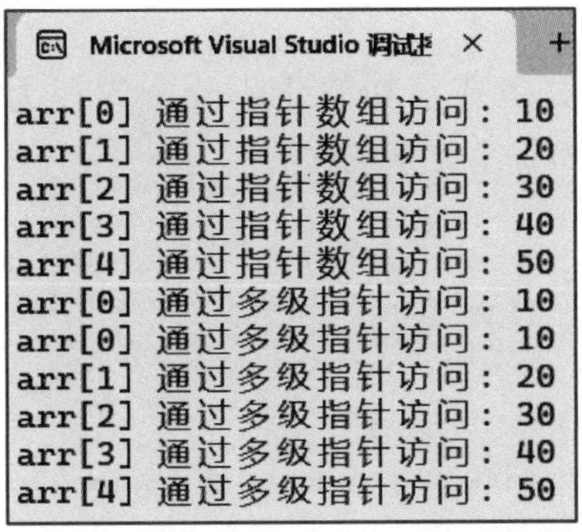

图 7-11　例 7-7 运行结果图

3）使用循环和指针数组来访问并打印 arr 数组的每个元素，通过解引用指针数组中的每个指针来访问 arr 数组的元素。

4）定义一个多级指针 ptrToPtrArray，将它指向指针数组 ptrArray 的第 1 个元素。

5）使用多级指针和指针运算来遍历并打印 arr 数组的所有元素：通过先对 ptr-ToPtrArray 进行一次加法运算，然后解引用得到相应的 int 指针，最后再次解引用得到整数值。

7.7　动态内存分配与指针变量对其的作用

> PPT：
> 动态内存分配与指针变量对其的作用

动态内存分配在 C 语言编程中是一项非常重要的内存管理技术，是指在程序运行时根据实际需要向系统请求一定大小的内存空间，并在使用完毕后将其释放回收的过程。这种机制赋予了程序在编译时，当不确定数据大小或数据大小随运行时条件变化时，灵活管理内存的能力。

7.7.1　动态内存分配

在 C 语言中，动态内存分配功能通过一系列库函数实现，通过调用这些函数使得程序在运行时可以请求或释放任意大小的内存块。这些函数主要包括 malloc()、calloc()、realloc() 和 free()。

（1）malloc() 函数

用于在堆（heap）上分配指定大小（以字节为单位）的连续内存块，并返回一个指向该内存块的指针变量。如果内存分配成功，则返回的指针变量可以被转换为任何适用的数据类型指针变量（如 int*、char* 等）。若内存分配失败（如系统内存不足），则返回 NULL。

其调用方法为：

```
#include <stdlib. h>
void * malloc( size_t size);
```

（2）calloc( )函数

该函数除了可分配内存外，还会初始化所分配内存为零。此函数包括两个参数：要分配的元素数量（num）和每个元素的大小（size）。

其调用方法为：

```
#include <stdlib. h>
void* calloc( size_t num, size_t size) ;
```

（3）realloc( )函数

该函数用于调整已经通过 malloc( )、calloc( )或 realloc( )分配的内存块大小。此函数包括两个参数：待调整的内存块指针变量（ptr）和新的大小（new_size）。如果调整成功，则返回指向新内存块的指针变量；如果失败，则返回 NULL，同时原内存块保持不变。

其调用方法为：

```
#include <stdlib. h>
void* realloc( void* ptr, size_t new_size) ;
```

（4）free( )函数

该函数用于释放已通过 malloc( )、calloc( )或 realloc( )分配的内存块，其参数为要释放的内存块指针变量（ptr）。释放后，该指针将被设置为 NULL。

其调用方法为：

```
#include <stdlib. h>
void free( void* ptr) ;
```

7.7.2　指针变量在动态内存分配中的作用

在 C 语言的动态内存分配过程中，指针变量发挥着至关重要的作用，主要表现在：

（1）存储内存地址。当使用 malloc( )、calloc( )或 realloc( )函数动态分配内存时，这些函数会返回一个指向新分配内存的指针，该指针是一个地址，指向分配内存块的首字节。

（2）访问和操作内存。当指针变量被赋予了动态分配的内存地址（例如，在 C 语言中使用 malloc 函数，或在 C++中使用 new 操作符分配的内存地址），即可通过该指针变量来访问和操作这块内存区域。同时，可以使用解引用操作符 * 获取或设置指针所指向的值。

（3）内存大小调整。当需要调整已分配内存的大小时，可调用 realloc( )函数，该函数同样需要指针变量作为参数，用于标识待调整的内存块。如果调整成功，realloc( )则会返回新内存块的地址，此时需要更新指针变量以指向新的位置。

（4）已分配内存全生命周期管理。指针变量不仅用于访问内存，还用于跟踪和管理该内存的生命周期。当不再需要某块已经动态分配的内存时，可使用 free( )函数来释放内存。而在释放内存之前，必须保留指向该内存的指针，否则将无法正确释放内存。

【例 7-8】分别使用 malloc( )、calloc( )、realloc( )函数动态分配内存并赋值，利用指针变量遍历新分配的内存值并打印出来，最后释放内存。

微课 7-8
动态内存
分配

解题步骤：

1）调用内存分配函数 1 分配内存空间并利用返回的指针变量完成初始化。

2）利用指针变量遍历并打印内存值。

3）调用内存分配函数 2 分配内存空间并利用返回的指针变量完成初始化。

4）利用指针变量遍历并打印内存值。

5）重新分配内存空间并赋新值。

6）利用指针变量遍历并打印内存值。

7）释放之前分配的内存并设置指针为 NULL。

程序代码：

```c
#include <stdio.h>
#include <stdlib.h>
int main()
{
    int * ptr = NULL;
    int i;
    ptr = (int *)malloc(5 * sizeof(int));
    if (ptr == NULL) {
        printf("内存分配失败！\n");
        return 1;
    }
    for (i = 0; i < 5; i++) {
        ptr[i] = i + 1;
    }
    printf("malloc 分配并初始化的值：\n");
    for (i = 0; i < 5; i++) {
        printf("%d ", ptr[i]);
    }
    printf("\n");
    int * ptr2 = (int *)calloc(5, sizeof(int));
    if (ptr2 == NULL) {
        printf("内存分配失败！\n");
        free(ptr);              //释放之前分配的内存
        return 1;
    }
    for (i = 0; i < 5; i++) {
        ptr2[i] = i * 2;
    }
    printf("calloc 分配并初始化的值：\n");
    for (i = 0; i < 5; i++) {
        printf("%d ", ptr2[i]);
    }
    printf("\n");
    ptr = (int *)realloc(ptr, 10 * sizeof(int));
    if (ptr == NULL) {
        printf("内存重新分配失败！\n");
        free(ptr2);             //释放 calloc 分配的内存
```

```
        return 1;
    }
    for (i = 5; i < 10; i++) {
        ptr[i] = i * 3;
    }
    printf("realloc 后的值:\n");
    for (i = 0; i < 10; i++) {
        printf("%d ", ptr[i]);
    }
    printf("\n");
    free(ptr);
    free(ptr2);
    ptr = NULL;
    ptr2 = NULL;
```

程序运行结果如图 7-12 所示。

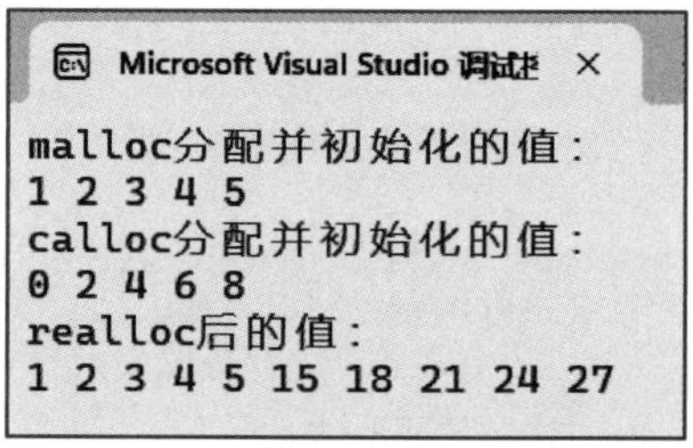

程序分析：

1）定义两个整数指针变量 ptr 和 ptr2，并将它们初始化为 NULL。

2）使用 malloc( ) 函数为 ptr 分配 5 个 int 大小的内存空间，并检查是否分配成功。如果分配成功，则使用循环为这些内存位置赋值。

3）使用 calloc( ) 函数为 ptr2 分配 5 个 int 大小

图 7-12　例 7-8 运行结果图

的内存空间，并自动将其初始化为 0，然后使用循环为 ptr2 指向的内存位置赋新值。

4）使用 realloc( ) 函数为 ptr 重新分配 10 个 int 大小的内存空间。注意，realloc( ) 函数可能会移动原来的内存块，因此需要重新将返回的指针赋值给 ptr。如果 realloc( ) 失败，则会返回 NULL。

5）为 realloc( ) 新分配的内存空间赋新值。

6）打印出使用 malloc( )、calloc( ) 和 realloc( ) 函数分配的内存中的值。

7）使用 free( ) 函数释放之前通过 malloc( ) 和 calloc( ) 分配的内存空间，将指针设置为 NULL，避免悬挂指针。

项目设计

本项目旨在使用 C 语言编写一个基于命令行界面的五子棋游戏程序。游戏将支持两位玩家轮流在 15×15 的棋盘上放置棋子（'X'或'O'），直到一方形成连续的五个同色棋子连线，判定为胜者。程序需实现棋盘管理、用户交互、落子、胜负判定和游戏循环等功能。

程序由如下模块构成：

1）初始化棋盘模块：初始化一个 15×15 的棋盘，所有位置初始化为'+'表示空位。

2）打印棋盘模块：打印当前棋盘状态。

3）落子模块：在指定位置放置棋子，如果该位置已放置棋子则返回失败。

4）判断胜负条件模块：检查当前棋盘状态，判断是否有玩家获胜。

5）主函数模块：控制游戏流程，包括用户输入、放置棋子、打印棋盘和检查胜利条件。

项目实施

微课 7-9
五子棋程序
设计

项目实施解题步骤：

1）实现初始化五子棋棋盘的功能以及打印当前棋盘状态的功能。

2）实现在棋盘指定位置下棋的功能并能检测下棋位置是否为空位。

3）实现判断是否有玩家获得游戏胜利的功能。

4）在主函数中实现游戏程序的初始化并启动控制游戏流程直至结束。

项目实施程序代码：

```c
#define BOARD_SIZE 15
#include <stdio.h>
#include <stdlib.h>
#include <string.h>
void init_board(char(*board)[BOARD_SIZE])
{
    for (int i = 0; i < BOARD_SIZE; i++) {
        for (int j = 0; j < BOARD_SIZE; j++) {
            board[i][j] = '+';
        }
    }
}

void print_board(char(*board)[BOARD_SIZE])
{
    for (int i = 0; i < BOARD_SIZE; i++) {
        for (int j = 0; j < BOARD_SIZE; j++) {
            printf("%c ", board[i][j]);
        }
        printf("\n");
    }
}
int place_stone(char(*board)[BOARD_SIZE], int x, int y, char stone)
{
    if (board[x][y] == '+') {
        board[x][y] = stone;
        return 1;
    }
```

```c
        else {
            return 0;
        }
    }
    int check_win(char(*board)[BOARD_SIZE], int x, int y, char stone)
    {
        int directions[4][2] = { {1, 0}, {0, 1}, {1, 1}, {1, -1} };
        for (int i = 0; i < 4; i++) {
            int count = 1;
            for (int j = 1; j < 5; j++) {
                int nx = x + j * directions[i][0];
                int ny = y + j * directions[i][1];
                if (nx >= 0 && nx < BOARD_SIZE && ny >= 0 && ny < BOARD_SIZE && board[nx][ny] == stone) {
                    count++;
                }
                else {
                    break;
                }
            }
            for (int j = 1; j < 5; j++) {
                int nx = x - j * directions[i][0];
                int ny = y - j * directions[i][1];
                if (nx >= 0 && nx < BOARD_SIZE && ny >= 0 && ny < BOARD_SIZE && board[nx][ny] == stone) {
                    count++;
                }
                else {
                    break;
                }
            }
            if (count >= 5) {
                return 1;
            }
        }
        return 0;
    }
    int main()
    {
        char board[BOARD_SIZE][BOARD_SIZE];
        init_board(board);
        print_board(board);
        char player = 'X';
        while (1) {
            int x, y;
            printf("请输入落子位置(行列): ");
            scanf_s("%d %d", &x, &y);
            if (place_stone(board, x, y, player)) {
                print_board(board); //打印棋盘
                if (check_win(board, x, y, player)) {
```

```
                printf("恭喜%c 获胜! ", player);
                break;
            }
            player = 'O' == player ? 'X' : 'O';
        else {
            printf("该位置已有棋子,请重新输入!");
        }
    }
    return 0;
}
```

程序运行结果如图 7-13 所示。

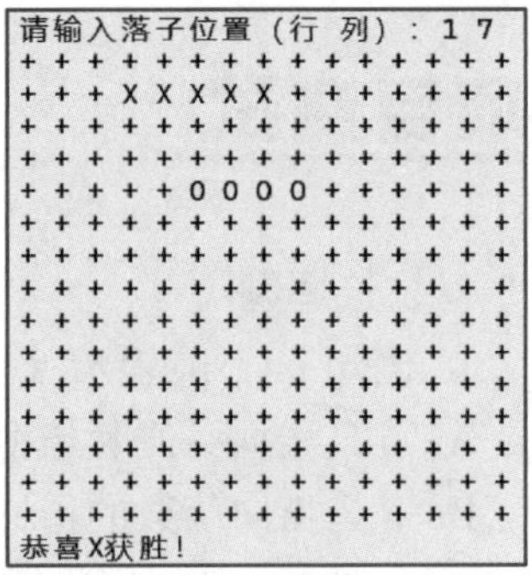

项目实施程序分析:

1) 初始化棋盘模块:init_board(char(*board)[BOARD_SIZE]),将棋盘上的所有位置设置为'+'。

2) 打印棋盘模块:print_board(char(*board)[BOARD_SIZE]),输出棋盘上的每个位置的字符。

3) 落子模块:place_stone(char(*board)[BOARD_SIZE], int x, int y, char stone),在棋盘指定位置放置棋子,如果该位置已经落子,则返回 0,否则落子并返回 1。

4) 判断胜负模块:check_win(char(*board)[BOARD_SIZE], int x, int y, char stone),检查棋盘上某一方的棋子是否形成"五子连珠",如果是,则返回 1,否则返回 0。

图 7-13 五子棋游戏项目
运行结果图

5) 主函数模块:int main(),用于控制游戏的进行,包括初始化棋盘、打印棋盘、获取用户输入、落子、判断胜负等操作。

项目小结

本项目主要介绍了如下内容:

1) 指针是一种特殊的数据类型,被用于存储内存地址,而指针变量是存放内存地址的变量。

2) 把数据的首地址赋给指针变量,就可以通过指针变量遍历整个数组,通过指针变量引用数组就是利用指针变量来访问和操作数组的元素。

3) 通过指针变量引用字符串是一种非常重要的基础操作方法,它允许程序员以更灵活和高效的方式操作字符串。

4) 定义一个指向函数的指针来存放函数的入口地址,就可以用指针来调用函数。指向函数的指针也称函数指针。

5) 指针可用来表示内存地址,返回指针值的函数可以用于返回某个变量或对象的地址。

6）在 C 语言中，动态内存分配功能通过一系列库函数实现，调用这些函数使得程序在运行时可以请求或释放任意大小的内存块。这些函数主要包括 malloc( )、calloc( )、realloc( )和 free( )。

根据上述内容可以总结出学习本项目知识的学习重点为指针的基本概念与声明、数组与指针变量的关系、字符串与指针变量、函数指针、返回指针的函数、动态内存管理、指针运算与地址计算；学习难点为指针的理解、指针的解引用、指针变量与数组和字符串的关联、函数指针的应用、动态内存管理。

项目测试

一、选择题

1. 语句 int *p;表示（　　）。

A. p 是指向一维数组的指针

B. p 是指向函数的指针，该函数返回 int 型数据

C. p 是指向 int 型数据的指针

D. p 是函数名，该函数返回一指向 int 型数据的指针

2. 若有说明：int n=2,*p=&n,*q=p，则（　　）为非法的赋值语句。

A. p=q　　　　　B. *p=*q　　　　　C. n=*q　　　　　D. p=n

3. 若有语句"int a[10];"，则（　　）是对指针变量 p 的正确定义和初始化。

A. int p=*a;　　B. int *p=a;　　　C. int p=&a;　　　D. int *p=&a;

4. 若有说明语句"int a[5],*p=a;"，则对数组元素的正确引用是（　　）。

A. a[p]　　　　　B. p[a]　　　　　C. *(p+2)　　　　D. p+2

5. 若有如下程序：

```
int a[10]={1,2,3,4,5,6,7,8,9,10},*P=a;
```

则数值为 9 的表达式是（　　）。

A. *P+9　　　　B. *(P+8)　　　　C. *P+=9　　　　D. P+8

6. 当两个指针变量的值相等时，表明两个指针变量是（　　）。

A. 占据同一内存单元

B. 指向同一内存单元地址或者都为空

C. 是两个空指针

D. 都没有指向

7. 字符串指针变量中存入的是（　　）。

A. 字符串的首地址　　　　　　　　B. 字符串

C. 第一个字符　　　　　　　　　　D. 字符串变量

8. 在下面关于指针的说法中，错误的是（　　）。

A. 变量的指针就是变量的地址

B. 可以将一个整型量或任何其他非地址类型的数据赋给一个指针变量

C. 一个指针变量只能指向同一个类型的变量

D. 指针变量中只能存放地址（指针）

9. 下列关于指针定义的描述，错误的是（　　）。

A. 指针是一种变量，该变量用来存放某个变量的地址值

B. 指针变量的类型与它所指向的变量类型一致

C. 指针变量的命名规则与标识符相同

D. 在定义指针时，标识符前的"＊"号表示后面的指针变量所指向的内容

10. 设已有定义"float x;"，则以下对指针变量 p 进行定义且赋初值的语句中正确的是（　　）。

A. float ＊p=1024;　　　　　　B. int ＊p=(float x);

C. float p=&x;　　　　　　　　D. float ＊P=&x;

二、判断题

1. 对于二维数组来说 a+1 与＊(a+1)的值相等，因此二者的含义是相同的。　（　　）

2. C 语言函数的返回值只能是数值，不能是地址。　（　　）

3. C 语言的重要特点之一是能够直接处理物理地址，其指针类型数据就是用来存放变量地址的。　（　　）

4. 设有定义：int (＊ptr)( );ptr 指向函数的指针，该函数返回一个 int 型数据。

（　　）

5. int i,＊p=&i;是正确的 C 说明语句。　（　　）

6. 语句 int ＊p; ＊p=0;存在着潜在的危险。　（　　）

7. 语句 int ＊p; p=0;是错误的。　（　　）

8. int ＊p[3];定义了一个指针数组 p，该数组含有 3 个元素，每个元素都是基类型为 int 的指针。　（　　）

三、程序填空题

1. 已知 fun1 函数的功能是将三个数按由大到小的顺序调整后依次放入 a、b、c 三个变量中，其中 a 存放最大的数，利用 fun2 函数填空完成此功能，请填空。

```
void fun2(int ＊x,int ＊y)
{
int t;
t=＊x; ＊x=＊y; ＊y=t;
}
void fun1( )
{
int a=20, b=30, c=25;
if(c>b) fun2(_____) ;
if(a<c) fun2(_____) ;
if(a<b) fun2(_____) ;
}
```

2. 下面程序的功能是：输出 100 以内能被 3 整除且个位数为 6 的所有整数，请填空。

```
#include <stdio. h>
main( )
{ int i,j;
  for(i=0;_____; i++)
  { j=i*10+6;
    if (_____) continue;
    printf("%d",j);
  }
}
```

3. 以下函数的功能是统计链表中节点的个数，其中 head 为指向第一个结点的指针。请填空。

```
struct link
{
 char data;
 struct link *next;
};
int count_node(struct link *head)
{
 struct link *p;
 int c = 0;
 p = head;
 while ( p )
 {
 (_____);
 p =(_____);
 }
 return c;
}
```

四、程序阅读题

1. 以下程序运行后，请写出运行结果。

```
#include <stdio. h>
main( )
{ int a[ ]={1, 2, 3, 4, 5, 6};
 int x, y, *p;
 p = &a[0];
 x = *(p+2);
 y = *(p+4);
 printf("*p=%d, x=%d, y=%d\n", *p, x, y);
}
```

2. 以下程序运行后，请写出运行结果。

```
#include<stdio. h>
main( )
 { static char a[ ]="Program", *ptr;
 for(ptr=a, ptr<a+7; ptr+=2)
 putchar(*ptr);
 }
```

五、程序设计题

1. 试使用指向结构体的指针编写程序，实现输入 3 个学生的学号、语文、数学和英语成绩，然后计算其平均成绩并输出成绩表。

2. 使用 malloc 函数或 calloc 函数建立一个动态整型数组，存放由键盘输入的几个整数，然后按从小到大的顺序输出。

3. 编写函数 mseek，其功能为：在若干字符串中查找一个指定的字符串是否存在，如果存在，则返回 1，否则返回 0。

4. 编写函数 fun(char $*$ str,int num[4])，其功能为：统计字符串 str 中包含的英文字母、空格、数字和其他字符个数，并将统计结果保存于数组 num 中，即 num[0]存储英文字母个数，nun[1]存储空格个数，num[2]存储数字个数，num[3]存储其他字符个数。

5. 编写一个程序，其功能为：输入月份（1~12），输出对应的英文名称（要求使用指针函数实现）。

6. 使用多级指针对 5 个字符串排序并输出。

7. 使用指针和数组两种方法实现功能为：将一个字符串按逆序存放。

要求：

（1）主函数中完成输入和输出字符串。

（2）使用子函数完成逆序存放功能。

项目 *8*
飞机大战

项目目标

【知识目标】
- 理解结构体的概念，掌握如何定义声明结构体类型及其变量，了解如何初始化结构体。
- 熟悉访问结构体成员的方法，会使用"."操作符来获取或修改成员的值。
- 了解结构体数组的使用，以及如何通过循环遍历结构体数组。
- 学会使用结构体指针，并掌握如何使用"→"操作符访问成员。
- 掌握结构体作为函数参数传递的方法，以及如何设计返回结构体的函数。
- 理解链表的数据结构，了解如何使用结构体来实现链表，包括静态链表和动态链表。
- 了解共用体（联合体）的定义和使用方法，了解共用体与结构体的区别及适用场景。
- 掌握枚举类型的定义，了解如何通过枚举来创建一组具名整数常量。
- 理解 typedef 的作用，学会为现有的类型定义别名。

【技能目标】
- 能够在实际编程中根据需求定义和使用结构体，学会创建和管理结构体变量，包括初始化结构体、访问和修改其成员等。
- 能够创建和管理结构体数组，实现对多个结构体数据的批量处理。
- 能够通过结构体指针间接访问结构体数据链表，包括链表的创建、遍历、插入、删除和查找等基本操作等。
- 能够在函数间传递结构体数据，并能设计出返回结构体的函数。
- 能灵活运用共用体，在需要节省空间或特殊数据处理时正确使用共用体。
- 能利用枚举类型定义一组命名常量，使代码更加直观，提高代码可读性。
- 能够通过 typedef 简化复杂的类型声明，提高代码的可维护性。

【素养目标】
- 通过使用结构体等复合类型，提高代码组织能力和模块化水平、培养结构化编程思维。
- 通过结构体组织和管理复杂的数据关系，提高解决复杂问题的能力。
- 通过理解和应用结构体和共用体这样的复杂数据类型，培养抽象思维能力，能更好地理解和解决复杂的问题。

项目介绍

在 C 语言的学习过程中，理解复合数据类型，尤其是结构体的概念至关重要。结构体允许程序员创建自定义的数据类型，将不同的数据组合在一起，以更有效地表示复杂的实体，如游戏中的对象。"飞机大战"小游戏是一个深受编程初学者欢迎的项目，为了帮助学生掌握这一概念并看到其在实际编程中的应用，本项目将通过设计一个简单的"飞机大战"游戏项目来实践结构体的使用。

"飞机大战"是一款运行在命令行界面的射击游戏，该项目的核心目标是让玩家控制一架战斗机在屏幕下方移动，同时射击从屏幕上方飞入的敌机。玩家需要通过键盘操作来控制飞机的方向和射击，而敌机则会自动按照预设的路径向玩家移动。当玩家击中敌机时，会得到分数；如果敌机撞到玩家的飞机，玩家则会失去一定数量的生命值。

完成本项目后，学生将能够独立设计和实现一个简单的"飞机大战"游戏，并在此过程中深入理解 C 语言中结构体的高级应用，不仅能够提升编程技巧，还能学会如何将复杂的问题分解成简单的部分，并逐一解决这些部分，提升其在综合运用 C 语言知识方面的能力，激发其对计算机科学更深层次探索的兴趣，飞机大战游戏主界面如图 8-1 所示。

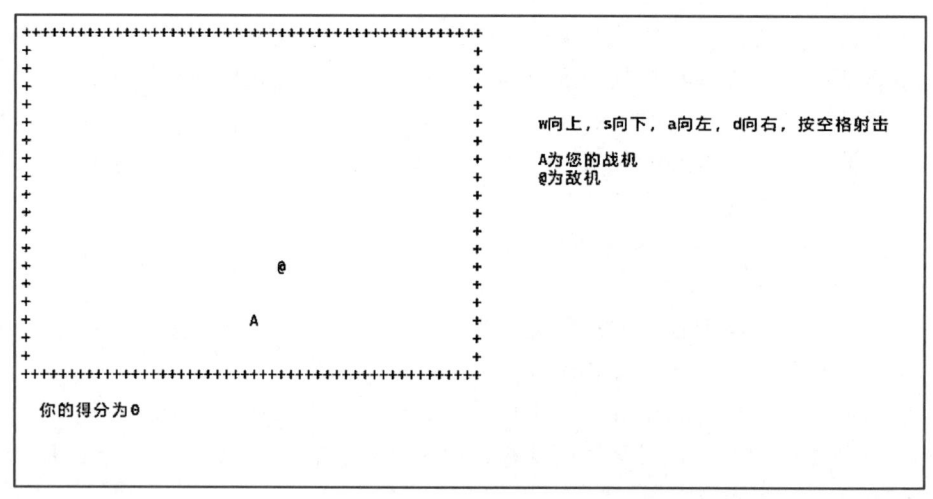

图 8-1　飞机大战游戏主界面

需求分析

在策划"飞机大战"小游戏的 C 语言实现前，在需求分析环节中，必须确立游戏的基本操作和目标。游戏需要能够让玩家通过键盘输入控制一架战斗机，使其在屏幕上移动并应对不断出现的敌人飞机。玩家应有能力发射子弹以击落敌机，而每当敌机被成功击中时，玩家应获得分数。随着游戏的进行，系统需自动增加敌机的数量和提高速度来提升挑战性。此外，游戏必须能检测到玩家飞机与敌机的碰撞，并在此情况下终止游戏。分数的累计和显示是必要的功能，同时游戏结束界面应提供继续游戏的选项。在性能上，应当优化程序，以确保流畅无延迟的操作体验。代码结构要设计得易于后期维护和扩展，以便未来加入新的功能或进行调整。用户界面应简洁友好，操作直观，视听反馈及时，确保玩家拥有良好的游戏体验。最后，程序应能在标准 C 语言环境中编译运行，无须外部依赖项，以方便在不同平台上的移植和使用。

【重点难点】

结构体的定义和声明。

结构体的嵌套和自我引用。

结构体与指针的结合使用。

知识准备

8.1 定义和使用结构体变量

PPT：
定义和使用结
构体变量

在实际应用中，变量的类型往往复杂多变，仅仅使用 C 语言内置的类型无法准确地去定义，所以引出了结构体这个概念。也就是说，为了描述复杂类型的个体，只用 C 语言基础的内置类型不能完整地表述，而结构体就可以很好地解决这个问题。

8.1.1 建立结构体类型

微课 8-1
如何正确地定
义和使用结构
体变量

在前面所见到的程序中，所用的变量大多是互相独立、无内在联系的。例如，定义了整型变量 a、b、c，它们都是单独存在的变量，在内存中的地址也是互不相干的，但在实际生活和工作中，有些数据是有内在联系的、成组出现的。人们希望把这些数据组成一个组合数据，例如，定义一个名为 student_1 的变量，在这个变量中包括学生 1 的学号、姓名、性别、年龄、成绩和家庭地址等项。

由于数组只能存放同一类型的数据，例如，整型数组可以存放学号或成绩，但不能存放姓名、性别、地址等字符型的数据。因此，C 语言允许用户自己建立由不同类型数据组成的组合型的数据结构，称为结构体（struct）。

声明一个结构体类型的一般形式为：

```
struct 结构体名
｛成员表列｝；
```

结构体类型的名字是由一个关键字 struct 和结构体名组合而成的（如 struct Student）。结构体名是由用户指定的，又称"结构体标记"（structure tag），以区别于其他结构体类型。

大括号内是该结构体所包括的子项，称为结构体的成员（member）。对各成员都应进行类型声明，一般形式为：

```
类型名 成员名；
```

其中，"成员表列"（member list）也称为"域表"（field list），每一个成员是结构体中的一个域，成员名的命名规则与变量名相同。

【例 8-1】 建立一个名为 Student 的结构体，里面包含学号、姓名、性别、年龄、成绩、家庭地址等项。

程序代码：

```
struct Student
{
    int num;                    /*学号为整型*/
    char name[20];              /*姓名为字符串*/
    char sex;                   /*性别为字符型*/
    int age;                    /*年龄为整型*/
    float score;                /*成绩为浮点型*/
    char addr[30];              /*家庭地址为字符串*/
};
```

8.1.2 定义结构体类型变量

前面只是建立了一个结构体类型，它相当于一个模型，并没有定义变量，其中并无具体数据，系统对其也不分配存储单元，相当于设计好了图纸，但并未建成具体的房屋。为了能在程序中使用结构体类型的数据，应当定义结构体类型的变量，并在其中存放具体的数据，可以采取以下 3 种方法定义结构体类型变量。

1. 先声明结构体类型，再定义该类型的变量

在 8.1.1 节的开头已声明了一个结构体类型 struct Student，可以用它来定义变量。例如：

```
struct Student    student1,student2;
      |                |        |
   结构体类型名        结构体变量名
```

上面定义了 student1 和 student2 为 struct Student 类型的变量，这样 student1 和 student2 就具有了 struct Student 类型的结构。

这种方式是声明类型和定义变量分离，在声明类型后可以随时定义变量，比较灵活。

2. 在声明类型的同时定义变量

其作用与第 1 种方式相同，但是在定义 structStudent 类型的同时定义了两个 structStudent 类型的变量 student1 和 student2。这种定义方式的一般形式为：

```
struct 结构体名
{
    成员表列
}变量名表列;
```

例如：

```
struct Student
{
    int num;
    char name[20];
```

```
        char sex;
        int age;
        float score;
        char addr[30];
    }student1,student2;
```

声明类型和定义变量放在一起进行，能直接看到结构体的结构，比较直观，在编写简单程序时用此方式比较方便，但在编写大型或复杂程序时，往往要求对类型的声明和对变量的定义分别放在不同的地方，为使程序结构清晰，便于维护，所以一般不常用这种方式。

3. 不指定类型名而直接定义结构体类型变量

其一般形式为：

```
struct
{
    成员表列
}变量名表列;
```

该方式指定了一个无名的结构体类型，即不出现结构体名。显然，不能再以此结构体类型去定义其他变量，因此不建议用户使用这种方式。

8.1.3　结构体变量的初始化和引用

在定义结构体变量时，可以对它初始化，即赋予初始值，然后可以引用这个变量，如输出它的成员的值。

【例 8-2】把一个学生的信息（包括学号、姓名、性别、家庭地址）放在一个结构体变量中，然后输出这个学生的信息。

解题步骤：

1）先建立一个结构体类型，包括有关学生信息的各成员。
2）用它来定义结构体变量，同时赋予初值（学生的信息）。
3）输出该结构体变量的各成员（即该学生的信息）。

程序代码：

```
#include <stdio.h>
int main()
{
    struct Student              /*声明结构体类型 struct Student */
    {                           /*以下 4 行为结构体的成员 */
        long int num;
        char name[20];
        char sex;
        char addr[20];
    }a={101,"Li Xiang",'M',"224 Shanghai Road"};  /*定义结构体变量 a 并初始化 */
    printf("No.:%ld\nname:%s\nsex:%c\naddress:%s\n",a.num,a.name,a.sex,a.addr);
    return 0;
}
```

程序运行结果：

```
No. :101
name:Li Xiang
sex:M
address:224 Shanghai Road
```

程序分析：

程序中声明了一个结构体名为 Student 的结构体类型，共有 4 个成员。在声明类型的同时定义了结构体变量 a，该变量具有 structStudent 类型所规定的结构。在定义变量的同时，进行初始化。在变量名 a 后面的大括号中提供了各成员的值，将 101、"Li Xiang"、'M'、"224 Shanghai Road" 按顺序分别赋给 a 变量中的成员 num、name 数组、sex、addr 数组。最后用 printf 函数输出变量中各成员的值。a. num 表示变量 a 中的 num 成员，同理，a. name 代表变量 a 中的 name 成员。

在定义结构体变量时，可以对它的成员初始化。初始化列表是用大括号括起来的一些常量，这些常量依次赋给结构体变量中的各成员。注意：是对结构体变量初始化，而不是对结构体类型初始化。例如：

```
struct Student b={. name="Zhang Fei"};      /*在成员名前有成员运算符"."*/
name:Li Xiang
```

". name" 隐含代表结构体变量 b 中的成员 b. name。其他未被指定初始化的数值型成员被系统初始化为 0，字符型成员被系统初始化为 0，指针型成员被系统初始化为 NULL。

可以引用结构体变量中成员的值，引用方式为：

结构体变量名. 成员名

例如，已定义了 studentl 为 Student 类型的结构体变量，则 studentl. num 表示 studentl 变量中的 num 成员，即 student1 的 num（学号）成员。

在程序中可以对变量的成员赋值，例如：

```
student. num =101;
```

"." 是成员运算符，它在所有的运算符中优先级最高，因此可以把 student1. num 作为一个整体来看，相当于一个变量。上面赋值语句的作用是将证书 101 赋值给 student1 变量中的成员 num。

对结构体变量的成员可以像普通变量一样进行各种运算（根据其类型决定可以进行的运算）。例如：

```
student2. score = student1. score;          /*赋值运算*/
sum = student1. score + student2. score     /*加法运算*/
student1. age ++;                            /*自加运算*/
```

由于 "." 运算符的优先级最高，因此 studentl. age++是对（studentl. age）进行自加运算，而不是先对 age 进行自加运算。

同类型的结构体变量可以互相赋值，例如：

```
student1 = student2;      /*假设 student1 和 student2 一定为同类型的结构体变量*/
```

可以引用结构体变量成员的地址，也可以引用结构体变量的地址，例如：

```
scanf("%d",&student1. num);          /＊输入 student1. num 的值＊/
printf("%o",&student1);              /＊输出结构体变量 student1 的起始地址＊/
```

8.2 结构体数组

一个结构体变量中可以存放一组有关联的数据（如一个学生的学号、姓名、成绩等数据）。如果有 10 个学生的数据需要参加运算，显然应该使用结构体数组。结构体数组与以前介绍过的数值型数组的不同之处在于每个数组元素都是一个结构体类型的数据，它们都分别包括各个成员项。

下面举一个简单的例子来说明如何定义和使用结构体数组。

微课 8-2
如何正确地
使用结构体
数组

【例 8-3】把一个候选人的信息（包括姓名、得票数）放在一个结构体变量中，然后输出这名候选人的信息。有 3 个候选人，每个选民只能投票选一人，要求编写一个统计选票的程序，先后输入被选人的姓名，最后输出各人得票结果。

解题步骤：

1）设一个结构体数组，数组中包含 3 个元素，每个元素中的信息应包括候选人的姓名（字符型）和得票数（整型）。

2）输入被选人的姓名，然后与数组元素中的"姓名"成员比较，如果相同，则为这个元素中的"得票数"成员的值加 1。

3）输出所有元素的信息。

程序代码：

```
#include <string. h>
#include <stdio. h>
struct Person                         /＊声明结构体类型＊/
{
    char name[20];                    /＊候选人姓名＊/
    int count;                        /＊候选人得票数＊/
}leader[3]={{"Li",0},{"Zhang",0},{"Sun",0}};  /＊定义结构体数组并初始化＊/
int main( )
{
    int i,j;
    char leader_name[20];
    for(i=1; i<=10; i++){
        scanf("%s", leader_name);
        for(j=0; j<3; j++)
            if(strcmp(leader_name,leader[j]. name)==0)
                leader[j]. count++;
    }
    printf("\nResult :\n");
    for(i=0;i<3;i++)
```

```
        printf("%5s: %d\n" ,leader[i].name,leader[i]. count);
        return 0;
    }
```

输入内容：

```
Li
Li
Sun
Zhang
Zhang
Sun
Li
Sun
Zhang
Li
```

程序运行结果：

```
Result：
Li：4
Zhang：3
Sun：3
```

程序分析：

定义一个全局的结构体数组 leader，它有 3 个元素，每一个元素包含两个成员 name（姓名）和 count（票数）。在定义数组时使之初始化将"Li"赋给 leader[0].name，0 赋给 leader[0].count,"Zhang"赋给 leader[1].name，0 赋给 leader[1].count,"Sun"赋给 leader[2].name，0 赋给 leader[2].count。这样，3 位候选人的票数全部先置零，如图 8-2 所示。

在主函数中定义字符数组 leader_name，用于存放被选人的姓名。在每次循环中输入一个被选人姓名，然后将它与结构体数组中 3 位候选人的姓名相比较，看其与哪一个候选人的姓名相同。注意 leader_name 是和 leader 数组第 j 个元素的 name 成员相比较。若 j 为某一值时，输入的姓名与 leader[j]

name	count
Li	0
Zhang	0
Sun	0

图 8-2 结构体数组

.name 相等，则执行"leader[j].count++"，由于成员运算符"."优先于自增运算符"++"，因此它相当于（leader[j].count）++，使 leader[j]成员 count 的值加 1。在输入和统计结束之后，将 3 人的姓名和得票数输出。

PPT:
结构体指针

微课 8-3
如何正确地
使用结构体
指针

8.3 结构体指针

所谓结构体指针就是指向结构体变量的指针，一个结构体变量的起始地址就是这个结构体变量的指针。如果把一个结构体变量的起始地址存放在一个指针变量中，那么该指针变量就指向该结构体变量。

8.3.1　指向结构体变量的指针

指向结构体变量的指针既可指向结构体变量，也可指向结构体数组中的元素。指针变量的基本类型必须与结构体变量的类型相同，例如：

常见的形式为：

Struct Student *pt;　　　/* pt 可以指向 struct Student 类型的变量或数组元素 */

先通过一个例子讲解什么是指向结构体变量的指针变量以及如何使用它。

【例 8-4】通过指向结构体变量的指针变量输出结构体变量中成员的信息。

解题步骤：

1）考虑用什么方式对结构体变量成员赋值。

2）通过指向结构体变量的指针访问结构体变量中的成员。

程序代码：

```
#include<stdio. h>
#include<string. h>
int main( )
{
    struct Student                 /*声明结构体类型 struct Student */
    {
        long num;
        char name[20];
        char sex;
        float score;
    };
    struct Student stu_1;          /*定义 struct Student 类型的变量 stu_1 */
    struct Student *p;             /*定义指向 struct Student 类型数据的指针变量 p*/
    p=&stu_1;                      /*p 指向 stu_1 */
    stu_1. num=10101;             /*对结构体变量的成员赋值*/
    strcpy(stu_1. name,"Li Lin"); /*对字符串复制函数给 stu_1. name 赋值 */
    stu_1. sex='M';
    stu_1. score=89. 5;
    printf("No. :%ld\nname:%s\nsex:%c\nscore:%5. 1f\n".
    stu_1. num,stu_1. name,stu_1. sex,stu_1. score);        /*输出结果 */
    printf("\nNo. :%ld\nname:%s\nsex:%e\nscore:%5. 1f\n",
    (*p). num,(*p). name,(*p). sex,(*p). score);
    return 0 ;
}
```

程序运行结果：

```
No. :10101
name：Li Lin
sex：M
score：89. 5


No. :10101
name：Li Lin
```

sex: M
score: 89.5
注: 两个 printf 函数输出的结果是相同的。

程序分析:

在主函数中声明了 struct Student 类型, 然后定义一个 struct Student 类型的变量 stu_1。
又定义一个指针变量 p, 它指向一个 struct Student 类型的对
象。将结构体变量 stu_1 的起始地址赋给指针变量 p, 也就是
使 p 指向 stu1 (图 8-3), 然后对 stu1 的各成员赋值。

第 1 个 printf 函数是通过结构体变量名 stu_1 访问它的成
员, 输出 stu_1 的各个成员的值。用 stu_1. num 表示 stu_1 中
的成员 num, 依此类推。第 2 个 printf 函数是通过指向结构
体变量的指针变量访问它的成员, 输出 stu_1 各成员的值,

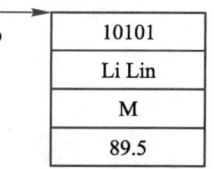

图 8-3　指向结构体
的指针变量

使用的是(*p). num 这样的形式。(*p)表示 p 所指向的结构体变量, (*p). num 是 p
所指向的结构体变量中的成员 num。注意: *p 两侧的括号不可省略, 因为成员运算符
"."优先于" * "运算符, *p. num 等价于*(p. num)。

8.3.2　指向结构体数组的指针

可以使用指针变量指向结构体数组的元素。

【例 8-5】有 3 个学生的信息, 存放在结构体数组中, 要求输出全部学生的信息。

解题步骤:

1) 声明结构体类型 struct Student, 定义并初始化结构体数组。
2) 定义一个指向 struct Student 类型数据的指针变量 p。
3) 使 p 指向结构体数组的首元素, 输出其所指向的元素中的有关信息。
4) 依次使 p 指向结构体数组的下一个元素, 分别输出其所指向的元素中的有关
信息。

程序代码:

```c
#include<stdio. h>
 struct Student                    /*声明结构体类型 struct Student */
{
    int num;
    char name[20];
    char sex;
    int age;
};
struct Student stu[3] = {{10101,"Li Lin",'M',18},{10102,"Zhang Fang",'M',19},
    {10104,"Wang Min",'F',20}};   /*定义结构体数组并初始化*/
int main()
{
    struct Student *p;             /*定义指向 structStudent 结构体变量的指针变量*/
    printf(" No. Name            sex age\n");
    for(p=stu;p<stu+3;p++)
```

```
    printf("%5d %-20s %2c %4d\n",p->num, p->name, p->sex, p->age);
    /*输出结果*/
    return 0;
}
```

程序运行结果:

No.	Name	sex	age
10101	Li Lin	M	18
10102	Zhang Fang	M	19
10104	Wang Min	F	20

程序分析:

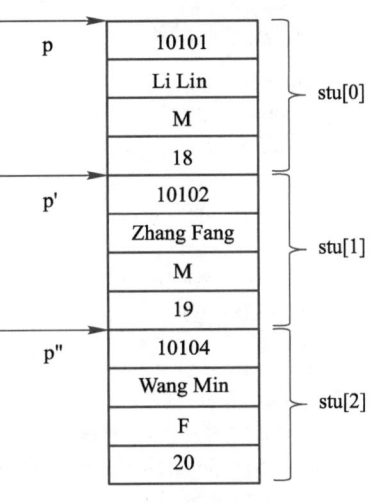

图 8-4 指向结构体数组的指针

p 是指向 struct Student 结构体类型数据的指针变量。在 for 语句中先使 p 的初值为 stu,即数组 stu 中序号为 0 的元素(即 stu[0])的起始地址,如图 8-4 所示中 p 的指向。在第 1 次循环中输出 stu[0] 的各个成员值,然后执行 p++,使 p 自加 1 意味着 p 所增加的值为结构体数组 stu 的一个元素所占的字节数(在 Visual C++环境下,本例中一个元素所占的字节数理论上为(4+20+1+4)字节=29 字节,实际分配 32 字节)。执行 p++后,p 的值等于 stu+1,p 指向 stu[1],如图 8-4 所示中 p 的指向。在第 2 次循环中输出 stu[1] 的各成员值。在执行 p++后,p 的值等于 stu+2,它的指向如图 8-4 所示中 p" 的指向,再输出 stu[2] 的各成员值。在执行 p++后,p 的值变为 stu+3,已不再小于 stu+3,退出循环。

8.3.3　用结构体变量和结构体变量的指针作函数参数

将一个结构体变量的值传递给另一个函数,有如下 3 种方法:

1)用结构体变量的成员作参数。例如,用 stu[1].num 或 stu[2].name 作函数实参将实参值传给形参,其用法和用普通变量作实参是相同的,属于"值传递"方式。应当注意实参与形参的类型保持一致。

2)用结构体变量作实参。用结构体变量作实参时,采用的也是"值传递"的方式,将结构体变量所占的内存单元的内容全部按顺序传递给形参,形参也必须是同类型的结构体变量。在函数调用期间,形参也要占用内存单元。这种传递方式在空间和时间上开销较大,如果结构体的规模很大时,开销是很可观的。此外,由于采用值传递方式,如果在执行被调用函数期间改变了形参(也是结构体变量)的值,该值不能返回主调函数,这往往会造成使用上的不便,因此一般较少用这种方法。

3)用指向结构体变量(或数组元素)的指针作实参,将结构体变量(或数组元素)的地址传给形参。

【例 8-6】有 n 个结构体变量,内含学生学号、姓名和 3 门课程的成绩。要求输出平均成绩最高的学生的信息(包括学号、姓名、3 门课程成绩和平均成绩)。

解题步骤：

将 n 个学生的数据表示为结构体数组（有 n 个元素）。按照功能函数化的思想，分别用 3 个函数来实现不同的功能：

1）用 input 函数来输入数据和求各学生平均成绩。

2）用 max 函数来查找平均成绩最高的学生。

3）用 print 函数来输出成绩最高学生的信息。

4）在主函数中先后调用这 3 个函数，用指向结构体变量的指针作实参。

5）得到结果为简化操作，本程序只设置 3 个学生（n=3）。

程序代码：

```
#include<stdio.h>
#define N 3                                      /*学生数为3*/
struct Student                                   /*建立结构体类型 struct Student*/
{
    int num;                                     /*学号*/
    char name[20];                               /*姓名*/
    float score[3];                              /*3门课程成绩*/
    float aver;                                  /*平均成绩*/
};

int main()
{
    void input(struct Student stu[]);            /*函数声明*/
    struct Student max(struct Student stu[]);     /*函数声明*/
    void print(struct Student stu);              /*函数声明*/
    struct Student stu[N],*p=stu;                /*定义结构体数组和指针*/
    input(p);                                    /*调用 input 函数*/
    print(max(p));          /*调用 print 函数，以 max 函数的返回值作为实参*/
    return 0;
}

void input(struct Student stu[])                 /*定义 input 函数*/
{
    int i;
    printf("请输入各学生的信息：学号、姓名、3门课成绩:\n");
    for(i=0;i<N;i++)
    {
        scanf("%d %s %f %f %f",&stu[i].num,stu[i].name,&stu[i].score[0],
        &stu[i].score[1],&stu[i].score[2]);      /*输入数据*/
        stu[i].aver=(stu[i],score[0]+stu[i].score[1]+stu[i].score[2])/3.0; /*求平均成
绩*/
    }
}

struct Student max(struct Student stu[])         //定义 max 函数
{
    int i,m=0;                                   //用 m 存放成绩最高的学生在数组中的序号
```

```
    for(i=0;i<N;i++)
    if(stu[i].aver>stu[m].aver)m=i;     //找出平均成绩最高的学生在数组中的序号
    return stu[m];                       //返回包含该生信息的结构体元素
}

void print(struct Student stud)          //定义 print 函数
{
    printf("\n 成绩最高的学生是:\n");
    printf("学号:%d\n 姓名:%s\n 三门课成绩:%5.1f,%5.1f,%5.1fn 平均成绩:%6.2f\n",
    stud.num,stud.name,stud.score[0],stud.score[1],stud.score[2] ,stud.aver);
}
```

程序运行结果:

请输入各学生的信息:学号、姓名、3 门课成绩:
10101   Li   78   89   98
10103   Wang   98.5   87   69
10106   Sun   88   76.5   89

成绩最高的学生是:

学号:10101
姓名:Li
三门课成绩:78.0,89.0,98.0
平均成绩:88.33

程序分析:

1)结构体类型 struct Student 中包括 num(学号)、name(姓名)、数组 score(3 门课程成绩)和 aver(平均成绩)。在输入数据时只输入学号、姓名和 3 门课程成绩,未给 aver 赋值,aver 的值是在 input 函数中计算出来的。

2)在主函数中定义了结构体 struct Student 类型的数组 stu 和指向 struct Student 类型数据的指针变量 p,使 p 指向 stu 数组的首元素 stu[0]在调用 input 函数时,input 函数的形参是 struct Student 类型的数组 stu(注意:形参数组 stu 和主函数中的数组 stu 都是局部数据,虽然同名,但在调用函数进行虚实结合前两者代表不同的对象,相互间没有关系)。在调用 input 函数时,将主函数中的 stu 数组的首元素的起始地址传给形参数组 stu,使形参数组 stu 与主函数中的 stu 数组具有相同的地址,如图 8-5 所示。因此在 input 函数中向形参数组 stu 输入数据就等于向主函数中的 stu 数组输入数据。

在用 scanf 函数输入数据后,立即计算出该学生的平均成绩,stu[i].aver 代表序号为 i 的学生的平均

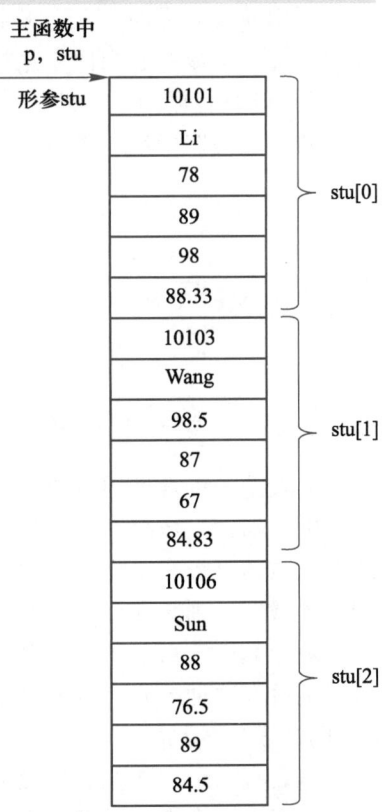

图 8-5   用结构体变量和结构体
变量的指针作函数参数

成绩。请注意 for 循环体的范围。

input 函数无返回值，其作用是给 stu 数组各元素赋予确定的值。

3）在主函数中调用 print 函数，实参是 max(p)。其调用过程是先调用 max 函数（以 p 为实参），得到 max(p)的值（此值是一个 strct Student 类型的数据），然后用它调用 print 函数。

分析调用 max 函数的过程：与前相同，指针变量 p 将主函数中的 stu 数组的首元素的起始地址传给形参数组 stu，使形参数组 stu 与主函数中的 stu 数组具有相同的地址。在 max 函数中对形参数组的操作就是对主函数中的 stu 数组的操作。在 max 函数中，将各人平均成绩与当前的"最高平均成绩"比较，将平均成绩最高的学生在数组 stu 中的序号存放在变量 m 中，通过 return 语句将 stu[m]的值返回主函数。注意：stu[m]是一个结构体数组的元素。max 函数的类型为结构体 struct Student 类型。

4）用 max(p)的值（是结构体数组的元素）作为实参调用 print 函数。print 函数的形参 stud 是 struct Student 类型的变量（而不是 struct Student 类型的数组）。在调用时进行虚实结合，将 stu[m]的值（结构体元素）传递给形参 stud，这时传递的不是地址，而是结构体变量中的信息。在 print 函数中输出结构体变量中各成员的值。

5）以上 3 个函数的调用，情况各不相同，请读者仔细分析，掌握各种用法。

调用 input 函数时，实参是指针变量 p，形参是结构体数组，传递的是结构体元素的起始地址，函数无返回值。

调用 max 函数时，实参是指针变量 p，形参是结构体数组，传递的是结构体元素的起始地址，函数的返回值是结构体类型数据。

调用 print 函数时，实参是结构体变量（结构体数组元素），形参是结构体变量，传递的是结构体变量中各成员的值，函数无返回值。

8.4 链表

微课 8-4
如何在设计
当中正确地
使用链表

8.4.1 链表的定义

链表是一种常见的重要数据结构，是动态地进行存储分配的一种结构。由前面的介绍中已知：用数组存放数据时，必须事先定义固定的数组长度（即元素个数）。如果最多人数的班级有 100 人，而有的班级只有 30 人，若用同一个数组先后存放不同班级的学生数据，则必须定义长度为 100 的数组。如果事先难以确定一个班的最多人数，则必须把数组定得足够大，以便能存放任何班级的学生数据，显然这将会浪费内存。链表则没有这种缺点，它根据需要开辟内存单元。图 8-6 所示是最简单的一种链表（单向链表）的结构。

链表有一个"头指针"变量，图中以 head 表示，用于存放一个地址，该地址指向一个元素。链表中的元素称为"结点"，每个结点都应包括用户需要使用的实际数据和下一个结点的地址两个部分。可以看出，head 指向第 1 个元素，第 1 个元素又指向第 2

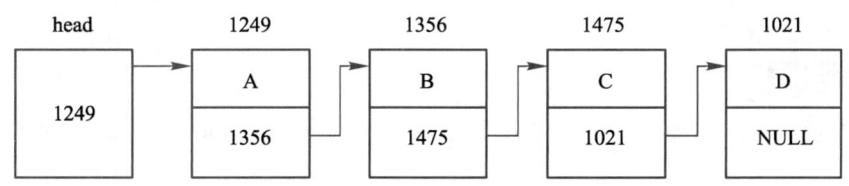

图 8-6　单向链表结构

个元素……直到最后一个元素，该元素不再指向其他元素，被称为"表尾"，其地址部分存放一个 NULL 表示"空地址"，链表到此结束。

可以看到链表中各元素在内存中的地址可以是不连续的。要查找某一元素，必须先找到上一个元素，根据它提供的下一个元素的地址才能找到下一个元素。如果不提供"头指针"（head），则整个链表都将无法访问。链表如同一条铁链，一环扣一环，中间是不能断开的。显然，链表这种数据结构，必须利用指针变量才能实现，即一个结点中应包含一个指针变量，用它存放下一结点的地址。

前面介绍了结构体变量，用它去建立链表是最合适的。一个结构体变量包含若干成员，这些成员可以是数值类型、字符类型、数组类型，也可以是指针类型。用指针类型成员来存放下一个结点的地址。例如，可以设计这样一个结构体类型：

```
struct Student
{
    int num ;
    float score;
    struct Student * next;              //next 是指针变量，指向结构体变量
};
```

其中，成员 num 和 score 用来存放结点中的有用数据（用户需要用到的数据），相当于图 8-6 中的结点 A、B、C、D。Next 是指针类型的成员，它指向 struct Student 类型数据（即 next 所在的结构体类型）。一个指针类型的成员既可以指向其他类型的结构体数据，也可以指向自己所在的结构体类型的数据。现在 next 是 struct Student 类型中的一个成员，它又指向 struct Student 类型的数据。用这种方法就可以建立链表，如图 8-7 所示。图 8-7 中每一个结点都属于 struct Student 类型，其成员 next 用来存放下一结点的地址，程序设计人员可以不必知道各结点的具体地址，只要保证将下一个结点的地址存放到前结点的成员 next 中即可。

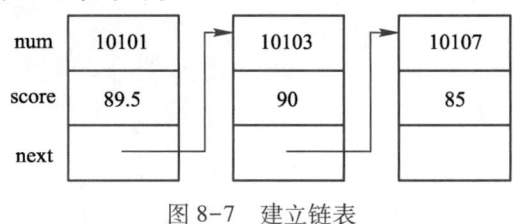

图 8-7　建立链表

8.4.2　建立静态链表

下面通过一个例子来说明如何建立和输出一个静态链表。

【例 8-7】建立一个如图 8-7 所示的静态链表，它由 3 个学生数据的结点组成，要

求输出各结点中的数据。

1）声明一个结构体类型，其成员包括 num（学号）、score（成绩）和 next（指针变量）。

2）将第 1 个结点的起始地址赋给头指针 head，将第 2 个结点的起始地址赋给第 1 个结点的 next 成员，将第 3 个结点的起始地址赋给第 2 个结点的 next 成员。

3）第 3 个结点的 next 成员赋予 NULL，这就形成了链表。

程序代码：

```c
#include <stdio. h>
struct Student                              //声明结构体类型 structStudent
{
    int num ;
    float score;
    struct Student * next;
};
int main( )
{
    struct Student a,b,c, * head, * p;       //定义 3 个结构体变量 a，b，c 作为链表的结点
    a. num = 1010l; a. score = 89. 5;        //对结点 a 的 num 和 score 成员赋值
    b. num = 10103; b. score = 90;           //对结点 b 的 num 和 score 成员赋值
    c. num = 10107; c. score = 85;           //对结点 c 的 num 和 score 成员赋值
    head = &a;                               //将结点 a 的起始地址赋给头指针 head
    a. next = &b;                            //将结点 b 的起始地址赋给 a 结点的 next 成员
    b. next = &c;                            //将结点 c 的起始地址赋给 b 结点的 next 成员
    c. next = NULL;                          //c 结点的 next 成员不存放其他结点地址
    p = head;                                //使 p 指向 a 结点
    do
    {
        printf( "%ld %5. 1f\n" ,p->num,p->score) ;   //输出 p 指向的结点的数据
        p = p->next;                                 //使 p 指向下一个结点
    } while( p! = NULL) ;                     //输出完, c 结点后, p 的值为 NULL, 循环终止
    return 0;
}
```

程序运行结果：输出 3 个结点中的数据。

```
10101    89. 5
10103    98. 0
10107    85. 0
```

为了建立链表，使 head 指向 a 结点，a. next 指向 b 结点，b. next 指向 c 结点，这就构成了链表关系。"c. next = NULL" 的作用是使 c. next 不指向任何有用的存储单元。

在输出链表时要借助 p，先使 p 指向 a 结点，然后输出 a 结点中的数据，"p = p-> next" 是为输出下一个结点做准备。p->next 的值是 b 结点的地址，因此执行 "p = p-> next" 后 p 就指向 b 结点，所以在下一次循环时输出的是 b 结点中的数据。

　　本例所有结点都是在程序中定义的，不是临时开辟的，也不能用完后释放，这种链表称为"静态链表"。

8.4.3　建立动态链表

　　建立动态链表是指在程序执行过程中从无到有地建立起一个链表，即一个一个地开辟结点和输入各结点数据，并建立起前后之间的链式的关系。

　　【例 8-8】 编写程序，建立一个有 3 名学生数据的单向动态链表。

　　解题步骤：

　　先考虑实现此要求的算法，如图 8-8 所示。定义 3 个指针变量：head、p1 和 p2，它们都是用来指向 struct Student 类型数据的。先使用 malloc 函数开辟第 1 个结点，并使 p1 和 p2 指向它，然后从键盘读入一个学生的数据给 p1 所指的第 1 个结点。在此约定学号不会为零，如果输入的学号为 0，则表示建立链表的过程完成，该结点不应连接到链表中。先使 head 的值为 NULL（即等于 0），这是链表为空时的情况（即 head 不指向任何结点，即链表中无结点），当建立第 1 个结点就使 head 指向该结点。

　　如果输入的 p1->num 不等于 0，则输入的是第 1 个结点数据（n＝1），令 head＝p1，即把 p1 的值赋给 head，也就是使 head 也指向新开辟的结点，如图 8-9 所示。p1 所指向的新开辟的结点就成为链表中的第 1 个结点，然后再开辟另一个结点并使 p1 指向它，接着输入该结点的数据，如图 8-10a 所示。

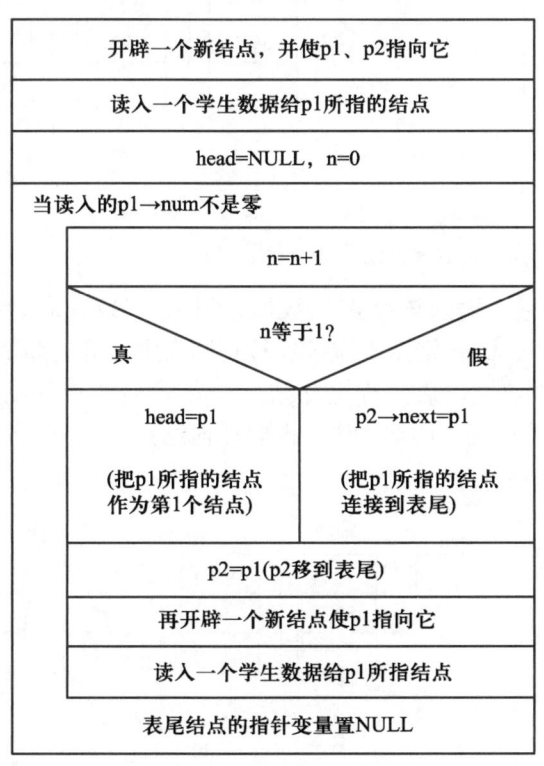

图 8-8　建立单向动态链表算法图

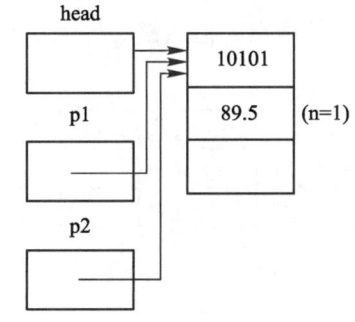

图 8-9　开辟新结点

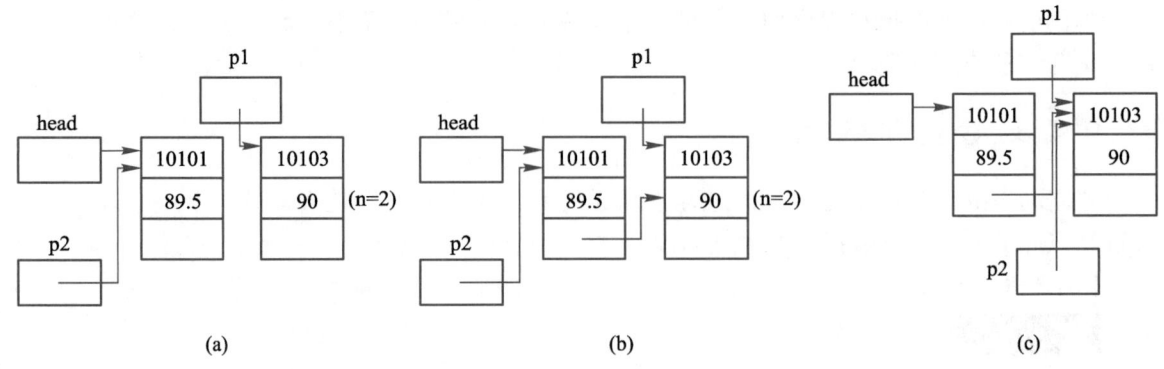

图 8-10　动态链表建立过程 1

如果输入的 p1->num≠0，则应链入第 2 个结点（n＝2），由于 n≠1，则将 p1 的值赋给 p2->next，此时 p2 指向第 1 个结点，因此执行 "p2->next＝p1;"，将新结点的地址赋给第 1 个结点的 next 成员，使第 1 个结点的 next 成员指向第 2 个结点，如图 8-10（b）所示。接着使 p2＝p1，也就是使 p2 指向刚才建立的结点，如图 8-10（c）所示。

接着再开辟 1 个结点并使 p1 指向它，并输入该结点的数据，如图 8-11（a）所示。在第 3 次循环中，由于 n＝3（n≠1），又将 p1 的值赋给 p2->next，也就是将第 3 个结点连接到第 2 个结点之后，并使 p2＝p1，使 p2 指向最后一个结点，如图 8-11（b）所示。

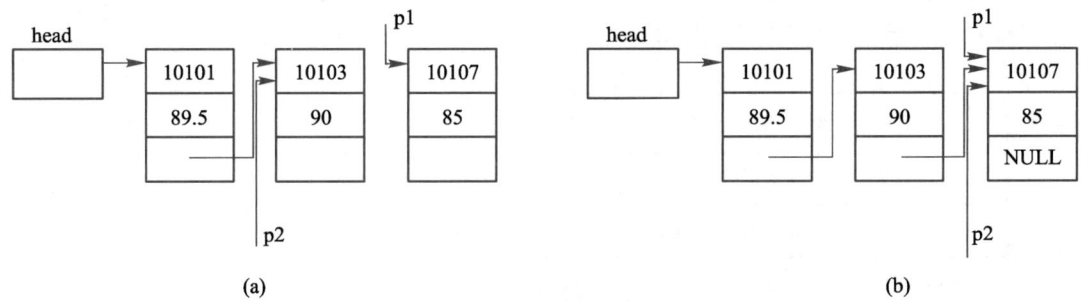

图 8-11　动态链表建立过程 2

再开辟一个新结点，并使 p1 指向它，输入该结点的数据，如图 8-12（a）所示。由于 p1->num 的值为 0，不再执行循环，此新结点不应被连接到链表中。此时将 NULL 赋给 p2->next，如图 8-12（b）所示。建立链表过程至此结束，p1 最后所指的结点未链入链表中，第 3 个结点的 next 成员的值为 NULL，它不指向任何结点。虽然 p1 指向新开辟的结点，但从链表中无法找到该结点。

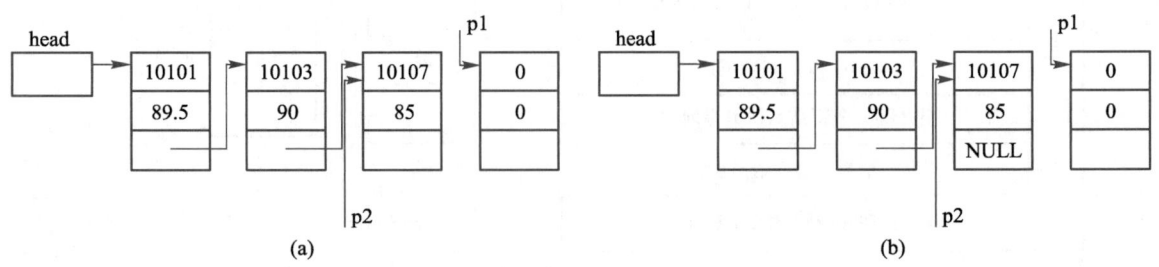

图 8-12　动态链表建立过程 3

程序代码：

```
#include <stdio. h>
#include <stdlib. h>
#define LEN sizeof( struct Student)
struct Student
{
    long num ;
    float score;
    struct Student * next;
};
int n ;                              //n 为全局变量,本文件模块中各函数均可使用它
struct Student * creat( void)        //定义函数,此函数返回一个指向链表头的指针
{
    struct Student * head;
    struct Student * p1,* p2;
    n = 0 ;
    p1 = p2 = ( struct Student * ) malloc( LEN) ;       //开辟一个新单元
    scanf( " %ld,%f" ,&. p1->num,&. p1->score) ;       //输入第 1 个学生的学号和成绩
    head = NULL;
    while( p1->num ! = 0)
    {
        n = n+1;
        if( n = = 1) head = p1;
        else p2->next = p1;
        p2 = p1;
        p1 = ( struct Student * ) malloc( LEN) ;       //开辟动态存储区,把起始地址赋给 p1
        scanf( " %ld,%f" ,&p1->num,&. p1->score) ;    //输入其他学生的学号和成绩
    }
    p2->next = NULL;
    return( head) ;
}
```

可以写一个 main 函数，调用这个 creat 函数：

```
int main( )
{
    struct Student * pt;
    pt = creat( ) ;                  //函数返回链表第 1 个结点的地址
    printf( " \nnum:%ld\nscore:%5. 1f\n" ,pt->num,pt->score) ;   //输出第 1 个结点的成员值
    return 0 ;
};
```

程序运行结果：

```
1001,67. 5
1003,98. 0
1004,99. 5
```

```
0,0

num：1001
score：67.5
```

程序分析：

1）调用 creat 函数后，先后输入所有学生的数据，若输入"0,0"，则表示输入结束。函数的返回值是所建立的链表的第 1 个结点的地址（请查看 return 语句），在主函数中将其赋给指针变量 pt。为了验证各结点中的数据，在 main 函数中输出了第 1 个结点中的信息。

2）第 3 行令 LEN 代表 struct Student 类型数据的长度，sizeof 是"求字节数运算符"。

3）第 11 行定义一个 creat 函数，它是指针类型，即此函数带回一个指针值，它指向 struct Student 类型数据，实际上此 creat 函数带回一个链表起始地址。

4）第 16 行 malloc(LEN) 的作用是开辟一个长度为 LEN 的内存区，LEN 已定义为 sizeof(struct Student)，即结构体 struct Student 的长度。malloc 返回的是不指向任何类型数据的指针（void* 类型）。而 p1、p2 是指向 struct Student 类型数据的指针变量，可以用强制类型转换的方法使指针的基类型改变为 structStudent 类型，在 malloc(LEN) 之前增加了"(struct Student*)"，其作用是使 malloc 返回的指针转换为 struct Student 类型数据的指针。注意：括号中的"*"号不可省略，否则将转换成 structStudent 类型，而不是指针类型。

由于编译系统能实现隐式的类型转换，因此第 14 行也可以直接写为：

p1=malloc(LEN)；

5）creat 函数最后一行 return 后面的参数是 head（head 已定义为指针变量，指向 struct Student 类型数据）。因此函数返回的是 head 的值，也就是链表中第 1 个结点的起始地址。

6）n 是结点个数。

7）该算法的思路是让 p1 指向新开辟的结点，p2 指向链表中最后一个结点，把 p1 所指的结点连接在 p2 所指的结点后面，用"p2->next=p1"来实现。

以上对建立链表过程进行了比较详细的介绍，如果读者对建立链表的过程比较清楚，则会比较容易理解链表的其他操作过程（如链表的输出、结点的删除和结点的插入等）。

8.4.4 输出链表

将链表中各结点的数据依次输出，这个问题比较容易处理。

【例 8-9】 编写一个输出链表的函数 print。

解题步骤：

首先要知道链表第一个节点的地址，即 head 的值，然后设置一个指针变量 p，先指向第 1 个结点，输出 p 所指的结点，再使 p 后移一个结点并输出，直到链表的尾结点。算法如图 8-13 所示。

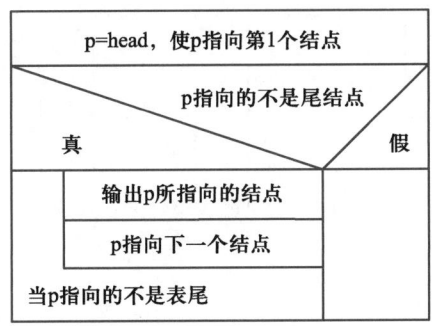

图 8-13　输出链表算法图

程序代码：

```
#include <stdio. h>
#include <stdlib. h>
struct Student                        //声明结构体类型 struct Student
{
    long num ;
    float score;
    struct Student * next;
};
int n;                                //n 为全局变量
void print( struct Student * head)    //定义 print 函数
{
    struct Student * p;               //在函数中定义 struct Student 类型的变量 p
    printf(" \nNow,These %d records are: \n",n) ;
    p=head;                           //使 p 指向第 1 个结点
    if(head! = NULL)                  //若不是空表
        do
        {
            printf("%ld %5. 1f\n",p->num,p->score) ; //输出一个结点中的学号与成绩
            p=p->next;                //p 指向下一个结点
        } while(p! =NULL);            //当 p 不是"空地址"时
}
```

程序分析：

以上只是一个函数，可以单独编译，但不能单独运行。其中的外部声明（类型声明）和定义（变量 n）是与其他函数共享的。

print 函数的操作过程可用图 8-14 表示。头指针 head 从实参接收了链表的第 1 个结点的起始地址，把它赋给 p，于是 p 指向第 1 个结点，输出 p 指向的结点（第 1 个结点）的数据，然后执行"p=p->next;"，p->next 是 p 指向的结点中的 next 成员，即第 1 个结点中的 next 成员，p->next 中存放了第 2 个结点的地址，执行"p=p->next;"后，p 就指向第 2 个结点，p 移到图 8-14 中 p 虚线位置（指向第 2 个结点）。"p=p->next;"的作用是将 p 原来所指向的结点中 nextNULL 的值赋给 p，使 p 指向下一个结点。print 函数从 head 所指的第 1 个结点出发顺序输出各个节点。

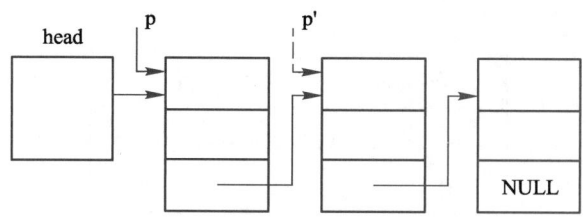

图 8-14 输出链表指针变换过程

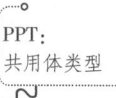

8.5 共用体类型

8.5.1 共用体类型的定义

用户有时想用同一段内存单元存放不同类型的变量。例如，把一个短整型变量、一个字符型变量存和一个实型变量存放在同一个地址开始的内存单元中，如图 8-15 所示。以上 3 个变量在内存中所占的字节数不同，但都从同一地址开始（图 8-15 中设地址为 1000）存放，也就是使用覆盖技术，后一个数据覆盖了前面的数据。这种使几个不同的变量共享同一段内存的结构，称为共用体类型的结构。

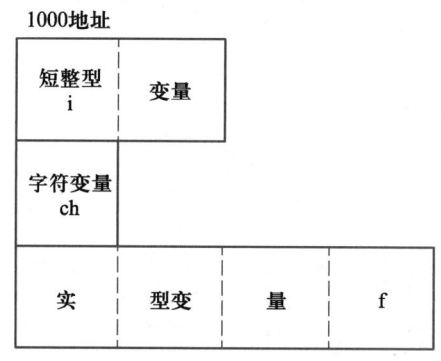

图 8-15 共用体内存单元

定义共用体类型变量的一般形式为：

```
union 共用体名
{
    成员表列
}变量表列;
```

例如：

```
union Data
{
    int i;          //表示不同类型的变量 i、ch、f 可以存放到同一段存储单元中
    char ch;
```

```
    float f;
}a,b,c;                      //在声明类型的同时定义变量
```

也可以将类型声明与变量定义分开：

```
union Data                   //声明共用体类型
{
    int l;
    char ch;
    float f;
};
union Data a,b,c;            //用共用体类型定义变量
```

即先声明一个 union Data 类型，再将 a、b、c 定义为 union Data 类型的变量，当然也可以直接定义共用体变量，例如：

```
union                        //没有定义共用体类型名
{
    int i;
    char ch;
    float f;
}a,b,c;
```

可以看到，"共用体"与"结构体"的定义形式相似，但它们的含义是不同的。

结构体变量所占内存长度是各成员所占的内存长度之和，每个成员分别占有其自己的内存单元，而共用体变量所占的内存长度等于最长的成员所占用内存的长度。例如，上面定义的"共用体"变量 a、b、c 各占 4 字节（因为一个 float 型变量占 4 字节），而不是各占 (4+1+4)字节 =9 字节。

8.5.2 引用共用体变量的方式

只有先定义了共用体变量才能引用它，但应注意，不能引用共用体变量，而只能引用共用体变量中的成员。例如，前面定义了 a、b、c 为共用体变量，下面的引用方式是正确的：

```
a.i              （引用共用体变量中的整型变量 i）
a.ch             （引用共用体变量中的字符型变量 ch）
a.f              （引用共用体变量中的实型变量 f）
```

不能只引用共用体变量，例如下面的引用是错误的：

```
printf("%d",a);
```

因为 a 的存储区可以按不同的类型存放数据，有不同的长度，仅写共用体变量名 a，系统无法知道究竟应输出哪一个成员的值，上面的引用应该写成：

```
printf("%d",a.i);
```

或

```
printf("%c" , a.ch);
```

在使用共用体类型数据时，应注意以下一些特点：

1) 同一个内存段可以用来存放几种不同类型的成员，但在每一瞬时只能存放其中

一个成员，而不是同时存放几个。因为在每一个瞬时，存储单元只能有唯一的内容，即在共用体变量中只能存放一个值。如果有以下程序段：

```
union Date
{
    int i;
    char ch;
    float f;
}a;
a.i=97;
```

表示将整数 97 存放在共用体变量中，可以用以下的输出语句：

```
printf("%d",a.i);              （输出整数 97）
printf("%c",a.ch);             （输出字符'a'）
printf("%f",a.f) ;             （输出实数 0.000000）
```

其执行情况是：由于 97 是赋给 a.i 的，因此按整数形式存储在变量单元中，最后一字节是"01100001"。如果用"%d"格式符输出 a.i，就会输出整数 97。如果想用"%c"格式符输出 a.ch，系统会把存储单元中的信息按字符输出'a'。如果想用"%f"格式符输出 a.f，系统会将存储单元中的信息按浮点数形式来处理，其数值部分为 0，故输出 0.000000。

2）可以对共用体变量初始化，但初始化表中只能有一个常量，下面的用法是错误的。

```
union Data
{
    int i;
    char ch;
    float f;
}a={1,'a',1.5};                //不能初始化 3 个成员，它们占用同一段存储单元
union Data a={16};             //正确，对第 1 个成员初始化
union Data a={.ch='j'};        //C99 允许对指定的一个成员初始化
```

3）共用体变量中起作用的成员是最后一次被赋值的成员，在对共用体变量中的一个成员赋值后，原有变量存储单元中的值就被取代。如果执行以下赋值语句：

```
a.ch='a';
a.f=1.5;
a.i=40;
```

在完成以上 3 个赋值运算以后，变量存储单元存放的是最后存入的 40，原来的'a'和 1.5 都被覆盖了。此时如用"printf("%d",a.i);"输出 a.i 的值是 40。而用"printf("%c",a.ch);"输出的不是字符 'a'，而是字符 '('。因为在共用的存储单元中，按整数形式存放了 40，现在要按%c 格式输出 a.ch，系统会到共用的存储单元去读数据，将存储单元中的内容按存储字符数据的规则解释，40 是字符 '('的 ASCII 码值，因此输出字符 '('。

因此在引用共用体变量时，应特别注意当前存放在共用体变量中的究竟是哪个成员的值。

4）共用体变量的地址和它的各成员的地址都是同一地址。例如，&.a.i、&.a.c、&.a.1 都是同一值。

5）不能对共用体变量名赋值，也不能通过引用变量名来得到一个值。

6）旧标准的规定不能把共用体变量作为函数参数，但可以使用指向共用体变量的指针作函数参数，C 99 允许使用共用体变量作为函数参数。

7）共用体类型可以出现在结构体类型定义中，也可以定义共用体数组。反之，结构体也可以出现在共用体类型定义中，数组也可以作为共用体的成员。

【例 8-10】有若干人员的数据，其中有学生和教师。学生的数据中包括姓名、编号、性别、职业、班级。教师的数据包括姓名、编号、性别、职业、职务，要求用同一个表格来处理。

解题步骤：

可以看出学生和教师的数据项目大多是相同的，但有一项不同。现要求把数据放在同一表格中。如果 job 项为 s（学生），则第 5 项为 class（班级），即 Li 是 501 班的。如果 job 项是 t（教师），则第 5 项为 position（职务）。Wang 是 prof（教授）显然对第 5 项可以用共用体来处理（将 class 和 position 放在同一段存储单元中）。先输入人员的数据，然后再输出。按此写出程序，为简化起见，只设两个人（学生和教师各 1 人）。

程序代码：

```c
#include <stdio. h>
Struct                          //声明无名结构体类型
{
    int num;                    //成员 num（编号）
    char name[10];              //成员 name（姓名）
    char sex;                   //成员 sex（性别）
    char job;                   //成员 job（职业）
    union                       //声明无名共用体类型
    {
        int clas ;              //成员 clas（班级）
        char position 10 ;      //成员 position（职务）
    } category;                 //成员 category 是共用体变量
} person[2];                    //定义结构体数组 person，有两个元素

int main( )
{
    int i;
    for(i=0;i<2;i++)
    {
        printf("p1ease enter the data of person: \n");
        scanf("%d %s %c %c",&person[i]. num, &person[i]. name. &personi. sex,
        &personli. job);            //输入前 4 项
        if(person[i]. job== 's')
            scanf("%d",&person[i]. category. clas);      //如是学生，输入班级
        else if(person[i]. job== 't')
            scanf("%s",person[i]. category. position);   //如是教师，输入职务
        else
        printf("Input error!");      //如 job 不是's 和'!'，显示 "输入错误"
    }
    printf(" \n");
```

```
    printf("No.    name              sex job class/position\n");
    for(i=0;i<2;i++)
    {
        if(person[i].job=='s')                         //若是学生
            printf("%-6d%-10s%-4c%-4c%-10d\n",person[i].num,
            person[i].name,person[i].sex,person[i].job, person[i]].category.clas);
        else                                           //若是教师
            printf("%-6d%-10s%-4c%-4c%-10s\n",person[i].num, person[i].name,
            person[i].sex,person[i].job, person[i].category.position);
    }
    return 0;
}
```

程序运行结果：

```
Please enter the data of person:
101  Li   f   s   501
Please enter the data of person:
102  Wang  m  t  prof


No.   Name     sex  job  class/position
101   Li        f    s     501
102   Wang      m    t     prof
```

程序分析：

在 main 函数之前定义了外部的结构体数组 person，在结构体类型声明中包括了共用体类型 category（分类）成员，在这个共用体成员中又包括两个成员：成员 clas（由于 class 是 C++的关键字，用 Visual C++时不应该用 class 作成员名，故用 clas 代表）和成员 position，前者为整型，后者为字符型数组（存放"职务"的内容：字符串）。

在程序运行过程中需要输入数据，在输入前 4 项数据（编号、姓名、性别、职业）时，对于学生和教师来说，输入的数据类型是相同的，但在输入第 5 项数据（人员类别）时，两者就有区别了，对于学生应输入班级号（整数），对于教师则应输入职务（字符串），程序应作分别处理。

在程序中是这样处理的：先输入前 4 项数据，然后用 if 语句检查刚才输入的职业（job 成员），如果是's'，则表示是学生，则第 5 项应输入一个班级号（整数），用输入格式符%d 把一个整数送到共用体数组元素中的成员 category.clas 中。如果职业是't'，则表示是教师，则输入第 5 项时应该用输入格式符%s 把一个字符串（职位）送到共用体数组元素中的成员 category.position 中。注意：经过这样处理后，结构体数组元素 person[0]中的共用体成员 category 的存储空间中，存放的是整数，而 person[1]中的共用体成员 category 的存储空间中，存放的是字符串。

在输出数据时的处理方法是类似的，如果是学生，则第 5 项以整数形式输出班级号；如果是教师，则第 5 项以字符串形式输出职位。在 printf 语句中，格式符 "%-6d" 表示以十进制整数形式输出，占 6 列，数据向左对齐，其他如%-10s、%-4c、%-4c、%-10s 的含义与此类似。

在数据处理中，用同一个栏目来表示不同内容的情况是很多的，通过本例可以看到，如果善于利用共用体，会使程序的功能更加丰富和灵活。

8.6　使用枚举类型

如果一个变量只有几种可能的值，则可以定义为枚举（enumeration）类型。所谓"枚举"，是指把可能的值一一列举出来，变量的值只限于列举出来的值的范围内。

声明枚举类型用 enum 开头，例如：

enum Weekday{sun,mon,tue,wed, thu,fri,sat} ;

以上声明了一个枚举类型 enum Weekday，然后可以用此类型来定义变量，例如：
enum Weekday　workday, weekend;

　　　　│　　　　　　　│　　　　│

　　枚举类型　　　　枚举变量

workday 和 weekend 被定义为枚举变量，大括号中的 sun,mon,…,sat 被称为枚举元素或枚举常量，是用户指定的名字。枚举变量和其他数值型量不同，其值只限于大括号中指定的值之一。例如，枚举变量 workday 和 weekend 的值只能是 sun 到 sat 之一。

workday=mon;　　　　　　//正确，mon 是指定的枚举常量之一
weekend=sun;　　　　　　//正确，sun 是指定的枚举常量之一
weekday=monday;　　　　//不正确，monday 不是指定的枚举常量之一

枚举常量是由程序设计者命名的，根据自己的需要确定，并在程序中做相应处理。也可以不声明有名字的枚举类型，而直接定义枚举变量，例如：

enum{ sun,mon,tue,wed,thu,fri,sat} workday,weekend;

声明枚举类型的一般形式为：

enum [枚举名] {枚举元素列表};

其中，枚举名应遵循标识符的命名规则，上面的 weekday 就是合法的枚举名。

【例 8-11】 口袋中有红、黄、蓝、白、黑 5 种颜色的球若干，每次从口袋中先后取出 3 个球。问得到 3 种不同颜色球的可能取法，输出每种排列的情况。

解题思路：

球只能是 5 种颜色之一，而且要判断各球是否同色，可以使用枚举类型变量处理。

设某次取出的 3 个球的颜色分别为 i、j、k。根据题意，i、j、k 分别是 5 种色球之一，并要求 3 球颜色各不相同，即 i≠j，i≠k，j≠k。可以用穷举法，即把每一种组合都试一下，看哪一组符合条件，并输出 i、j、k。

算法如图 8-16 所示。

用 n 累计得到 3 种不同色球的次数。外循环使第 1 个球的颜色 i 从 red 变到 black。中循环使第 2 个球的颜色 j 也从 red 变到 black。如果 i 和 j 同色，则显然不符合条件。只有 i 和 j 不同色（i≠j）时，才需要继续找第 3 个球，此时第 3 个球的颜色 k 也有 5 种可能（red 到 black），但要求第 3 个球不能与第 1 个球或第 2 个球同色，即 k≠i，

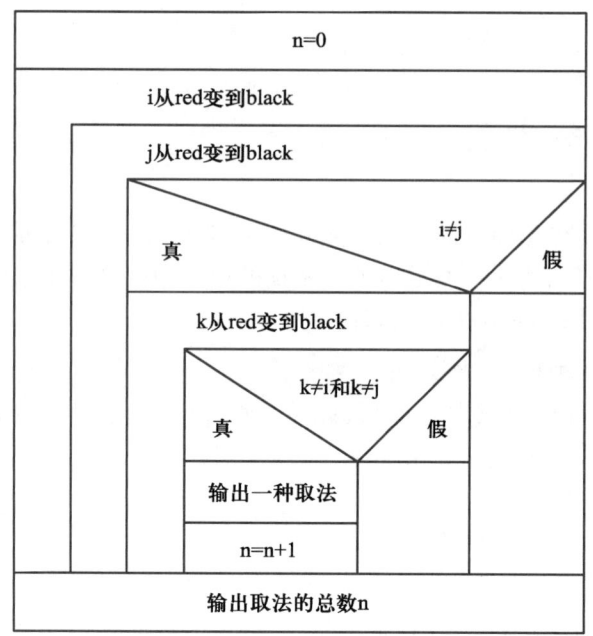

图 8-16　例 8-11 枚举算法图

k≠j，满足此条件就得到了 3 种不同色的球，输出这种 3 色组合的方案。然后使 n 加 1，表示又得到一次 3 球不同色的组合。外循环全部执行完后，全部方案就已输出完成。最后输出符合条件的总数 n。下面的问题是如何实现图 8-16 中的"输出一种取法"。这里有一个问题：如何输出 red、black 等颜色的单词，不能写成"printf("%s",red);"来输出字符串"red"，可以采用图 8-17 的方法。

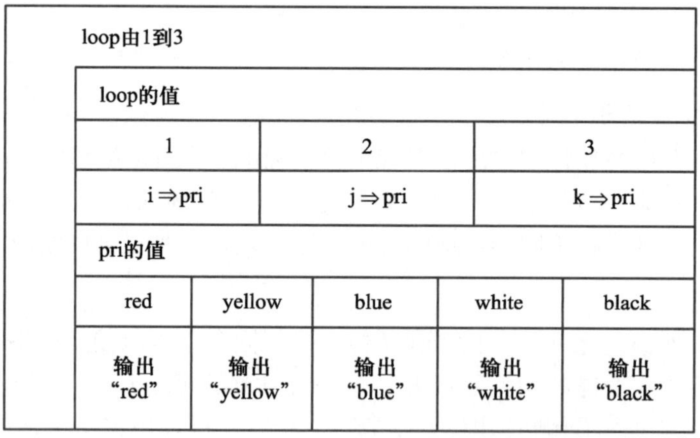

loop由1到3				
loop的值				
1		2		3
i ⇒ pri		j ⇒ pri		k ⇒ pri
pri的值				
red	yellow	blue	white	black
输出"red"	输出"yellow"	输出"blue"	输出"white"	输出"black"

图 8-17　例 8-11 枚举方法图

为了输出 3 个球的颜色，显然应经过 3 次循环：第 1 次输出 i 的颜色，第 2 次输出 j 的颜色，第 3 次输出 k 的颜色。在 3 次循环中，先后将 i、j、k 赋予 pri，然后根据 pri 的值输出颜色信息。在第 1 次循环时，pri 的值为 i，如果 i 的值为 red，则输出字符串"red"，其他依次类推。

程序代码:

```
#include <stdio.h>
int main( )
{
    enum Color {red,yellow,blue,white,black};        //声明枚举类型 enum Color
    enum Color i,j,k, pri;                            //定义枚举变量 i、j、k、pri
    int n. loop;
    n=0;
    for(i=red;i<=black;i++)                           //外循环使 i 的值从 red 变到 black
        for(j=red;j<=black;j++)                       //中循环使 j 的值从 red 变到 black
            if(i!=j)                                  //如果 2 球不同色
            {
                for(k=red;k<=black;k++)               //内循环使 k 的值从 red 变到 black
                if((k!=i)&&(k!=j))                    //如果 3 球不同色
                {
                    n=n+1;                            //符合条件的次数加 1
                    printf("%-4d",n);                 //输出当前是第几个符合条件的组合
                    for(loop=1;loop<=3;loop++)        //先后对 3 个球分别处理
                    {
                        switch (loop)                 //loop 的值从 1 变到 3
                        {
                            case 1:pri=i;break;
                            //loop 的值为 1 时,把第 1 球的颜色赋给 pri
                            case 2:pri=j;break;
                            //loop 的值为 2 时,把第 2 球的颜色赋给 pri
                            case 3:pri=k;break;
                            //loop 的值为 3 时,把第 3 球的颜色赋给 pri
                            default : break;
                        }
                        switch(pri)                   //根据球的颜色输出相应的文字
                        {
                            case red: printf("%-10s" ,"red"); break;
                            //pri 的值等于枚举常量 red 时, 输出"red"
                            case yellow: printf("%-10s" ,"yellow"); break ;
                            //pri 的值等于枚举常量 yellow 时, 输出"yellow"
                            case blue: printf("%-10s" ,"blue"); break;
                            //pri 的值等于枚举常量 blue 时, 输出"blue"
                            case white: printf("%-10s" ,"white"); break;
                            //pri 的值等于枚举常量 white 时, 输出"white"
                            case black: printf("%-10s" ,"black"); break ;
                            //pri 的值等于枚举常量 black 时, 输出"black"
                            default :break ;
                        }
                    }
                    printf(" \n");
                }
            }
    printf(" \ntotal:%5d\n",n);
    return 0;
}
```

程序运行结果：

```
1    red        yellow      blue
1    red        yellow      blue
1    red        yellow      blue
……
58   black      white       red
59   black      white       yellow
60   black      white       blue
total：60
```

程序分析：

在程序各行的注释中已说明了各语句的作用，请读者仔细分析，需弄清楚在输出时如何输出"red" "yellow"等文字。注意：输出的字符串"red"与枚举常量 red 并无内在联系，输出"red"等字符完全是人为指定的。枚举常量的命名完全为了使其易于理解，完全由程序设计者决定。

有人说，不用枚举常量，而用常数 0 代表"红"，1 代表"黄"……不也可以吗？是的，完全可以，但显然用枚举变量（red、yellow 等）更直观，因为枚举元素都选用了令人"见名知义"的名字。此外，枚举变量的值限制在定义时规定的几个枚举元素范围内，如果赋予它其他值，就会出现出错信息，为了便于检查。

PPT：
使用 typedef
类型

8.7　使用 typedef 类型

除了可以直接使用系统提供的标准类型名（如 int、char、float、double 和 long 等）和程序编写者自己声明的结构体、共用体、枚举类型外，还可以使用 typedef 指定新的类型名来代替已有的类型名，包含以下两种情况：

1. 使用一个新的类型名代替原有的类型名

例如：

```
typedef int Integer;            //指定用 Integer 为类型名，作用与 int 相同
typedef float Real;             //指定用 Real 为类型名，作用与 float 相同
```

指定用 Integer 代表 int 类型，Real 代表 float，以下两行等价：

```
int i,j; float a,b;
Integer i,j; Real a,b;
```

这样可以使熟悉 FORTRAN 编程语言的用户能用 Integer 和 Real 定义变量，以适应其编程习惯。

又如在一个程序中，用一个整型变量来计数，则可以命名 Count 为新的类型名，代表 int 类型：

```
typedef int Count;              //指定 Count 代表 int
Count i,j;                      //用 Count 定义变量 i 和 j，相当于 int i, j;
```

将变量 i、j 定义为 Count 类型，而 Count 等价于 int，因此 i、j 是整型。在程序中将 i、j 定义为 Count 类型，可以使人更明确地知道它们是用于计数的。

2. 使用一个简单的类型名代替复杂的类型的表示方法

从前面已知，除了简单的类型（如 int、float 等），C 程序中还会用到许多看起来比较复杂的类型，包括结构体类型、共用体类型、枚举类型、指针类型、数组类型等，例如：

```
float * [ ]                 //指针数组
float ( * ) [5]             //指向 5 个元素的一维数组的指针
double * (double * )        //定义函数，两数的参数是 double * 型数据，即指向 double 数据的指
                            针，函数返回值也是指向 double 数据的指针
double ( * ) ( )            //指向两数的指针，数所返回值类型为 double
int * ( * ( * ) [10]) (void) //指向包含 10 个元素的一维数组的指针，数组元素的类型
                            为函数指针（函数的地址），函数没有参数，返回值是 int 指针
```

有些类型形式复杂，难以理解，容易写错。C 允许程序设计者使用一个简单的类型名代替复杂的类型形式。

（1）命名一个新的类型名代表结构体类型

```
typedef struct
{
    int month;
    int day;
    int year;
} Date;
```

以上声明了一个新类型名 Date，代表上面的一个结构体类型，可以用新的类型名 Date 去定义变量，例如：

```
Date birthday;      //定义结构体类型变量 birthday，不要写成 struct Date birthday
Date * p;           //定义结构体指针变量 p，指向此结构体类型数据
```

（2）命名一个新的类型名代表数组类型

```
typedef int Num[100];       //声明 Num 为整型数组类型名
Num a;                      //定义 a 为整型数组名，包含 100 个元素
```

（3）命名一个新的类型名代表指针类型

```
typedef char * String;      //声明 String 为字符指针类型
String p,s[10];             //定义 p 为字符指针变量，s 为字符指针数组
```

（4）命名一个新的类型名代表指向函数的指针类型

```
typedef int( * Pointer)( );  //声明 Pointer 为指向函数的指针类型，该函数返回整型值
Pointer p1, p2;              //p1、p2 为 Pointer 类型的指针变量
```

归纳起来，声明一个新的类型名的方法是：

1）按定义变量的方法写出定义体（如 int i;）。

2）将变量名换成新类型名（如将 i 换成 Count）。

3）在前面加 typedef（如 typedef int Count）。

4）可以用新类型名去定义变量。

简单地说，就是按定义变量的方式，把变量名替换为新类型名，并且在最前面加typedef，即声明了新类型名代表原来的类型。

以定义上述的数组类型为例来说明：

1) 按定义数组变量形式书写，如 int a[100]。

2) 将变量名 a 替换为自己命名的类型名，如 int Num[100]。

3) 在前面加上 typedef，得到 typedef int Num[100]。

4) 用来定义变量：

```
Num a;
```

相当于定义了：

```
int a[100];
```

同样，对字符指针类型，也是：

```
char *p;                    //定义变量 p 的方式
char *String;               //用新类型名 String 取代变量名 p
typedef char *String;       //加 typedef
String p;                   //用新类型名 String 定义变量,相当 char *p;
```

习惯上，常把用 typedef 声明的类型名的第 1 个字母用大写表示，以便与系统提供的标准类型标识符相区别。

1) 以上方法实际上是为特定的类型指定了一个同义字（synonyms），例如：

```
typedef int Num[100];
Num a;          //Num 是 int[100]的同义词, 代表有 100 个元素的整型数组
typedef int (*Pointer)();
Pointer p1;     //Pointer 是 int(*)()的同义词。代表指向函数的指针类型, 函数值为整型
```

用 typedef 声明的新类型称为原有类型的 typedef 名称。

2) 用 typedef 只是对已经存在的类型指定一个新的类型名，而没有创造新的类型。例如，前面声明的整型类型 Count，它无非是对 int 型另给一个新名字，例如：

```
typedef int Num[10];
```

无非是把原来用"int a[10];"定义的数组类型用一个新的名字 Num 表示。无论采用哪种方式定义变量，效果都是相同的。

3) 用 typedef 声明数组类型、指针类型、结构体类型、共用体类型、枚举类型等，使得编程更加方便。例如定义数组，原来是用：

```
int a[10],b[10],c[10],d[10];
```

由于都是一维数组，大小也相同，可以先将此数组类型命名为一个新的名字 Arr，即

```
typedef int Arr[10];
```

然后用 Arr 去定义数组变量：

```
Arr a, b, c, d;                    //定义 4 个一维整型数组, 各含 10 个元素
```

Arr 为数组类型，它包含 10 个元素。因此，a、b、c、d 都被定义为一维数组，各含 10 个元素。

可以看到，用 typedef 可以将数组类型和数组变量分离开来，利用数组类型可以定义多个数组变量。同样，也可以定义字符串类型、指针类型等。

4）typedef 与#define 表面上有相似之处，例如：

```
typedef int Count;
```

和

```
# define Count int;
```

从表面上看它们的作用都是用 Count 代表 int，但事实上它们二者是不同的。#define 是在预编译时处理的，只能进行简单的字符串替换，而 typedef 是在编译阶段处理的，实际上它并不是进行简单的字符串替换，例如：

```
typedef int Num[10];
Num a;
```

并不是用"Num[10]"去代替"int"，而是采用如同定义变量的方法那样先生成一个类型名（将原来的变量名换成类型名），然后用它去定义变量。

5）当不同源文件中用到同一类型数据（尤其是像数组、指针、结构体、共用体等类型数据）时，常用 typedef 声明一些数据类型。可以把所有的 typedef 名称声明单独放在一个头文件中，然后在需要用到的文件中用#include 指令将其包含到文件中。这样编程者就不需要在各个文件中自己定义 typedef 名称了。

6）使用 typedef 名称提高了程序的通用性与可移植性。有时程序会依赖于硬件特性，用 typedef 类型就便于移植。例如，有的计算机系统整型数据占用 2 字节，而另外一些机器则以 4 字节存放一个整数。如果把一个 C 程序从一个以 4 个字节存放整数的计算机系统移植到以 2 字节存放整数的系统，按一般办法需要将定义变量中的每个 int 修改为 long，如将"int a,b,c;"修改为"long a,b,c;"，如果程序中有多处用 int 定义的变量，则要修改多处。现可以用一个 Integer 来代替 int：

```
typedef   int   Integer;
```

在程序中所有整型变量都用 Integer 定义。在移植时只需改动 typedef 定义体即可：

```
typedef   long   Integer;
```

项目设计

在设计飞机大战游戏的 C 语言项目时，首先需要将游戏分解成若干核心模块：初始化模块负责设置游戏参数和加载资源；游戏循环模块是游戏逻辑的核心，用于处理玩家输入、更新画面状态；玩家控制模块响应用户输入并相应地移动飞机；敌机管理模块负责生成敌机、控制它们的行动，并检测与玩家飞机的碰撞；子弹管理模块跟踪玩家发射的子弹和它们与敌机的交互；渲染模块绘制游戏元素到屏幕；得分和状态管理模块记录玩家的得分和生命值等游戏状态；结束处理模块确定游戏结束时的行为。

这些模块通过定义好的结构体来管理游戏对象，使用数组或链表来追踪多个实例，并通过清晰的函数接口进行交互，确保代码易于理解和维护。此外，必须设计一套用户界面，提供直观的操作提示和游戏反馈。整个设计应确保代码具有良好的模块化，便于将来扩展和维护。

微课 8-6
如何进行飞
机大战项目
的实施

项目实施

项目实施解题步骤：

① 定义两个结构体，用于存放用户信息和历史记录。

② 初始化游戏界面，使用图形库或控制台输出，创建游戏窗口并设置背景颜色，设计游戏简介和操作指南。

③ 注册与登录用户信息，编写函数用于用户信息注册，并初始化用户数据和存储，编写函数用于用户登录。

④ 控制飞机移动，监听键盘事件，根据按键输入更新飞机的位置。

⑤ 生成敌机，在适当的时间间隔内随机生成敌机，并设置初始位置和速度。

⑥ 敌机移动，编写敌机的移动函数，使其自动向下移动。

⑦ 控制敌机飞行速度，编写函数用循环控制敌机的飞行速度。

⑧ 发射子弹，监听键盘事件，当按下空格键时发射子弹。

⑨ 计分系统，记录玩家得分，并在游戏界面上显示出来。

项目实施程序代码：

```c
/*引入相关头文件*/
#include" stdio. h"
#include" windows. h"        //用于获取窗口的句柄与屏幕控制
#include" conio. h"          //用于获取键盘输入的内容
#include" string. h"
#include" stdlib. h"

/*定义结构体用于存放用户信息*/
typedef struct usepeople
{
    char name[20];        //用户名
    char mm[20];          //密码
    struct usepeople *next;
}U;

/*定义结构体用于存放历史记录*/
struct history
{
    char NAME[20];
    int SCORE;
```

```
}s[10];

/*用循环控制敌机的飞行速度*/
void Fly()
{
    static int speed=0;
    if(speed<10) speed++;
    if(speed==10)
    {
        if(e_y<h)    e_y++;
        else { e_y=0;e_x=2+rand()%w-2;}
        speed=0;
    }
}
void b_Fly()
{
    if(b_y>0)      b_y--;                  //控制子弹的飞行效果
    if((b_y==e_y)&&(b_x==e_x))            {score++;e_y=0;e_x=2+rand()%w-2;b_y=0;}
}


/*控制飞机的移动*/
void Planefly()
{
    char input;
    if(kbhit())                          //kbhit 函数用于判断是否有输入
    {
        input=getch();                   //将输入的值传入 input
        if((input=='w')&&(p_y>1))        //如果按下 wsad,则相应移动飞机的位置
        {
            p_y--;
        }
        if((input=='s')&&(p_y<h-2))
        {
            p_y++;
        }
        if((input=='a')&&(p_x>1))
        {
            p_x--;
        }
        if((input=='d')&&(p_x<w-2))
        {
            p_x++;
        }
        if((input==' ')&&(b_y==0))
        {
            b_x=p_x;
            b_y=p_y;
        }
    }
}
```

```
/*主程序*/
int main ()
{
    system("mode con cols=100 lines=30");    //创建宽100高30的程序界面大小
    U *head=(U*)malloc(sizeof(U));            //建立一个带头的链表
    iregister(head);L:dengru(head,num);menu1(head,num);startup();//初始化
    while(1)
    {
        gotoxy(0,0);show();seescore(num);
        if(f==0)                              //判断飞机的状态
        {
            gameover(head);s[num].SCORE=score;num++;if(num==10) num=1;
            msort(s,num+1);
            goto L;
        }
        b_Fly();Fly();Planefly();
    }
    return 0;
}
```

程序运行结果如图8-18所示。

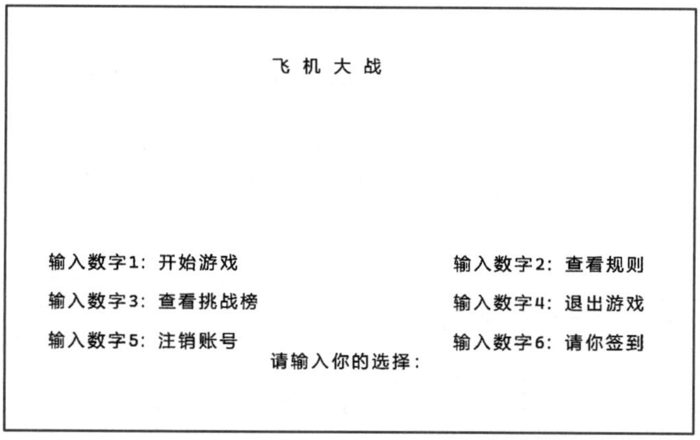

图8-18 "飞机大战"游戏运行结果

项目实施程序分析：

1）定义结构体用于存放用户信息，包含用户名和密码字段，以及指向下一个用户的指针。同时定义结构体存放历史记录，包含玩家名称和得分字段。数组s用于存储最多10个历史记录。

2）通过Fly函数控制变量speed的值来控制敌机的飞行速度。当speed小于10时，每次调用该函数都会递增speed的值；当speed等于10时，敌机向下移动一格，并重置speed为0。

3）b_Fly函数控制子弹的飞行效果。如果子弹的位置与敌机的位置相同，则增加分数，并将敌机重新放置在屏幕顶部的随机位置。

4）Planefly函数根据用户的键盘输入来控制飞机的移动。如果按下w键且飞机不

在屏幕顶部，则飞机向上移动一格；如果按下 s 键且飞机不在屏幕底部，则飞机向下移动一格；如果按下 a 键且飞机不在屏幕左侧，则飞机向左移动一格；如果按下 d 键且飞机不在屏幕右侧，则飞机向右移动一格；如果按下空格键且子弹未发射，则发射子弹。

项目小结

在本项目中，首先介绍了结构体的基本概念和定义方法。结构体是由一系列成员变量组成的，这些成员变量可以是基本数据类型，也可以是其他复合数据类型，甚至是函数指针。可以通过关键字 struct 来定义一个结构体类型，然后使用这个类型来声明结构体变量。结构体变量可以像普通变量一样进行赋值、传递和使用。

接下来，讲解了如何访问结构体的成员。访问结构体成员的方法是使用点操作符（.），通过指定结构体变量的名称和成员名称来访问具体的成员。同时还讲解了如何给结构体成员赋值，以及如何在函数之间传递结构体变量。需要注意的是，在传递结构体变量时，应该使用指针或者返回值的方式进行传递，以避免不必要的内存开销。

此外，还介绍了结构体的初始化。结构体变量可以在声明时进行初始化，也可以在声明后的某个时刻进行初始化。初始化结构体变量时，需要按照成员的类型和顺序提供相应的初始值。在本项目的后面部分，探讨了结构体的高级应用。讲解了如何定义指向结构体的指针，以及如何使用指针来访问结构体的成员。还介绍了结构体数组的概念，以及如何使用结构体数组来存储和处理多个结构体变量。此外，还讲解了如何使用结构体来实现链表等常用的数据结构。

最后，通过项目实例飞机大战游戏来巩固和加深对结构体的理解，该项目涵盖了结构体的各种应用场景，通过项目实践，可以更好地掌握结构体的使用技巧，提高编程能力。

项目测试

一、选择题

1. 定义以下结构体类型

```
structs
{
    int a;
    char b;
    float f;
};
```

则语句 printf("%d" , sizeof(structs)) ; 的输出结果为（　　）。

A. 3　　　　　　　　B. 7　　　　　　　　C. 6　　　　　　　　D. 4

2. 当定义一个结构体变量时，系统为其分配的内存空间是（　　）。

A. 结构体中一个成员所需的内存容量

B. 结构体中第一个成员所需的内存容量

C. 结构体中占内存容量最大者所需的容量

D. 结构体中各成员所需内存容量之和

3. 定义以下结构体类型

```
structs
{
    int x;
    float f;
}a[3];
```

语句 printf("%d",sizeof(a));的输出结果为（　　）。

A. 4　　　　　　　　　　B. 12　　　　　　　　　　C. 18　　　　　　　　　　D. 6

4. 定义以下结构体类型

```
struct student
{
    char name[10];
    int score[50];
    float average;
}stud1;
```

则 stud1 占用内存的字节数是（　　）。

A. 64　　　　　　　　　　B. 114　　　　　　　　　　C. 228　　　　　　　　　　D. 7

5. 设有一结构体类型变量定义如下：

```
struct date
{
    int year;
    int month;
    int day;
};
struct worklist
{
    char name[20];
    char sex;
    struct date birthday;
}person;
```

若对结构体变量 person 的出生年份进行赋值时，下列选项中正确的赋值语句是
（　　）。

A. year=1976

B. birthday. year=1976

C. person. birthday. year=1976

D. person. year=1976

6. 若程序中有以下说明和定义：

```
struct abc
{
    int x;
    char y;
};
struct abc s1,s2;
```

则会发生的情况是（　　　）。

A. 编译时错　　　　　　　　　　　B. 程序将顺序编译、连接、执行

C. 能顺序通过编译、连接，但不能执行　　D. 能顺序通过编译，但连接出错

7. 在单链表中，指针为 p 的结点之后插入指针为 s 的结点，其中正确的操作是（　　　）。

A. p->next=s; s->next=p->next;

B. p->next=s->next; p->next=s;

C. s->next=p->next; p->next=s;

D. p->next=s->next; p->next=s;

8. 以下 C 语言程序执行完毕后，变量 x 的值是（　　　）。

```
typedef union
{
    int i;
    short s;
    char c;
} MyUnion;
int main()
{
    MyUnion u;
    u.i = 100;
    u.s = -100;
    u.c = 'A';
    int x;
    memcpy(&x, &u, sizeof(MyUnion));
    printf("x = %d ", x); return 0;
}
```

A. 100　　　　　　B. -100　　　　　　C. 65　　　　　　D. 不确定的值

9. 以下 C 语言程序执行完毕后，变量 result 的值是（　　　）。

```
enum Color
{
    RED,
    GREEN,
    BLUE
};
int main()
{
    enum Color color = GREEN;
    int result = color + 1;
    printf("result = %d ", result);
```

```
        return 0;
    }
```

A. 0　　　　　　　　B. 1　　　　　　　　C. 2　　　　　　　　D. 3

10. 以下关于 C 语言 typedef 用法的描述中，正确的选项是（　　　）。

A. typedef 可以用来定义新的数据类型，与 struct、union、enum 等关键字定义的类型不同

B. typedef 可以为任意类型的对象或函数指针创建别名

C. typedef 创建的新类型名必须以 t 开头

D. 使用 typedef 定义的类型名不能作为#define 宏替换的一部分

二、判断题

1. 结构体变量可以直接进行整体的比较操作。　　　　　　　　　　　　　（　　）

2. 结构体可以作为函数参数以传值方式传递。　　　　　　　　　　　　　（　　）

3. 结构体数组中的每个元素都有相同的内存布局和大小。　　　　　　　　（　　）

4. 如果结构体中包含指针类型的成员，那么整个结构体的尺寸可能小于所有成员尺寸的总和。　　　　　　　　　　　　　　　　　　　　　　　　　　　　　（　　）

5. 结构体可以包含自身类型的指针作为成员，但不能包含自身类型的数组。
　　　　　　　　　　　　　　　　　　　　　　　　　　　　　　　　（　　）

6. 使用头插法构建链表比尾插法构建链表更容易实现，且效率更高。　　　（　　）

7. 在单链表中，结点的插入操作只能在链表的尾部进行。　　　　　　　　（　　）

8. 修改共用体的一个成员的值会影响所有其他成员的值。　　　　　　　　（　　）

9. 枚举类型的成员可以被当作整数使用，进行算术运算。　　　　　　　　（　　）

10. 在 C 语言中，typedef 创建的新类型名必须遵循标识符的命名规则，且不能与关键字冲突。　　　　　　　　　　　　　　　　　　　　　　　　　　　　（　　）

三、程序填空题

1. 有一学生信息的结构体类型如下定义：

```
struct stu
{
    int num;
    char name[20];
    char sex;
    struct
    {
        int year;
        int month;
        int day;
    } birthday;
} stu1;
```

设该结构体变量 stu1 中的生日是 "1984 年 2 月 10 日"，birthday. year = _____，birthday. month = _____。

2. 若要使指针 p 指向一个 double 类型的动态存储单元，请填空。

p = _____ malloc(sizeof(double)) ;

四、程序阅读题

1. 阅读以下程序段，解释其功能，并说明 main 函数的输出结果。

```
struct Test { int a; float b; }; int main() { struct Test t1 = {5, 2.5f}; struct Test t2; t2 = t1; printf
("t2.a = %d, t2.b = %f", t2.a, t2.b); return 0; }
```

2. 阅读以下程序段，解释其功能，并说明 main 函数的输出结果。

```
struct Person {
    char name[20];
    int age;
}; //函数声明
void print_person_info(struct Person* p);
int main() {
    struct Person person = {"Alice", 30};
    print_person_info(&person); return 0;
} //函数定义
void print_person_info(struct Person* p)
{
    printf("Name: %s, Age: %d", p->name, p->age);
}
```

五、程序设计题

1. 定义一个名为 Point 的结构体来表示二维空间中的点，并编写一个函数来设置点的值。

2. 给定一个表示学生信息的结构体 Student，包含姓名、学号和成绩。编写一个函数 print_student_info，该函数接收一个指向 Student 结构体的指针，并打印出学生的信息。

3. 定义一个名为 Rectangle 的结构体来表示矩形，包含宽度和高度。编写一个函数 calculate_area，该函数接收一个指向 Rectangle 结构体的指针，并返回该矩形的面积。

4. 定义一个名为 Circle 的结构体来表示圆，包含半径。编写一个函数 calculate_circumference，该函数接收一个指向 Circle 结构体的指针，并返回该圆的周长。

5. 定义一个名为 Car 的结构体来表示汽车，包含品牌、型号和速度。编写一个函数 accelerate，该函数接收一个指向 Car 结构体的指针，并将速度增加 10。

6. 定义一个名为 Employee 的结构体来表示雇员，包含姓名、工号和工资。编写一个函数 update_salary，该函数接收一个指向 Employee 结构体的指针和一个浮点数，将工资更新为新的值，然后编写一个主函数，创建一个 Employee 实例，更新其工资，并打印出更新后的工资。

7. 定义一个名为 Car 的结构体，包含品牌、型号和速度。编写一个函数 accelerate，该函数接收一个 Car 类型的指针，并将速度增加 10。再编写一个函数 print_car_info，该函数接收一个 Car 类型的指针，并打印出汽车的信息。

8. 定义一个名为 Rectangle 的结构体，包含宽度和高度。编写一个函数 calculate_area，该函数接收一个 Rectangle 类型的指针，并返回矩形的面积。

9. 定义一个名为 Book 的结构体，包含书名、作者和价格。编写一个函数 print_book_info，该函数接收一个 Book 类型的指针，并打印出书籍的信息。

10. 设计一个学生管理系统，要求使用结构体、枚举和链表。要求：

（1）定义一个学生结构体，包含学生的姓名、学号、性别、年龄、成绩等信息。

（2）定义一个枚举类型，表示学生的状态（在校/离校）。

（3）定义一个链表结点结构体，包含学生结构体和一个指向下一个结点的指针。

（4）实现添加学生信息的功能。

（5）实现删除学生信息的功能。

（6）实现修改学生信息的功能。

（7）实现查询学生信息的功能。

（8）实现显示所有学生信息的功能。

项目 **9**
高校学生成绩管理系统

项目目标

【知识目标】
- 了解文件的基本概念和文件指针的概念。
- 掌握文件的读写操作。
- 掌握文件保存数据的方法。

【技能目标】
- 熟练掌握文件的打开和关闭及文件指针的应用。
- 熟练应用文件的读写操作，实现对文件内容的备份。
- 灵活应用文件处理函数读取、比较和修改文件的内容。

【素养目标】
- 培养学生实际动手解决问题的能力，特别是在文件读写和处理方面。
- 通过文件操作的练习，理解程序执行的流程和数据传递的逻辑，培养逻辑思维能力。
- 在文件操作中寻找创新的解决方案，激发创造力和思维活跃性。
- 通过文件处理任务的分工合作，培养团队合作意识，学会在团队中有效地协作和沟通。
- 在文件操作中注意数据安全和隐私保护，培养诚信意识，避免数据泄露和不当操作。
- 引导学生在文件操作中要对自己的行为负责，强调程序员在处理文件时应当尊重他人的作品和著作权。

项目介绍

本项目需要编写一个高校学生成绩管理系统，实现对高校学生成绩的添加、查询、修改、删除、显示以及保存的功能。该系统的运行主界面如图 9-1 所示，选择其中一项菜单后，可以实现相应的功能。

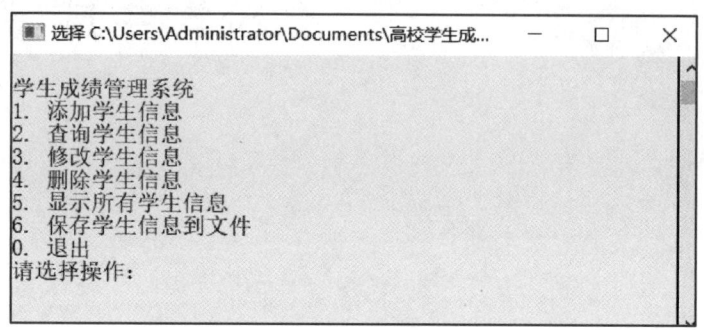

图 9-1　高校学生成绩管理系统主界面

需求分析

目前，用户每次进入"高校学生成绩管理系统"，均要进行学生成绩的录入，在操作过程中对学生成绩信息进行了添加、删除和修改。但是当关闭系统后再次打开本系统时，依然要重新录入数据，重新进行添加、删除和修改的操作。这是因为程序运行时所需数据放在内存中，运行完毕后，程序所持有的数据存储空间都会被释放掉，还给操作系统，内存的数据无法长期保存，一旦出现关机、断电现象后，内存中的数据均会丢失，会为用户带来了极大的不便，费时费力且容易出错。因此需要实现数据的长期保存。

文件可以长期存储数据，将系统所需要的数据以文件形式保存在磁盘上，可大大减少人机交互操作所造成的错误。用户登录系统后，从磁盘文件中读入学生成绩信息，每次进行添加、删除、修改操作时，都会将数据同时写入文件，解决系统数据长期保存的问题。

【重点难点】
文件内容的导入、导出和备份。
文件内容的比较和修改。

知识准备

PPT：
C 文件概述

9.1　C 文件概述

在 C 语言中，文件是一种用于持久性存储数据的重要方式。它允许程序在多次执行之间保持数据，并且可以与其他程序或系统进行数据交换。

9.1.1　文件的分类

根据数据的组织形式，数据文件可以分为文本文件和二进制文件两种类型。文本文件是以人类可读的字符形式存储数据，也称为 ASCII 文件，而二进制文件是以字节的形式存储数据。在 C 语言中，对于这两类文件的操作方法有所不同。

1. 文本文件

文本文件的每字节存放一个字符的 ASCII 码，便于对字符进行逐个处理和直接输出字符，但它占用较多的存储空间，而且在输出数据时要花费转换时间（二进制数与 ASCII 码间的转换）。

2. 二进制文件

二进制文件是把内存中的数据按其在内存中的存储形式原样存放在磁盘文件中，节省了磁盘空间和转换时间，但存放的内容不够直观，一字节不对应一个字符，不能直接输出字符形式，需要转换才能看到存放的内容。

例如，整数 1000，用二进制数表示为 00000011 11101000，占用 2 字节；用 ASCII 码表示为'1'、'0'、'0'和'0'共 4 个字符，它们的 ASCII 码值分别为 49、48、48 和 48，在文本文件中存放需要 4 字节。整数 1000 在内存以及文本文件、二进制文件中的存储形式如图 9-2 所示。

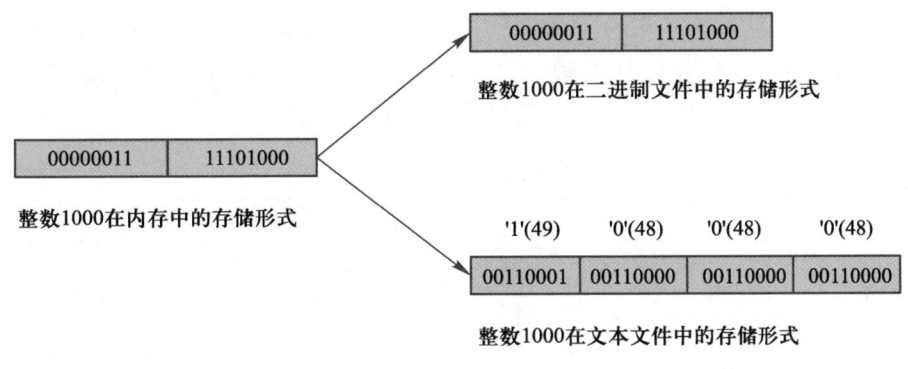

图 9-2　文件存储形式

9.1.2　文件指针

C 语言中，系统定义了一个文件类型 FILE，文件指针是一个指向 FILE 类型的指针变量。通过文件指针可以对文件进行读写操作。

文件指针的定义格式为：

```
FILE *fp;
```

在上述格式中，FILE 是由系统声明的结构体，用于保存文件名、文件大小、文件位置、文件状态等相关信息，fp 是一个指向 FILE 类型结构体的指针变量。fp 指向某一个文件的结构体变量，能够通过该结构变量中的文件信息去访问该文件，通过文件指针变量能够找到与它相关的文件。

FILE 类型定义在文件 stdio. h 中，在源程序的开头要包含头文件 stdio. h。

如果需要访问多个文件，则应设计多个相应的文件指针变量，使它们分别指向对应的文件，以实现同时对不同文件的访问。若无须同时访问，也可通过对同一指针变量赋值来指向不同的文件。

PPT：
文件的打开与
关闭

9.2 文件的打开与关闭

文件的打开与关闭是进行文件操作的基本步骤之一。通过文件的打开，程序可以获取对文件的访问权限，进行读写等操作；而关闭文件则是释放资源和确保文件操作的安全性的重要步骤。

9.2.1 打开文件

在进行文件操作之前，需要先打开文件，使用 fopen( ) 函数指定文件名和打开模式来打开文件。

使用 fopen( ) 函数打开文件的方式如下：

```
FILE * fopen( const char * filename, const char * mode);
```

其中，filename 是要打开的文件名，mode 是打开文件的模式。若文件打开成功，则返回一个文件指针；若打开失败，则返回空值 NULL。文件的打开模式包括只读（"r"）、只写（"w"）、追加（"a"）等模式，见表 9-1。

表 9-1　文件的打开模式

文件类型	打开模式	含　　义	指定文件 不存在时	指定文件存在时
文本 文件	r（只读模式）	以只读方式打开一个文本文件	出错	正常打开
	w（只写模式）	创建一个文本文件，只允许写入数据	建立新文件	覆盖已存在的文件
	a（追加模式）	打开一个文本文件，只允许在文件末尾添加数据	建立新文件	在文件原有内容末尾追加
	r+(读取/更新模式)	打开一个文本文件，允许进行读取与写入操作	出错	正常打开
	w+(写入/更新模式)	创建一个文本文件，允许进行读取与写入操作	建立新文件	覆盖已存在的文件
	a+(追加/更新模式)	打开一个文本文件，允许进行读取与追加操作	建立新文件	在文件原有内容末尾追加
二进制 文件	rb（只读模式）	以只读方式打开一个二进制文件	出错	正常打开
	wb（只写模式）	创建一个二进制文件，只允许写入数据	建立新文件	覆盖已存在的文件

续表

文件类型	打开模式	含　义	指定文件 不存在时	指定文件存在时
二进制 文件	ab（追加模式）	打开一个二进制文件，只允许在文件末尾添加数据	建立新文件	在文件原有内容末尾追加
	rb+（读取/更新模式）	打开一个二进制文件，允许进行读取与写入操作	出错	正常打开
	wb+（写入/更新模式）	创建一个二进制文件，允许进行读取与写入操作	建立新文件	覆盖已存在的文件
	ab+（追加/更新模式）	打开一个二进制文件，允许进行读取与追加操作	建立新文件	在文件原有内容末尾追加

如果是读文件，则需要先确认该文件是否已存在，并将读写当前位置设定为文件开头。如果是写文件，需先检查是否存在同名文件，若有同名文件，则将该同名文件删除，并建立一个新文件；若无同名文件，则新建文件并将当前读写位置设置为开头。

```
FILE *fp;
fp = fopen("example.txt", "r");
if (fp == NULL)
    {    printf("文件打开失败！\n"); }
  else {
    //文件打开成功，可以读取文件内容
    }
```

在上述代码中，首先定义了一个文件指针 fp，之后调用 fopen() 函数，以只读的方式打开 example.txt 文件。若文件不存在，则输出"文件打印失败！"，若文件存在，则打开文件，后续可以读取文件内容，但不能向文件中写入数据。

文件 example.txt 所在目录为程序文件所在目录，若 example.txt 文件存放在指定的目录中，如目录 D:\mydir（该目录已存在），则可用 fp = fopen("D:\\mydir\\example.txt","r");语句。

说明：

在打开文件时，应当注意以下几点：

1）若文件不存在，则以指定模式创建一个新文件。

2）若文件已存在，则根据指定的模式打开文件。

3）若文件打开失败，fopen() 函数返回 NULL，则需要对打开失败的情况进行处理。

9.2.2　关闭文件

在文件操作完成后，应当关闭文件，以防止数据丢失并释放资源。C 语言使用 fclose() 函数关闭文件。关闭文件就是使原来指向该文件的文件指针与文件脱离。fclose() 函数的调用形式为：

微课 9-1
文件的打开
与关闭

```
        fclose(fp);
```

关闭文件指针 fp 所指的文件，关闭成功，返回值为 0，否则返回 EOF。关闭文件的语句一般放在对文件的操作完成之后，也可以放在程序结束之前。

【例 9-1】 调用 fopen( ) 函数打开 D 盘 mydir 目录下的 hello. txt 文件，调用 fclose( ) 函数关闭文件。

```c
#include <stdio. h>
int main( )
{   //打开文件
    FILE *fp = fopen("D:\\mydir\\hello. txt", "r");
    //检查文件是否成功打开
    if (fp != NULL)
    {   printf("文件成功打开! \n");
        //关闭文件
        if (fclose(fp) = = 0)
        {   printf("文件成功关闭! \n");  }
        else
        {   printf("文件关闭失败! \n");  }
    }
    else {   printf("无法打开 hello. txt 文件! \n");  }
    return 0;
}
```

程序分析:

1) 定义指针 fp，使用 fopen( ) 函数以只读的方式打开文件，在 D 盘 mydir 目录下要创建 hello. txt 文件，如果根目录下不存在 hello. txt 文件，即 fp 为 NULL，则会输出"无法打开 hello. txt 文件!"，运行结果如图 9-3 所示。

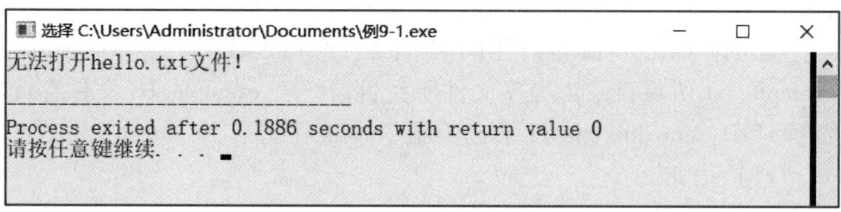

图 9-3 例 9-1 运行结果图 (1)

2) 若 fp 不为空，则输出"文件成功打开!"，并使用 fclose( ) 函数关闭文件，成功时返回值为 0，输出"文件成功关闭!"。运行结果如图 9-4 所示。

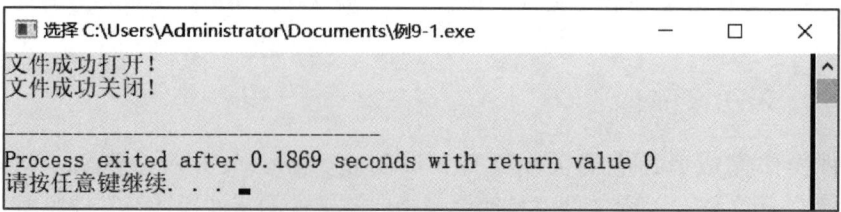

图 9-4 例 9-1 运行结果图 (2)

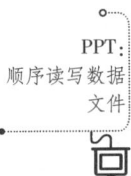

PPT:
顺序读写数据
文件

9.3 顺序读写数据文件

对文件的操作只有读和写两种，"读写"的概念是相对内存而言的，将内存中的数据输出到文件称为"写"，将文件中的数据输入到内存称为"读"。在顺序读写时，文件读写的顺序与数据在文件中存储的数据一致。

9.3.1 单字符读写文件

单字符读写文件是指以字符为单位进行文件读写操作，通常用于处理二进制文件或需要逐字节处理的文本文件。在 C 语言中，可以使用 fputc( ) 和 fgetc( ) 函数来实现单字符读写文件的操作。对文本文件读写单字符的函数见表 9-2。

表 9-2 对文本文件读写单字符的函数

函数名	函数声明	功　能	返回值
fgetc	char fgetc(FILE * fp);	从 fp 指向的文件读入一个字符	读取成功，则返回读取到的字符；读取失败，则返回 EOF
fputc	int fputc(char ch, FILE * fp);	把字符 ch 写到 fp 所指向的文件中	输出成功，则返回输出的字符；输出失败，则返回 EOF

【例 9-2】将文本文件 file1.txt 中的内容顺序读出，再顺序存入文本文件 file2.txt 中。

微课 9-2
单字符读写
文件

```
#include <stdio.h>
#include <stdlib.h>
int main( ) {
    FILE * file1, * file2;
    char ch;
    //打开源文件 file1.txt
    file1 = fopen("file1.txt", "r");
    if (file1 == NULL) {
            perror("Error opening file1.txt");
            return EXIT_FAILURE;
    }
    //创建目标文件 file2.txt
    file2 = fopen("file2.txt", "w");
    if (file2 == NULL) {
        perror("Error creating file2.txt");
        fclose(file1);
        return EXIT_FAILURE;
    }
    //逐个字符读取 file1.txt 并写入 file2.txt
    while ((ch = fgetc(file1)) != EOF) {
        fputc(ch, file2);
```

```
        }
    //关闭文件
    fclose(file1);
    fclose(file2);
    printf("Contents copied successfully from file1. txt to file2. txt. \n");
    return EXIT_SUCCESS;
}
```

程序分析:

1) 建立文本 file1. txt 文件,并向 file1. txt 中输入"同学们好,我们来学习字符读入函数 fgetc( )和字符写入函数 fputc( )。"保存后关闭。file1. txt 文件与程序源文件位于同一目录下,否则在使用 fopen( )函数打开该文件时需要给出完整路径。从 file1. txt 文件中逐个读入字符,然后逐个输出到 file2. txt 文件中。如果 file2. txt 文件已经存在,则该文本将会被覆盖。运行结果如图 9-5 所示。程序运行后 file1. txt 文件和 file2. txt 文件的内容对比如图 9-6 所示。

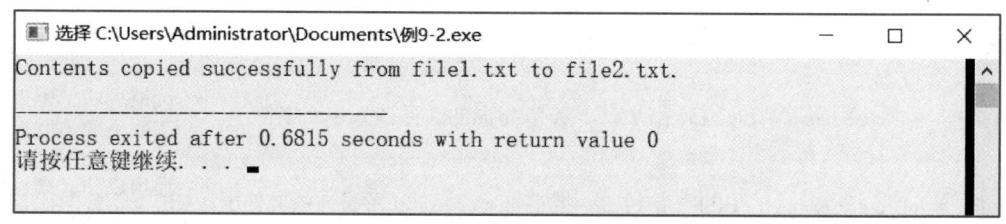

图 9-5 例 9-2 运行结果图

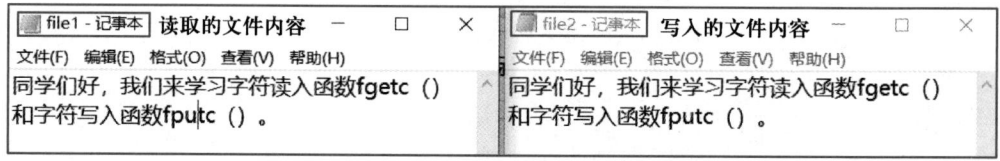

图 9-6 例 9-2 程序运行后两个文件内容对比

2) 在访问磁盘文件时,逐个进行字符读取。开始时,文件读写位置为第 1 字节,每访问完一字节后,当前读写位置就指向下一字节,即自动后移一字节。

3) file1. txt 和 file2. txt 均为文本文件,因此 fopen( )函数使用"r"、"w"方式打开,如果是二进制文件,则需要通过"rb"、"wb"方式打开。

4)"EOF"为文本文件的结束标志,ch = fgetc(file1) != EOF 指当 while 满足循环条件 file1 还未达到最末尾,则将从 file1 中取出的字符写入 file2。

9.3.2 字符串读写文件

除了单字符读写文件,C 语言还提供了一次可以读写一个字符串的函数。可以使用 fputs( )和 fgets( )函数来实现字符串读写文件的操作,见表 9-3。

表 9-3　读写字符串的函数

函数名	函数声明	功　　能	返回值
fgets	fgets(str,n,fp);	从 fp 指向的文件读入一个长度不多于 n-1 的字符串，末尾加上'\0'，放到字符数组 str 中	读取成功，则返回地址 str，否则返回 NULL
fputs	fputs(str,fp);	把 str 所指向的字符串写入文件指针 fp 所指向的文件中	输出成功，则返回 0，否则返回非 0 值

【例 9-3】 从键盘输入姓名、学号、课程名、学分、成绩，将这些字符串存放到
file3. txt 文件中，保存并关闭文件。再次打开 file3. txt 文件，顺次读取文件中的字符串
并输出到屏幕上。

微课 9-3
字符串读写
文件

```c
#include <stdio. h>
#include <stdlib. h>
#define MAX_LENGTH 100
int main( ) {
    FILE *file3;
    char str[MAX_LENGTH];
    //从键盘输入 5 个字符串
    printf("Enter five strings:\n");
    for (int i = 0; i < 5; ++i) {
        printf("String %d: ", i + 1);
        fgets(str, MAX_LENGTH, stdin);

        //打开文件 file3. txt，以追加方式写入
        file3 = fopen("file3. txt", "a");
        if (file3 == NULL) {
            perror("Error opening file3. txt");
            return EXIT_FAILURE;
        }

        //写入字符串到文件
        fputs(str, file3);

        //关闭文件
        fclose(file3);
    }

    //打开文件 file3. txt，以读取方式打开
    file3 = fopen("file3. txt", "r");
    if (file3 == NULL) {
        perror("Error opening file3. txt");
        return EXIT_FAILURE;
    }
```

```
        //逐行读取文件中的字符串并输出到屏幕上
        printf("\nContents of file3.txt:\n");
        while (fgets(str, MAX_LENGTH, file3) != NULL) {
            printf("%s", str);
        }

        //关闭文件
        fclose(file3);
        return EXIT_SUCCESS;
    }
```

程序分析：

1）程序首先从键盘输入 5 个字符串，并使用 fgets( ) 函数逐行读取它们；然后将每个字符串使用 fputs( ) 函数写入 file3.txt 文件；接着再次打开 file3.txt 文件，使用 fgets( ) 函数逐行读取其中的字符串，并输出到屏幕上。运行结果如图 9-7 所示。

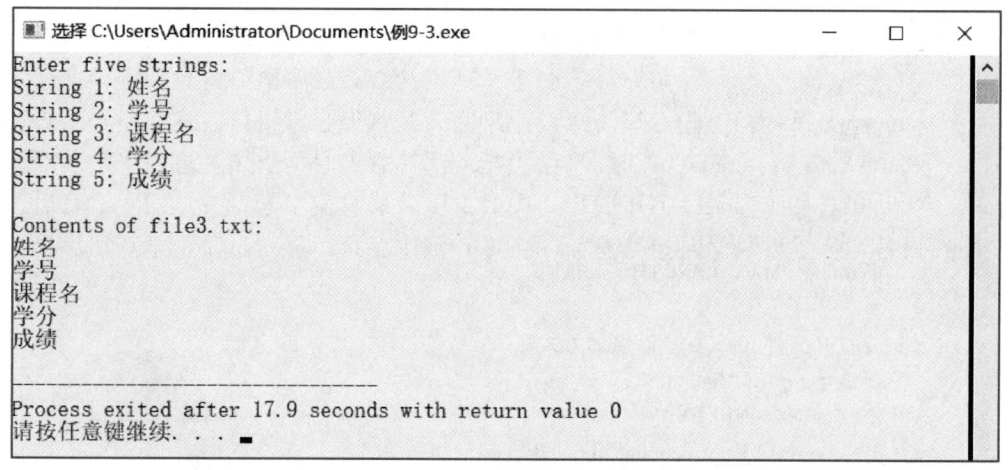

图 9-7　例 9-3 运行结果

2）向磁盘文件写数据时，只输出字符串中的有效字符，并不输出字符串结束符 '\0'。这样会让写入文件的字符串全部连成一片，一旦读回就难以分辨了。因此，在程序中每次写完一个字符串之后，都会向文件写入一个'\n'字符，作为分隔符。

3）向 file3.txt 文件写完数据后，将文件关闭。即便是关闭文件，file3.txt 文件指针依然可以使用，因此可再次使用 fopen( ) 函数以读（"r"）的方式打开 file3.txt 文件。

4）fgets( ) 函数读字符串时，指定一次读入 n-1 个字符，但是按照 fgets( ) 函数的规定，如果遇到"\n"就结束字符串输入，"\n"也会作为字符存入字符数组中。因此输出时，使用"printf("%s", str);"语句打印字符串时，会自动打印出换行符。如果将该语句替换为"puts(str);"，每输出一个字符串就会向屏幕多输出一个"\n"。

9.3.3　格式化读写文件

能够写入文件的除了字符之外，还包括整型、单精度浮点型、双精度浮点型等其他类型的数据。C 语言提供了 fprintf( )函数和 fscanf( )函数来读取和写入格式化的数据，允许程序以指定的格式读取或写入文件的内容。fprintf( )函数和 fscanf( )函数的一般调用方式如下。

微课 9-4
格式化读写
文件

```
fprintf( FILE * stream, const char * format,输出列表);
fscanf( FILE * stream, const char * format,输入列表);
```

fprintf( )函数和 fscanf( )函数的读写对象不是键盘和屏幕，而是磁盘文件，fprintf( )函数用来输出，相对于 CPU 而言，就是向文件中写入数据；fscanf( )函数用来输入，相对于 CPU 而言，就是从文件中读取数据。其中 stream 为文件指针，format 格式化字符串，输出列表用于接收读取的数据的变量，输入列表用于接收从文件中读取格式化的数据。

【例 9-4】从键盘输入学号、身高、体重数据并保存至 file4. txt 文件，之后将输入的内容显示在屏幕上。使用 fprintf( )函数和 fscanf( )函数读写文件。

```c
#include <stdio. h>
int main( ) {
    FILE * fp;
    int id;
    float height, weight;
    //打开文件以写入
    fp = fopen("file4. txt", "w");
    if (fp == NULL) {
        perror("Error opening file");
        return 1;
    }
    //从键盘输入数据
    printf("向文件写入数据\n");
    printf("Enter ID: ");
    scanf("%d", &id);
    printf("Enter height: ");
    scanf("%f", &height);
    printf("Enter weight: ");
    scanf("%f", &weight);
    //将数据写入文件
    fprintf(fp, "%d %. 1f %. 1f\n", id, height, weight);
    //关闭文件
    fclose(fp);
    //再次以读取方式打开文件
    fp = fopen("file4. txt", "r");
    if (fp == NULL) {
        perror("Error opening file");
        return 1;
    }
    //从文件中读取数据
    fscanf(fp, "%d %f %f", &id, &height, &weight);

    //在屏幕上展示读取的数据
```

```
    printf("从文件中读出数据\n");
    printf("ID：%d\n", id);
    printf("Height：%.1f\n", height);
    printf("Weight：%.1f\n", weight);

        //关闭文件
    fclose(fp);

    return 0;
}
```

程序分析：

1）程序首先以只写方式打开 file4. txt 文件，并从键盘输入学号、身高和体重数据；然后将这些数据使用 fprintf() 函数写入文件中，并关闭文件；接着再次以只读方式打开 file4. txt 文件，并使用 fscanf() 函数从文件中读取数据；最后在屏幕上展示读取的数据。运行结果如图 9-8 所示。

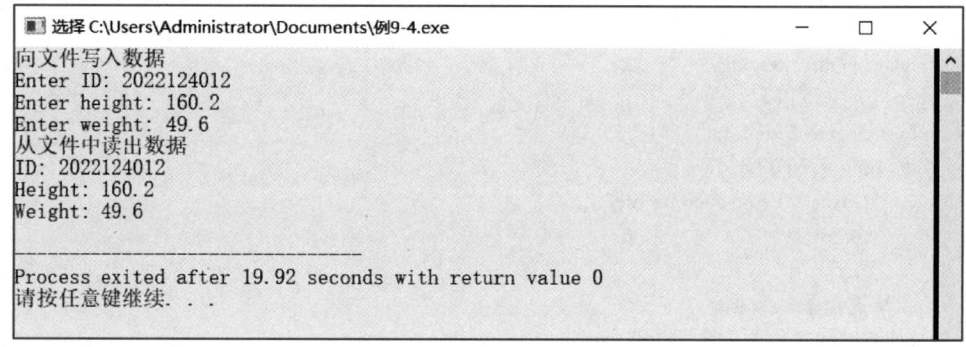

图 9-8　例 9-4 运行结果

2）"fprintf(fp, "%d %.1f %.1f\n", id, height, weight);" 语句的作用是将整型变量 ID 和单精度浮点型 height、weight 的值按照 %d 、%.1f 、%.1f 的格式输出到 fp 指向的文件 file4. txt 中。

3）"fscanf(fp, "%d %f %f", &id, &height, &weight);" 从磁盘文件 file4. txt 中读取整数 2022124012 给 ID，读取实数 160. 2 给 height，读取实数 49. 6 给 weight。

4）使用 fprintf() 和 fscanf() 函数对磁盘文件读写方便、容易理解。但是由于使用 fprintf() 函数输出时，要将二进制形式转换为 ASCII 码保存到文件中，使用 fscanf() 函数输入时，要将文件中的 ASCII 码转换为二进制形式保存到变量中，输入/输出的转换要花费很长时间。

9. 3. 4　二进制读写文件

当内存与磁盘间要进行频繁数据读取时，使用 fprintf() 函数和 fscanf() 函数读取数据需要大量时间用于二进制形式与 ASCII 码的转换，可以采用二进制文件的读写方式来解决该问题。

在高校学生成绩管理系统中，每个学生的成绩不是一个数据而是一组数据。对于一组数据的输入输出，C 语言中提供了 fread( ) 函数和 fwrite( ) 函数实现以二进制形式一次性从文件中读写一个数据块。fread( ) 函数和 fwrite( ) 函数的一般调用方式如下。

```
fread( void *ptr, size_t size, size_t nmemb, FILE *stream);
fwrite( const void *ptr, size_t size, size_t nmemb, FILE *stream);
```

其中 fread( ) 函数从文件中读取二进制数据到指定的内存位置，ptr 为指向要存储读取数据的内存块的指针，size 为要读取的每个元素的大小（以字节为单位）。nmemb 为要读取的元素数量，stream 为文件指针。

fwrite( ) 函数将二进制数据写入文件，ptr 为指向要写入数据的内存块的指针，size 为每个元素的大小（以字节为单位），nmemb 为要写入的元素数量，stream 为文件指针。

【例 9-5】编写程序从键盘中输入 5 个学生的成绩记录并保存到 file5. txt 文件中，5 个学生的成绩记录见表 9-4。

表 9-4　学生成绩记录表

Name	Number	C Programming	Introduction to Computers	Advanced Mathematics
Lily	2024001001	89	87	85
Tom	2024001002	91	93	83
Emma	2024001003	87	96	78
Frank	2024001004	78	82	79
Tina	2024001005	98	88	90

```
#include <stdio. h>
//定义学生成绩结构体类型
typedef struct {
    char name[20];
    int number;
    int c_programming;
    int intro_to_computers;
    int advanced_mathematics;
} type_score;

int main( ) {
    //定义结构体类型数组用来存放 5 个学生的成绩
    type_score stScore[5];
    //定义文件指针
    FILE *fp;
    //定义循环变量
    int i;
    //以写二进制文件方式打开文件 file5. txt
    fp = fopen("file5. txt", "wb");
    if (fp == NULL) {
        perror("Error opening file");
        return 1;
    }
```

微课 9-5
二进制读写
文件

```
        //从键盘输入 5 个学生的信息并存放在结构体数组 stScore 中
        for (i = 0; i < 5; ++i) {
            printf("Enter student name: ");
            scanf("%s", stScore[i].name);
            printf("Enter student number: ");
            scanf("%d", &stScore[i].number);
            printf("Enter C Programming score: ");
            scanf("%d", &stScore[i].c_programming);
            printf("Enter Introduction to Computers score: ");
            scanf("%d", &stScore[i].intro_to_computers);
            printf("Enter Advanced Mathematics score: ");
            scanf("%d", &stScore[i].advanced_mathematics);
        }
        //将 5 个学生的成绩记录写入文件 file5.txt 中
        fwrite(stScore, sizeof(type_score), 5, fp);
        //关闭文件
        fclose(fp);
        //重新以读二进制文件的方式打开文件 file5.txt
        fp = fopen("file5.txt", "rb");
        if (fp == NULL) {
            perror("Error opening file");
            return 1;
        }
        //从文件中读取学生成绩并显示在屏幕上
        printf("\nStudent records:\n");
        fread(stScore, sizeof(type_score), 5, fp);
        for (i = 0; i < 5; ++i) {
            printf("Name: %s\n", stScore[i].name);
            printf("Number: %d\n", stScore[i].number);
            printf("C Programming score: %d\n", stScore[i].c_programming);
            printf("Introduction to Computers score: %d\n", stScore[i].intro_to_computers);
            printf("Advanced Mathematics score: %d\n", stScore[i].advanced_mathematics);
            printf("\n");
        }
        //关闭文件
        fclose(fp);
        return 0;
    }
```

程序分析:

1) 程序首先以写二进制文件的方式打开文件 file5.txt, 并循环从键盘输入 5 个学生的成绩记录并存放在结构体数组 stScore 中; 然后将这些成绩记录写入文件, 并关闭文件; 接着再次以读二进制文件的方式打开文件 file5.txt, 从中读取学生成绩并显示在屏幕上。运行结果如图 9-9 所示。

2) 结构体 type_score 描述学生的成绩记录结构, 结构体数组 stScore 存放 5 个学生的成绩记录。

3) sizeof(type_score)用来计算结构体类型 type_score 所占字节长度。

4) "fwrite(stScore, sizeof(type_score), 5, fp);" 将结构体数组 tScore 中长度为

sizeof(type_score)字节的数据块记录写入文件指针 fp 所指向的文件中。

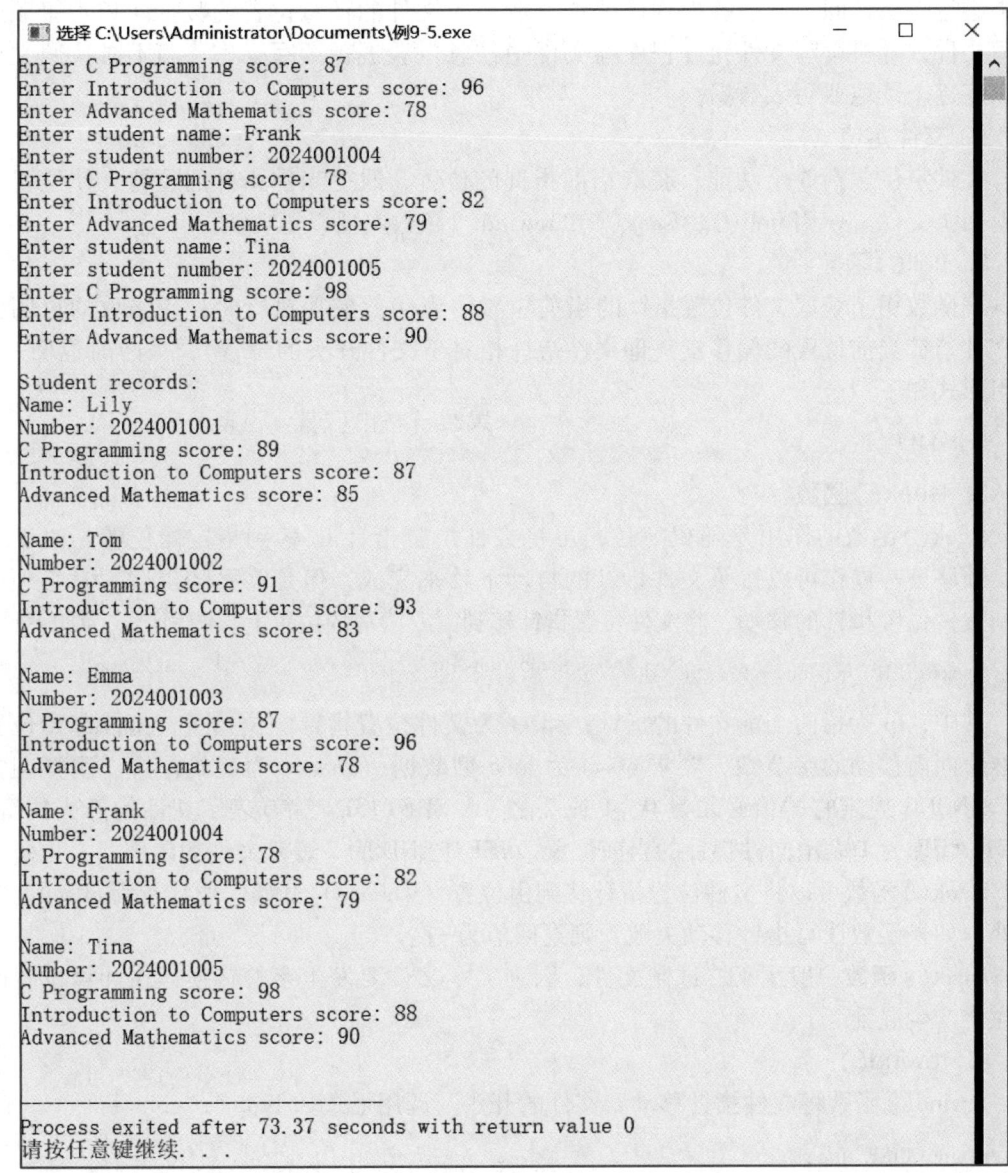

图 9-9　例 9-5 运行结果

5）二进制文件需要以"wb"和"rb"的读写方式打开文件，使用 fread( ) 和 fwrite( ) 函数时不会出现字符转换的问题。

9.4　随机读写数据文件

上一节介绍的顺序读写是指从文件开头按顺序读写字符或数据项。文件的字符指针指向当前读写的位置，每次读写后指针会移到下一个位置。随机读写文件是指在文件中进行随机访问，并能够根据需要读取或写入文件的任意位置的数据。相对于顺序读写文件，随机读写文件允许程序在文件中任意位置进行读写操作，而不必按照文件的顺序逐个读取或写入数据。

1. 文件定位

文件定位包括 3 个功能：获取当前指针的位置，改变当前指针的位置，使位置指针返回头文件。使用 ftell( )、fseek( )和 rewind( )函数实现以上功能。

2. ftell( )函数

该函数用于获取文件位置指针的当前位置。当函数成功执行时，该函数的返回值为文件指针当前位置的偏移量（即文件指针相对于文件开头的位置），失败时返回-1。调用形式如下：

```
ftell(FILE *fp);
```

3. fseek( )函数

fseek( )函数的作用是随机定位，可将文件位置指针 fp 移到指定的位置。对于文件，顺序读写操作可以按照文件指针的自动下移来完成，但是需要随机读写时必须能控制文件位置指针的移动，将文件位置指针移到需要读写的位置上。调用形式为如下：

```
fseek(FILE *fp, long offset, int whence);
```

其中，fp 为指向当前文件的指针；offset 为文件位置指针的位移量，指以起始位置为准值向前移动的字节数，要求 offset 为 long 型数据；whence 为起始位置，用整型常量，ANSI C 规定它的值必须是 0、1 或 2 之一，SEET_SET 为 0 表示文件的开头位置，SEET_CUR 为 1 表示文件指针的当前位置，SEET_END 为 2 表示文件的尾部。

fseek( )函数可以将文件位置指针移到由位置（whence）开始、位移量为 offset 的字节处。如果函数读写指针移动失败，则返回值为-1。

fseek( )函数一般用于二进制文件，因为文本文件要发生字符转换，在计算位置时往往会产生混乱。

4. rewind( )

rewind( )函数将文件指针移动到文件的开头。调用形式如下：

```
rewind(FILE *fp);
```

fp 是指向由 fopen( )函数打开的文件指针，等效于 fseek(stream, 0, SEEK_SET)，此函数没有返回值。

【例 9-6】编写程序，通过 fseek( )函数将文件指针从 file5. txt 文件开始向末尾移动两个学生的偏移量，使用 fread( )函数读取第 3 个学生的成绩记录，并在屏幕上显示。

```
#include <stdio. h>
//定义学生成绩结构体类型
typedef struct {
    char name[20];
    int number;
    int c_programming;
```

```
        int intro_to_computers;
        int advanced_mathematics;
} type_score;

int main( ) {
    FILE * fp;
    type_score student;

    //打开文件以二进制读方式打开
    fp = fopen("file5. txt", "rb");
    if (fp == NULL) {
        perror("Error opening file");
        return 1;
    }
    //将文件指针移动到倒数第 3 个学生的位置
    fseek(fp, 2 * sizeof(type_score), 1);
    //读取第 3 个学生的成绩记录
    fread(&student, sizeof(type_score), 1, fp);
    //在屏幕上显示第 3 个学生的成绩记录
    printf("Student Information:\n");
    printf("Name: %s\n", student. name);
    printf("Number: %d\n", student. number);
    printf("C Programming score: %d\n", student. c_programming);
    printf("Introduction to Computers score: %d\n", student. intro_to_computers);
    printf("Advanced Mathematics score: %d\n", student. advanced_mathematics);

    //关闭文件
    fclose(fp);
    return 0;
}
```

程序分析:

1) 程序首先打开了在例 9-5 中创建的 file5. dat 文件，并使用 fseek( )函数将文件指针移动到第 3 个学生的位置，然后使用 fread 函数读取第 3 个学生的成绩信息，并在屏幕上显示。运行结果如图 9-10 所示。

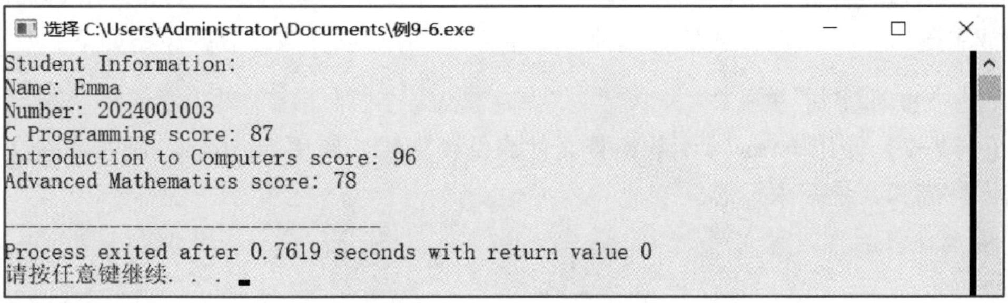

图 9-10　例 9-6 运行结果

2）file5.dat 文件中的学生成绩数据是按照学号顺序存储的，在读取第 3 个学生信息时，需要使用 fseek 函数将文件指针从 file5.dat 文件当前向文件末尾移动 2 个学生的偏移量，对应语句是"fseek(fp, 2 * sizeof(type_score), SEEK_CUR);"。其中"2 * sizeof(type_score)"为存储前两个学生信息所需的字节数，也是偏移量。

3）使用 fread 函数读取第 3 个学生的全部信息，对应的语句为"fread(&student, sizeof(type_score), 1, fp);"。由于只读取 1 个学生的信息，因此第 3 个参数为"1"。

PPT：
文件读写的出错
检测

9.5 文件读写的出错检测

ferror()和 clearerr()是 C 语言标准库中与文件操作相关的两个重要函数，可以用来检查输入/输出函数调用时可能出现的错误。

1. ferror()函数

在调用各种输入/输出函数（如 putc、getc、fread、fwrite 等）时，如果出现错误，除了函数返回值有所反馈之外，还可以使用 ferror()函数检查。ferror()函数用于检查给定文件流的错误标志是否被设置，如果给定文件流的错误标志被设置，则返回非零值；否则返回零。该函数的原型如下。

```
int ferror(FILE * fp);
```

在执行 fopen()函数时，ferror()函数被自动置 0 处理。如果 ferror()函数返回值为 0（假），则表示未出错；如果返回值为非 0 值（真），则表示出错。

对于同一文件，每次调用输入/输出函数时，都会产生一个新的 ferror()函数值。因此，可以在调用输入/输出函数后立即检查 ferror()的函数值，否则该信息会随即丢失掉。

2. clearerr()函数

clearerr()函数用于清除给定文件流的文件结束标志和错误标志，即文件出错标志和文件结束标志置为 0。假设在调用一个输入输出函数时出现错误，ferror()函数值为一个非 0 值，应该立即调用 clearerr(fp)，使 ferror(fp)的值变为 0，以便下一次能正确检测到出错数据。

只要出现文件读写错误标志，该标志就会被保留，直到对同一文件调用 clearerr()函数或者 rewind()函数，或任何其他一个输入/输出函数。该函数的原型如下。

```
void clearerr(FILE * fp);
```

【例 9-7】使用 ferror()函数检查文件流是否出错，使用 clearerr()函数清除文件流的错误标志和文件结束标志。

```
#include <stdio.h>
int main() {
    FILE * file = fopen("file4.txt", "r");
    if (file == NULL) {
```

微课 9-6
文件读写出
错检测

```
            perror("文件打开失败");
            return 1;
        }

        //读取文件内容
        int ch;
        while ((ch = fgetc(file)) != EOF) {
            putchar(ch);
        }

        //检查文件流是否出错
        if (ferror(file)) {
            printf("文件读取过程中发生错误\n");
        } else {
            printf("文件读取完成\n");
        }

        //清除文件流的错误标志和文件结束标志
        clearerr(file);

        //文件流现在可以再次进行输入/输出操作
        fclose(file);
        return 0;
    }
```

程序分析：

1）首先尝试打开 file4. txt 的文件，如果文件打开失败，则输出错误信息并退出程序。运行结果如图 9-11 所示。

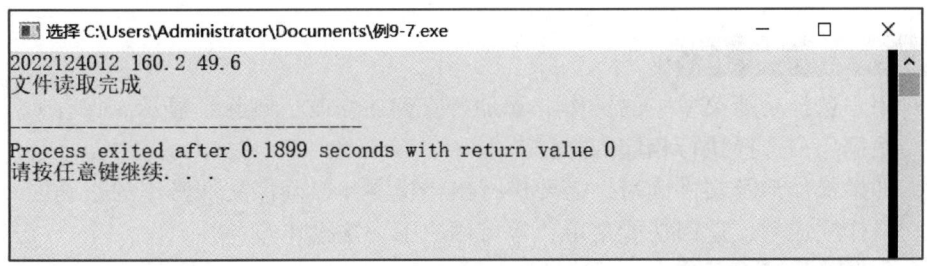

图 9-11　例 9-7 运行结果

2）使用 fgetc( )函数逐字符读取文件内容，并在标准输出流中打印出来，直到文件末尾。

3）在读取文件内容的过程中，使用 ferror( )函数检查文件流是否出错，如果出错，则输出相应的提示信息。

4）使用 clearerr( )函数清除文件流的错误标志和文件结束标志，以确保文件流可以再次进行输入/输出操作。

项目设计

若不使用文件，用户每次进入"高校学生成绩管理系统"，均要进行学生成绩的录入，在操作过程中对学生成绩信息进行添加、删除和修改等操作，无法长期保存。因为程序运行时所需数据放在内存中，运行完毕后，程序所持有的数据存储空间都会被释放掉，还给操作系统，内存的数据无法长期保存，一旦出现关机、断电现象后，内存中的数据均会丢失。

因此可使用文件来实现数据的长期保存，将系统所需要的数据以文件形式保存在磁盘中，这样可大大减少人机交互操作所造成的错误。用户登录系统后，从磁盘文件中读入学生成绩信息，每次进行添加、删除、修改操作时，都会将数据同时写入文件。该高校学生成绩管理系统实现以下功能：

添加学生信息：输入学生姓名、学号、各科成绩，将学生信息添加到系统中。

修改学生信息：根据学号或姓名修改学生的各科成绩。

查询学生信息：根据学号或姓名查询学生信息，显示学生的各科成绩。

删除学生信息：根据学号或姓名删除学生信息。

保存学生信息：将学生信息保存到文件中，以便下次系统启动时读取。

显示所有学生信息：显示系统中所有学生的信息，包括学号、姓名、各科成绩。

项目实施

微课 9-7
综合案例—
高校学生成
绩管理系统

项目实施解题步骤：

1）用户选择功能菜单中的操作（添加、查询、修改、删除、显示、保存）。
2）根据用户选择执行相应的操作。
3）如果操作涉及文件读写，需要进行出错检测，以确保文件操作的正确性。
4）操作完成后，返回功能菜单，等待用户下一次操作。

项目实施程序代码：

```
#include <stdio.h>
#include <stdlib.h>
#include <string.h>

//定义学生结构体
typedef struct {
    char name[50];
    char id[20];
    float score_c;
```

```
        float score_intro;
        float score_math;
} Student;
//添加学生信息
void add_student(Student * students, int * count)
{
        printf("请输入学生姓名:");
        scanf("%s", students[*count].name);
        printf("请输入学生学号:");
        scanf("%s", students[*count].id);
        printf("请输入 C 语言成绩:");
        scanf("%f", &students[*count].score_c);
        printf("请输入计算机导论成绩:");
        scanf("%f", &students[*count].score_intro);
        printf("请输入高等数学成绩:");
        scanf("%f", &students[*count].score_math);
        (*count)++;
printf("学生信息添加成功!\n");
}
//查询学生信息
void query_student(Student * students, int count)
{
    char search[50];
    printf("请输入要查询的学生姓名或学号:");
    scanf("%s", search);
    for (int i = 0; i < count; i++)
    {
        if (strcmp(students[i].name, search) == 0 || strcmp(students[i].id, search) == 0)
        {
            printf("姓名:%s, 学号:%s, C 语言:%f, 计算机导论:%f, 高等数学:%f\n",
            students[i].name, students[i].id, students[i].score_c,
            students[i].score_intro, students[i].score_math);
            return;
        }
    }
    printf("未找到对应学生信息!\n");
}
//修改学生信息
void modify_student(Student * students, int count)
{
        char search[50];
        printf("请输入要修改信息的学生姓名或学号:");
        scanf("%s", search);
        for (int i = 0; i < count; i++)
        {
                if (strcmp(students[i].name, search) == 0 || strcmp(students[i].id, search) == 0)
                {
                        printf("请输入修改后的 C 语言成绩:");
                        scanf("%f", &students[i].score_c);
                        printf("请输入修改后的计算机导论成绩:");
```

```
                    scanf("%f", &students[i].score_intro);
                    printf("请输入修改后的高等数学成绩: ");
                    scanf("%f", &students[i].score_math);
                    printf("学生信息修改成功! \n");
                    return;
                }
        }
        printf("未找到对应学生信息! \n");
}


//删除学生信息
void delete_student(Student *students, int *count) {
        char search[50];
        printf("请输入要删除的学生姓名或学号: ");
        scanf("%s", search);
        for (int i = 0; i < *count; i++) {
            if (strcmp(students[i].name, search) == 0 || strcmp(students[i].id, search) == 0) {
                for (int j = i; j < *count - 1; j++) {
                    students[j] = students[j + 1];
                }
                (*count)--;
                printf("学生信息删除成功! \n");
                return;
            }
        }
        printf("未找到对应学生信息! \n");
}


//显示所有学生信息
void show_all_students(Student *students, int count) {
        printf("所有学生信息如下: \n");
        for (int i = 0; i < count; i++) {
            printf("姓名: %s, 学号: %s, C语言: %f, 计算机导论: %f, 高等数学: %f\n",
                students[i].name, students[i].id, students[i].score_c,
                students[i].score_intro, students[i].score_math);
        }
}


//保存学生信息到文件
void save_students_to_file(Student *students, int count) {
        FILE *file = fopen("students.txt", "w");
        if (file == NULL) {
            printf("无法打开文件! \n");
            return;
        }
        for (int i = 0; i < count; i++) {
            fprintf(file, "%s %s %.2f %.2f %.2f\n", students[i].name, students[i].id,
                        students[i].score_c, students[i].score_intro, students[i].score_math);
        }
        fclose(file);
```

```c
        printf("学生信息保存成功！\n");
}

int main() {
    Student students[100];
    int count = 0;
    int choice;
    do {
        printf("\n学生成绩管理系统\n");
        printf("1. 添加学生信息\n");
        printf("2. 查询学生信息\n");
        printf("3. 修改学生信息\n");
        printf("4. 删除学生信息\n");
        printf("5. 显示所有学生信息\n");
        printf("6. 保存学生信息到文件\n");
        printf("0. 退出\n");
        scanf("%d", &choice);
        switch (choice) {
            case 1:
                add_student(students, &count);
                break;
            case 2:
                query_student(students, count);
                break;
            case 3:
                modify_student(students, count);
                break;
            case 4:
                delete_student(students, &count);
                break;
            case 5:
                show_all_students(students, count);
                break;
            case 6:
                save_students_to_file(students, count);
                break;
            case 0:
                printf("退出程序。\n");
                break;
            default:
                printf("无效操作！\n");
        }
    } while (choice != 0);

    return 0;
}
```

项目实施程序分析：

1. 添加学生信息模块

1）用户输入信息：用户输入学生的姓名、学号以及 3 门课程的成绩。用户输入学生信息后，信息被添加到内存中的数组 students 中。

2）信息存储：学生信息被写入文件 students. txt 中，采用顺序写入的方式。

3）提示信息：提示用户学生信息添加成功。

添加姓名为"张三"，学号为 001，C 语言、计算机导论及高等数学 3 门功课成绩分别为 80、85 和 88，运行结果如果 9-12 所示。

图 9-12　添加学生信息的运行结果

2. 修改学生信息模块

1）用户输入修改条件：用户输入要修改信息的学生姓名或学号。

2）遍历查找：程序从文件中找到对应学生信息。

3）修改信息：如果找到匹配的学生信息，则提示用户输入修改后的 3 门课程成绩。

4）更新信息：更新对应学生的 3 门课程成绩。

5）提示信息：提示用户学生信息修改成功。

根据姓名或学号进行修改，将 001 号同学的 C 语言成绩修改为 83，运行结果如果 9-13 所示。

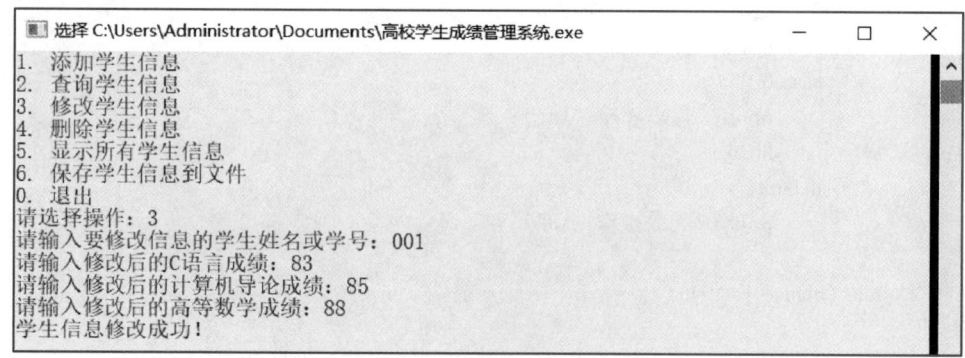

图 9-13　修改学生信息的运行结果

3. 查询学生信息模块:

1) 用户输入查询条件: 用户输入要查询的学生姓名或学号。

2) 遍历查找: 用户输入要查询的学生姓名或学号后, 程序从文件中逐行读取学生信息进行匹配。

3) 输出结果: 如果找到匹配的学生信息, 则输出该学生的姓名、学号以及 3 门课程的成绩; 如果未找到匹配信息, 则输出"未找到"提示。

根据姓名或学号进行查询, 查询 001 号同学, 输出其姓名、学号及 3 门功课的成绩, 可见 C 语言的成绩是修改后的成绩, 运行结果如果 9-14 所示。

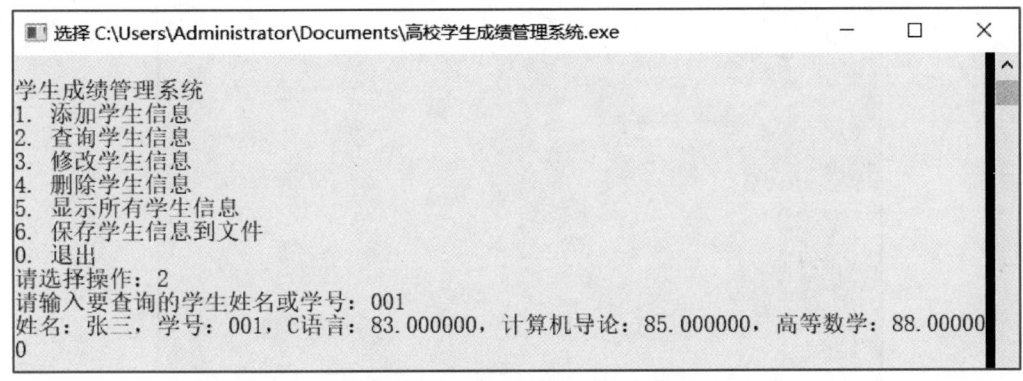

图 9-14　查询学生信息的运行结果

4. 删除学生信息模块

1) 用户输入删除条件: 用户输入要删除的学生姓名或学号。

2) 遍历查找: 遍历存储学生信息的数组, 查找与输入条件匹配的学生信息。

3) 删除信息: 如果程序从文件中找到对应学生信息, 则将其删除。

4) 更新信息: 删除操作会导致文件中学生信息的重新排列, 因此需要移动其他学生信息到正确的位置。

5) 程序遍历内存中的数组 students, 并将所有学生信息打印出来。

6) 提示信息: 提示用户学生信息删除成功。

5. 保存学生信息到文件模块

1) 打开文件: 打开一个文件, 用于保存学生信息。

2) 遍历学生信息: 遍历存储学生信息的数组, 将每个学生的姓名、学号以及 3 门课程的成绩按照特定格式写入文件。

3) 关闭文件: 关闭保存学生信息的文件。当用户选择保存操作时, 程序将内存中的所有学生信息写入到文件 students. txt 中, 覆盖原有内容。

4) 提示信息: 提示用户学生信息保存成功。

6. 显示所有学生信息

新增李四和王五两位同学后, 删除李四, 保存学生信息, 并显示所有学生信息, 运行结果如图 9-15 所示。

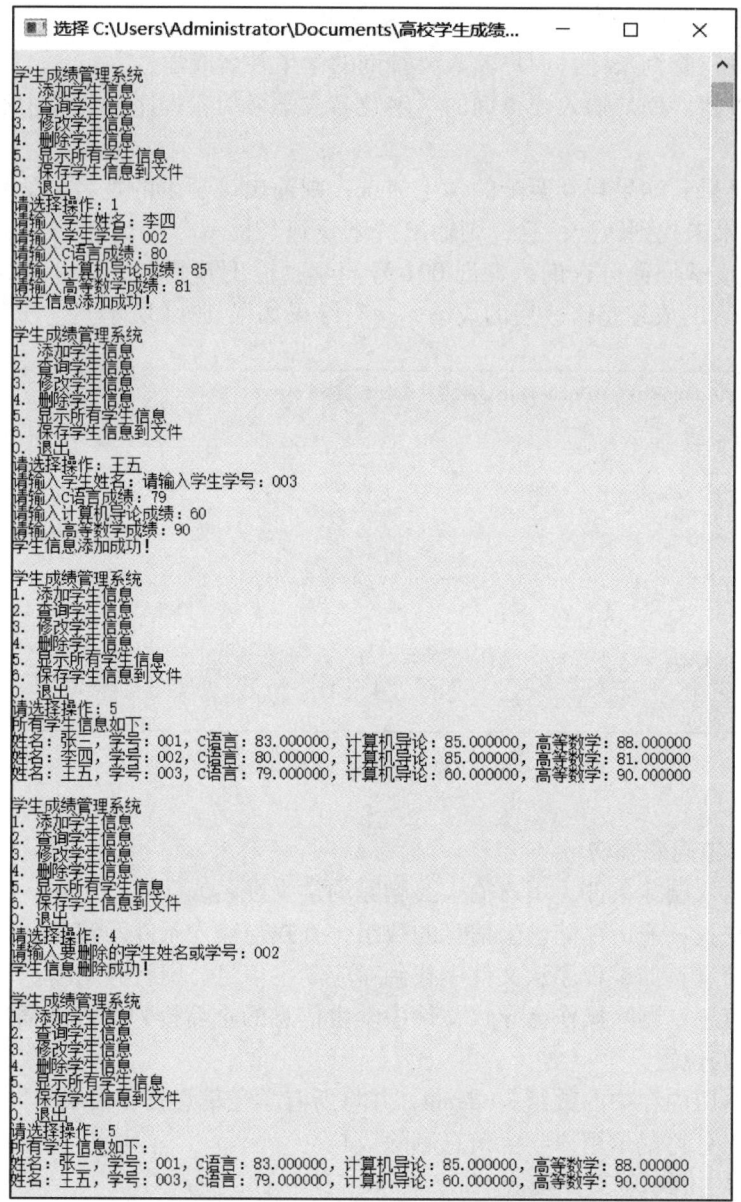

图 9-15　删除学生信息、显示所有学生信息的运行结果

项目小结

本项目主要介绍了如下内容:

1）文件的基本操作,包括文件的打开和关闭、文件的读和写、文件指针的应用等。

2）读写文件必须先成功打开一个文件,才可以对文件进行操作,操作完成后必须关闭文件。

　　3）文本文件和二进制文件的区别。

　　4）顺序读写中单字符读写文件、字符串读写文件、格式化读写文件和二进制读写文件。

　　5）随机读写与文件定位。

　　6）使用 ferror 和 clearerr 进行文件读写的出错检测。

　　本项目的重难点包括：

　　文件指针的理解和运用：理解文件指针以及顺序、随机读取文件时指针的移动方式。

　　内存管理的理解：C 语言中需要手动管理内存，包括动态内存分配和释放。理解为何需要使用文件来实现内容的长久存储。

　　文件操作：文件操作涉及文件的打开、读写和关闭，理解如何以不同的方式打开文件。

项目测试

一、选择题

1. 在 C 语言中，如果要从文件中读取一个字符串，应该使用（　　）函数。

A. fread( )　　　　　　B. fgets( )　　　　　　C. fscanf( )　　　　　　D. fgetc( )

2. 在 C 语言中，如果要判断文件操作是否成功，应该使用（　　）函数。

A. ferror( )　　　　　　B. feof( )　　　　　　C. fclose( )　　　　　　D. fopen( )

3. 函数调用语句 fseek(fp,-20L,2);的含义为（　　）。

A. 将文件位置指针移到距离文件 20 字节处

B. 将文件位置指针从当前位置向后移动 20 字节

C. 将文件位置指针从文件末尾后退 20 字节

D. 将文件位置指针向后移到距离当前位置 20 字节处

4. 如果要打开一个已存在的非空文件 Demo 进行修改，下列选项中正确的打开方式为（　　）。

A. fp=fopen("Demo","r");　　　　　　B. fp= fopen("Demo","ab+");

C. fp= fopen("Demo","w+");　　　　　　D. fp= fopen("Demo","r+");

5. 函数 rewind(0)的作用是（　　）。

A. 使文件位置指针重新指向文件开头

B. 将文件位置指针指向文件中所要求的特定位置

C. 使位置指针指向文件末尾

D. 使位置指针自动移动至下一个字符的位置

6. 在 C 语言中，如果要从文件末尾向后移动 10 字节，应该使用（　　）函数调用。

A. fseek(fp, -10L, SEEK_END)；　　　B. fseek(fp, 10L, SEEK_END)；

C. fseek(fp, 10L, SEEK_SET)；　　　D. fseek(fp, -10L, SEEK_SET)；

7. 如果要在打开文件时创建一个新文件或覆盖已存在的文件，应该使用（　　　）打开方式。

A. "r"　　　　　　B. "a"　　　　　　C. "w"　　　　　　D. "r+"

8. 如果要在文件末尾追加数据，同时保留原有内容，应该使用（　　　）打开方式。

A. "r"　　　　　　B. "a"　　　　　　C. "w"　　　　　　D. "r+"

二、判断题

1. 在 C 语言中，使用 fopen( )函数打开文件时，如果文件不存在，则会自动创建一个新文件。　　　　　　　　　　　　　　　　　　　　　　　　（　　　）

2. 使用 fprintf( )函数向文件中写入数据时，数据会覆盖原有文件内容。　（　　　）

3. 在 C 语言中，使用 fclose( )函数关闭文件后，文件指针会自动置为 NULL。
　　　　　　　　　　　　　　　　　　　　　　　　　　　　　　（　　　）

4. 使用 fscanf( )函数从文件中读取数据时，如果读取失败，则会返回 0。（　　　）

5. 使用 feof( )函数可以判断是否已到达文件末尾。　　　　　　　　　（　　　）

三、程序填空题

1. 以写入模式打开文本文件 example，请完善程序。

```c
#include <stdio.h>
int main( ) {
    FILE *file;
    //打开文件 example.txt, 写入模式
    file = fopen("example.txt", "_____");
    if (file != NULL) {
        fprintf(file, "Hello, world! \n");
        fclose(file);
        printf("文件写入成功! \n");
    } else {
        printf("无法打开文件! \n");
    }
    return 0;
}
```

2. 以下随机读写文件的程序，请根据注释要求填空。

```c
#include <stdio.h>
int main( ) {
    FILE *file;
    file = fopen("data.bin", "rb+");
    if (file != NULL) {
        int data[5];
        fseek(file, _____ * sizeof(int), SEEK_SET);   //将文件指针定位到第 3 个整数的位置
        fread(data, sizeof(int), 3, file);               //从文件中读取 3 个整数到数组 data 中
        for (int i = 0; i < 3; i++) {
            printf("%d ", data[i]);                       //输出读取的整数
```

```
        }
        printf("\n");
        fseek(file, _____ * sizeof(int), SEEK_SET);    //将文件指针定位到第 5 个整数的位置
        int newData = 100;                                //要写入的新数据
        fwrite(&newData, sizeof(int), 1, file);           //向文件中写入新数据
        fclose(file);                                     //关闭文件
        printf("数据读写成功! \n");
    } else {
        printf("无法打开文件! \n");
    }
    return 0;
}
```

四、程序阅读题

1. 以下程序运行后，请写出运行结果。

```
#include <stdio. h>
int main() {
    FILE *fp;
    fp = fopen("data. txt", "w");
    fprintf(fp, "Hello, World! \n");
    fseek(fp, 0, SEEK_SET);
    fprintf(fp, "This will overwrite the previous content. \n");
    fclose(fp);
    return 0;
}
```

2. 阅读以下 C 语言程序，其作用为打开一个名为 data. txt 的文件进行随机读取，并输出文件中的第 1 个字符。如果文件 data. txt 不存在，这段代码的输出是什么？为什么？

```
#include <stdio. h>
int main() {
    FILE *fp;
    char ch;
    fp = fopen("data. txt", "r");
    fseek(fp, 0, SEEK_SET);
    ch = fgetc(fp);
    printf("The first character in the file is: %c\n", ch);
    fclose(fp);
    return 0;
}
```

五、程序设计题

1. 设计程序将 26 个大写英文字母按顺序写入文件中。

2. 将实数写入文件。从键盘输入 n 个实数，以输入−1 结束，将这些实数写入到文本文件中。

3. 编写程序，将两个文本文件的内容合并后存入另一文件中，即将一个文件的数据追加写入另一个文件。

4. 编写程序，对一个文本文件进行加密处理。最简单的加密方法就是替代加密法:

把文件中的所有字母都以字母顺序表内相距某一距离的另一个字母来代替。例如，如果每个字母都以偏移 3 个位置的另一个字母来代替，则 abcdefghijklmnopqrstuvwxyz 将变成 defghijklmnopqrstuvwxyzabc。要求从键盘输入要加密的文件名、加密后的文件名和加密字母偏移量。

5. 编写程序，对上述加密文件进行解密处理，解密过程是上述加密过程的逆过程。要求从键盘输入要解密的文件名、解密后的文件名和解密字母偏移量。

参 考 文 献

［1］黑马程序员．C 语言程序设计项目化教程［M］．北京：高等教育出版社，2023.

［2］张成叔，万芳．C 语言程序设计［M］．2 版．北京：高等教育出版社，2023.

［3］赵彦．C 语言程序设计［M］．2 版．北京：高等教育出版社，2023.

［4］乌云高娃，沈翠新，杨淑萍．C 语言程序设计［M］．4 版．北京：高等教育出版社，2019.

［5］明日科技．C 语言从入门到精通［M］．6 版．北京：清华大学出版社，2019.

郑重声明

高等教育出版社依法对本书享有专有出版权。任何未经许可的复制、销售行为均违反《中华人民共和国著作权法》，其行为人将承担相应的民事责任和行政责任；构成犯罪的，将被依法追究刑事责任。为了维护市场秩序，保护读者的合法权益，避免读者误用盗版书造成不良后果，我社将配合行政执法部门和司法机关对违法犯罪的单位和个人进行严厉打击。社会各界人士如发现上述侵权行为，希望及时举报，我社将奖励举报有功人员。

反盗版举报电话 （010）58581999　58582371

反盗版举报邮箱 dd@hep.com.cn

通信地址 北京市西城区德外大街 4 号
高等教育出版社知识产权与法律事务部

邮政编码 100120

读者意见反馈

为收集对教材的意见建议，进一步完善教材编写并做好服务工作，读者可将对本教材的意见建议通过如下渠道反馈至我社。

咨询电话 400-810-0598

反馈邮箱 gjdzfwb@pub.hep.cn

通信地址 北京市朝阳区惠新东街 4 号富盛大厦 1 座
高等教育出版社总编辑办公室

邮政编码 100029

资源服务提示

授课教师如需获得本书配套的教学资源，请登录"高等教育出版社产品信息检索系统"（xuanshu.hep.com.cn）搜索下载，首次使用本系统的用户，请先进行注册并完成教师资格认证。